Stefan Bollmann

MONTE VERITÀ

1900.
Der Traum
vom alternativen Leben
beginnt

Pantheon

In memoriam Harald Szeemann

MIX
Papier aus verantwortungsvollen Quellen
FSC® C083411
FSC www.fsc.org

Verlagsgruppe Random House FSC® N001967

Erste Auflage
Pantheon-Ausgabe April 2019

Umschlaggestaltung: Büro Jorge Schmidt, nach einem Entwurf von Designbüro Lübbeke, Naumann, Thoben, München
Umschlagmotiv: Bibliothèque de Genève
Satz: Vornehm Mediengestaltung GmbH, München
Druck und Bindung: CPI books GmbH, Leck
Printed in Germany
ISBN 978-3-570-55406-7

www.pantheon-verlag.de

Dieses Buch ist auch als E-Book erhältlich.

»… und da waren sie, und lebten diese Geschichte,
ließen sie Wirklichkeit werden in der Moderne,
die nie so modern war, dass man nicht
einen Schritt zurück tun konnte.«

T. C. Boyle, *Drop City*

Inhalt

Teil 1

Der Aufbruch

Der Monte Verità, Anfang des 20. Jahrhunderts.

1. Kapitel

Ins Freie, ins Licht!

Monte Verità, Berg der Wahrheit, so wird eine Anhöhe oberhalb Asconas am Lago Maggiore im Tessin genannt. Als Berg beeindruckt er nicht. Das sich ans Seeufer schmiegende Ascona ist die tiefstgelegene Ortschaft der Schweiz, und mit dreihundertfünfzig Metern über normal null ist der Monte Verità wahrscheinlich der niedrigste Berg des gesamten alpenländischen Raums.

Im Herbst 1900, als eine kleine Gruppe von Aussteigern in Ascona ankam und den Hügel zu besiedeln begann, war der ohnehin schon mickrige Berg geradezu auf dem Tiefpunkt seiner Existenz angelangt. Erst wenige Jahrzehnte zuvor war die Reblaus aus Amerika nach Europa eingeschleppt worden und hatte bereits ganze Weinbaugebiete kahl gefressen. Nur die verstreuten Ruinen primitiver Steinhäuschen erinnerten daran, dass hier vor Kurzem noch reger Weinbau jenem Teil der Asconeser Bevölkerung, der nicht vom Fischen lebte, ein Auskommen verschafft hatte. Viele Einheimische gingen mittlerweile den umgekehrten Weg der Reblaus, in der Hoffnung, jenseits des Atlantiks ein besseres Leben zu finden. Währenddessen trieben Schaf- und Ziegenhirten ihre Herden über den kargen Boden des Hügels, sodass dort kaum noch Pflanzen und Bäume wuchsen und seine Kuppe einen kahlen, wenig einladenden Anblick bot.

Näherte man sich dem Hügel allerdings nicht von der seezugewandten Seite, sondern hinterrücks, von den beiden ihn überragenden Bergen her, die so verwunschene Namen tragen wie Balladrum und Gratena, sah die Sache gleich freundlicher aus. Dann führte ein alter Pilgerpfad durch wildwüchsige Kastanienwälder, wie sie bis heute im Tessin vorkommen, vorbei an einer wuchtigen Wallfahrtskirche, wo einst in einer Zeit schrecklicher Trockenheit über Nacht eine Quelle hervorgebrochen sein soll. Nach einer leichten Steigung mündete der Pfad auf eine Lichtung zwischen den drei Bergen. Von hier aus konnte man dem alten Römerpfad Richtung Süden folgen, der in idealer Höhe über den Wassern des Lago Maggiore verläuft. Hielt man sich hingegen scharf links, führte ein steiler Anstieg im Nu auf den Gipfel.

Traumhaft dann der Blick über den See, dessen Wasser je nach Wetter und Tageszeit grün oder bläulich schimmert. Im weiten Umkreis hohe dunkelgrüne Bergzüge; zum Norden hin sind die schneebedeckten Zacken der Alpenkette zu sehen, gen Süden scheint sich der See in der Ewigkeit zu verlieren. In Wirklichkeit erstreckt er sich weit hinein nach Italien bis an den Rand der Poebene. Gut möglich, dass man sich auf dem kleinen Berg mit seinem großen Rundblick fühlt wie auf einem Balkon, auf dem der Norden und der Süden des Kontinents einander berühren.

Trotzdem deutete im Spätsommer des Jahres 1900 wenig darauf hin, dass der Hügel über Ascona einmal zum Symbol für die Suche nach einem alternativen, zu unseren wahren Bedürfnissen passenden Leben werden und Menschen aus der ganzen Welt, darunter viele Künstler, anziehen sollte. Zu dieser Zeit hieß er noch nicht einmal so. Monte Monescia nannten ihn die Einheimischen oder auch Pai Mött, was so viel heißt wie Wiesenhügel oder Grüner Hügel. In den »Mött«, den Hügeln über dem

Dorf, sammelten die Einheimischen Pilze, Kastanien und Feuerholz. Wer weiß, ob der kleine Berg ohne die Umbenennung in »Monte Verità« jemals die Anziehungskraft entfaltet hätte, die er sich durch eine wechselvolle Geschichte hindurch bis heute bewahrt hat. Indem zwei der hier ankommenden Aussteiger der von ihnen gegründeten Heilanstalt diesen genialen Namen gaben, haben sie allem, was auf dem und rund um den Hügel bei Ascona passierte, einen Markennamen verschafft. Als Monte Verità ist der Berg noch heute auf den Landkarten und in Reiseführern verzeichnet. Der Traum von einem alternativen Leben hat seitdem einen Schauplatz, und dieser Schauplatz steht für sein zentrales Motiv: Du musst, du kannst dein Leben ändern.

Gerade einmal sechs Menschen sind es, die sich von München aus aufmachen, um nach einer mehrwöchigen Odyssee den kleinen, kahlen Berg für ihre ganz persönliche Lebensreform zu entdecken. Es sind dies die Schwestern Ida und Jenny Hofmann, beide Musikerinnen. Sodann die Brüder Karl und Gustav Gräser, der erste und ältere ein an den Grenzen des Habsburgerreiches stationierter, soeben demissionierter Soldat, der zweite und jüngere ein Maler und Lebenskünstler mit Sendungsbewusstsein und einem ausgeprägten Hang zur Nichtsesshaftigkeit. Dazu kommen noch der vermögende belgische Industriellensohn Henri Oedenkoven sowie Lotte Hattemer, ein aus der elterlichen Gewalt entflohenes Mädchen mit einer Vorliebe für Esoterisches. Zwei Geschwisterpaare also und bald schon zwei Liebespaare. Zwei Musikerinnen, ein Künstler, ein entlaufener Soldat, ein reicher Erbe und ein Hippiemädchen. Eine bunte, nicht gerade alltägliche, europäische Mischung.

Kennengelernt haben sich drei von den sechs – Ida, Henri und Karl, die prägenden Figuren der Aussteigergruppe – bereits im Jahr zuvor im oberkrainischen Veldes, dem heutigen slowenischen Bled. Da hatte das neue Jahrhundert noch nicht begonnen, das alte aber lag gefühlt schon längst auf dem Siechbett. Ergebnis war ein diffuses Schwanken zwischen Endzeit- und Aufbruchsstimmung, zwischen Zukunftsangst und Zukunftseuphorie, das die Ästheten unter den Bürgern Fin de Siècle nannten, während die Aktivisten unter ihnen es mit einer Reform des Lebens an Haupt und Gliedern zu kurieren gedachten. Auch in Veldes prägte ein hügelumstandener See mit hohen Bergen im Hintergrund das Landschaftsbild. Und unübersehbar auf einem der Hügel hatte der Schweizer Naturheiler Arnold Rikli eine Anstalt errichtet, wie sie damals an vielen Orten in Europa entstanden – Sanatorien, die die vor allem im Bürgertum grassierende Jahrhundertwende-Depression mithilfe der Natur, mit Sonne, Licht und Luft zu heilen versprachen. Hier beginnt die Geschichte des Monte Verità.

Beim Sonnendoktor

Arnold Rikli, Hydro- und Heliopath sowie Erfinder der Lichtlufthütte, von seinen Anhängern »Sonnendoktor« genannt, von seinen Gegnern als »Narrenkönig« verspottet, steht auf einer Anhöhe. Das über der Brust offene Hemd bedeckt nur locker den Oberkörper, auch die knielangen Sporthosen sind weit geschnitten, die Füße unbeschuht. Mit dem rechten Zeigefinger weist er zur Sonne hin, als wolle er sagen: Ich bin hier, um allen das Licht zu zeigen. In der linken Hand hält er einen fast mannshohen Wanderstab, an dessen oberem Ende ein goldener Knauf und eine Sichel blitzen. Das schlohweiße Haar ist zurückgekämmt, ein Schnäuzer beherrscht das von Wind und Wetter gegerbte Gesicht mit dem männlich entschlossenen, stolzen Blick. So ließ sich der gebürtige Schweizer aus Wangen an der Aare, Gründer und Leiter der Heilanstalt Mallnerbrunn in

Veldes, gerne fotografieren. Das Bild zierte die Werbeprospekte seines Sanatoriums und die Titelblätter seiner Broschüren zu einem besseren, gesünderen, naturnahen Leben.

Gut zwei Drittel der Originalfotografie nahm dabei eine der von ihm propagierten Lichtlufthütten ein – ein primitiv anmutendes Modell der ersten Stunde. Seit seiner Ankunft in Veldes im Jahr 1854 hatte Rikli in dem einfachen Holzverschlag von Mitte Mai bis Mitte Oktober jede Nacht verbracht. Stürmte es, so kam es vor, dass das dünne Dach durchlässig wurde und er im Bett den Regenschirm aufspannen musste. Am nächsten Abend fand er dann eine gut durchfeuchtete Schlafstatt vor. Trotzdem – Rikli behauptete, gerade deswegen – war er seither kaum ernsthaft krank gewesen, im Gegensatz zu früher, als er noch, wie es in bürgerlichen Kreisen Usus war, die Nacht unter schweren Federbetten in wenig bis gar nicht durchlüfteten Räumen verbracht hatte. Nichts sei so rasch »der Verderbnis unterworfen, als stillstehende, eingesperrte Luft«, verkündete Rikli. Der Wassertherapeut Gustav Wolbold, wie Rikli ein Autodidakt, hatte es ausgerechnet und das Ergebnis bereits 1877 im *Naturarzt*, der wichtigsten Zeitschrift der Naturheilbewegung, publiziert: Die Luft eines Zimmers, in dem drei Personen eine Nacht geschlafen hatten, enthielt, sage und schreibe, »2 Pfd. ausgedünstete Haut-Auswurfstoffe und 20 Kubikfuß Lungenexcremente-Kohlensäure«. Bedurfte es da noch eines weiteren Beweises, dass der größte Verunreiniger der Luft der Mensch selbst mit seinen Körperausscheidungen ist? Wir alle, das war schon damals klar, sind auf dem besten Wege, uns selbst zu vergiften. Autointoxikation lautete die Diagnose der Epoche. Dagegen hilft vor allem eins: frische Luft, die Rückkehr zur Hütte.

Rikli hatte dafür gesorgt, dass Mallnerbrunn inzwischen mit über fünfzig komfortablen, weniger archaisch anmutenden Lichtlufthütten bestückt war. Während die gewöhnlichen Bauwerke der Zeit mit ihren üppigen Formen und ihrem plüschigen Dekor die Bewohner gegenüber Licht und Luft abschirmten, waren die zum Veldeser See hin offenen und nur mit den nötigsten Einrichtungsgegenständen versehenen Kurbehausungen Arnold Riklis schlichte Umhüllungen, die den permanenten Austausch mit der umgebenden Natur ermöglichten. Sie glichen, wie ein Zeitgenosse, selbst Leiter einer Naturheilanstalt, treffend bemerkte, hygienischen Apparaten, um einen gesunden Körper zu erzeugen. Unter den Gästen von Riklis Sanatorium, die während ihres Aufenthalts sich solchen Apparaten anvertrauten, waren im Spätsommer des Jahres 1899 auch Ida Hofmann, Henri Oedenkoven und Karl Gräser. Wie vom Anstaltsleiter vorgelebt, schliefen sie an frischer Luft und wurden vom ersten Licht des anbrechenden Tages geweckt, der dann ein ausgedehntes Fitness- und Wellnessprogramm in freier Natur für sie bereithielt, das mit so wenig Kleidung am Körper wie möglich, vorzugsweise nackt, auszuüben war.

Die für Frauen und Männer getrennten Lichtbadestationen, die Namen trugen wie »Riklikulm« oder »Arnoldshöhe«, lagen zwanzig bis dreißig Fußminuten vom eigentlichen Sanatoriumsgelände entfernt. Um seine Patienten auf diesem Spaziergang vor dem Zorn oder den Übergriffen der einheimischen Bevölkerung zu schützen, hatte Rikli spezielle Monturen entworfen, die ein wenig dem ähnelten, was er selbst anhatte. Die Frauen trugen leichte, beinahe durchsichtige Baumwollüberwürfe – statt wie damals üblich, eingeschnürt in Korsetts, zugeknöpft vom Kragen bis zur Stiefelette, selbst in der Sommerfrische mit Hut und Sonnenschirm bewaffnet, herumzulaufen, ohne je einen Sonnenstrahl oder ein Lüftchen auf der nackten Haut zu spüren. Die Männer hingegen rüstete Rikli mit eigens von ihm entwickelten »Luftbadegurten« aus, die vor dem Aufbruch umzuschnallen waren. Daran wurden die abgelegten Kleidungsstücke befestigt, sodass sie sofort griffbereit waren, wenn etwa eine Begegnung mit Einheimischen oder Personen des anderen Geschlechts bevorstand.

Die Stinkfabrik

Ida Hofmann war nach Mallnerbrunn gekommen, um ihren schwer kranken Vater zu besuchen, der seine Tage in unmittelbarer Nähe des Sanatoriums verbrachte. Anders als die meisten Anwesenden war Ida keine Patientin, sondern Beobachterin. Und was sie sah, gefiel ihr: Menschen, die mit einfachen, natürlichen Mitteln ihre Gesundheit wiederherzustellen oder zu erhalten suchten; die abseits vom Weltgetriebe, dem Lärm und der Nervosität der Großstadt nach einem Leben trachteten, das ihren natürlichen Bedürfnissen entsprach; die mit großer Ernsthaftigkeit Sonnenbad und Sinnsuche miteinander verbanden. So, sagte sie sich, müsste es immer sein, heute, morgen, übermorgen und ein ganzes Leben lang, und nicht nur für die wenigen Wochen eines Sanatoriumsaufenthalts oder Urlaubs. Aus diesem Gefühl heraus wurde die Idee des Monte Verità geboren: um die Ausnahmesituation zur Regel, die Lebensreform zur Lebensgrundlage zu machen.

Ida war Pianistin, sogar diplomierte Klavierlehrerin, und eine große musikalische Begabung, wie Professor Epstein, ihr Wiener Lehrer, öfters betont hatte. Doch wie ihre Schwester Eugenia, eine in Frankfurt und Berlin ausgebildete Opernsängerin, von allen nur Jenny genannt, war sie zu schüchtern, um öffentlich aufzutreten. So hatte sie sofort zugegriffen, als man ihr mit Anfang dreißig im montenegrinischen Cetinje eine Stelle als Musiklehrerin angeboten hatte – an einer von der russischen Zarin gegründeten Erziehungsanstalt für höhere Töchter. Ihre

Familie hielt das für den Start in eine glänzende Karriere. Je genauer sie jedoch mit der besseren Gesellschaft Bekanntschaft machte, desto mehr stachen ihr deren Egoismus und Anspruchshaltung ins Auge, und sie lernte Lebensverhältnisse zu verachten, die ihrem Eindruck nach auf Schein und Lüge gebaut waren.

Wie anders dagegen ging es in Mallnerbrunn zu. Was Ida hier wahrnahm, waren nicht die Anstrengungen Einzelner, ihre Beschwerden loszuwerden und ein gesünderes Leben zu führen. Für sie war der Kurbetrieb nicht nur eine medizinische Angelegenheit, vielmehr kam er ihr wie ein Sinnbild dafür vor, nach neuen Wegen zu suchen, um dem Leben eine natürlichere Wendung zu geben. Verhielt es sich in Wahrheit nicht so, dass die Gesellschaft die Menschen krank machte, weil sie zu Lebensbedingungen gezwungen waren, die nicht der Natur entsprachen? Also musste man diese Lebensbedingungen ändern, um wirklich gesund zu werden. Und dabei ging es keineswegs nur um Gesundheit, jedenfalls nicht im gewöhnlichen, allopathischen Sinne, sondern um – Wahrheit.

Diese Überlegungen hatten mit Henri Oedenkoven zu tun, den sie gleich nach ihrer Ankunft kennengelernt hatte, weil er mit ihr am selben Tisch platziert worden war. Henri stammte aus Belgien, genauer gesagt aus Antwerpen, und sprach lediglich sehr gebrochen deutsch, sie hingegen ausgezeichnet französisch. So waren sie ins Gespräch gekommen, und das war kein oberflächlicher Small Talk, sondern die Sorte Gespräch, die die Welt bereicherte – rückhaltlos und auf Augenhöhe, ohne Angst vor den heiklen Lebensfragen.

Henris Großvater Hendrik Oedenkoven war Bürgermeister von Borgerhout, einer Industriestadt in unmittelbarer Nachbarschaft von Antwerpen, gewesen. Zusammen mit seinem Schwager Adolphe de Roubaix hatte er vor fast einem halben Jahrhundert mitten in Borgerhout die Kerzenfabrik de Roubaix-

Oedenkoven gegründet. Im Volksmund hieß die rasch expandierende Fabrik, die Hoflieferant war und auch nach Übersee exportierte, nur »Den Bougie«. Gründung und Aufstieg des Unternehmens fielen in die Zeit der kolonialen Ambitionen des winzigen Landes, das nicht mehr als ein Fleck auf dem Globus zu sein schien. Doch an den Rohstoffbörsen und Kapitalmärkten Brüssels wurden gigantische Summen erwirtschaftet. Seit der Wiedereröffnung der Schelde war Antwerpen ein Tor zur Welt, und unter den Bürgern breitete sich ein grenzenloser Zukunftsoptimismus aus.

In Den Bougie schufteten bald schon tausendfünfhundert Arbeiter und beugten sich einem Reglement von drakonischer Strenge. Die Fabrik bediente sich der neuesten Erfindungen der Chemie und Mechanik, um aus dem Rohstoff – übel riechendem Ochsen- und Hammelfett – durch Schmelzen und Wiederschmelzen das weiße marmorartige Stearin zu gewinnen, das dann zu Kerzen geformt wurde. Ätzende Dämpfe stiegen dabei auf, insbesondere das hochgiftige Acrolein, eine farblose, flüchtige Substanz, die die Augen der Arbeiter angriff, heftiges Brennen und Tränenfluss hervorrief. Selbst wenn sie sich alle zwölf Stunden ablösten und hin und wieder in den Urlaub gingen, kam es zu bleibenden Schäden an Augen und Atemwegen. Auch in der Umgebung der Fabrik waren Luft und Gewässer stark verschmutzt. Stets stieg ein merkwürdiger Brandgeruch in die Nase, der sich je nach Windrichtung und -stärke ausbreitete. Auf die Frage von Fremden, ob es denn irgendwo brenne, pflegten die Bürger Borgerhouts zu antworten: Ach, das ist nichts, das ist Den Bougie – »dat stinkfabriek«, die Stinkfabrik.

Georges Eekhoud, ein Ziehsohn seines Großvaters, mit dem er gut bekannt sei, habe das alles – so Henri – in seinem Roman *Das neue Karthago* festgehalten. Es sei eine literarische Abrechnung mit dem Fortschritt, den die Bourgeoisie immer im Munde führe und der doch nur ihre eigene Raubsucht und Widernatürlichkeit bemäntele. Als Henri achtzehn Jahre alt war, war es, wie er erzählte, in Den Bougie zu einem blutig niedergeschlagenen Streik gekommen, mit fünf Toten und zahlreichen Verletzten. Dieses Ereignis habe ihn vollends in der Auffassung von der Verderbtheit eines Systems bestärkt, das dem Wohlleben und Luxus von einigen wenigen diene, aber schlimmes Leid bei der Mehrzahl der Menschen verursache.

Henri war gerade erst Mitte zwanzig, gut zehn Jahre jünger als Ida. Doch schien er ihr wesentlich reifer als ein gewöhnlicher junger Mann dieses Alters. Neben der kritischen Auseinandersetzung mit seiner Herkunft hatte das zweifellos auch mit seiner langwierigen Krankengeschichte zu tun. Mallnerbrunn war keineswegs sein erster Sanatoriumsaufenthalt; auf der Suche nach Heilung von seinem »unaussprechlichen Leiden«, wie Ida es später nennt, war er schon durch die Hände vieler Ärzte gewandert, doch keiner hatte ihm helfen können. Vielmehr hatten sie ihn mit zweifelhaften Chemotherapien zu behandeln versucht, dabei sein Leiden aber höchstens zurückgedrängt, in Wahrheit noch verschlimmert. Erst im Sanatorium von Louis Kuhne in Leipzig, dem einzigen Laienheiler der Zeit, der sich in einer Großstadt niedergelassen hatte, war ihm wirkliches Verständnis und, wie er hoffte, Heilung zuteilgeworden. »Hinweg mit der Prüderie, hinweg mit der falschen Scham«, hatte Kuhne gerufen, als er bei ihm vorstellig geworden war. Geschlechtskrankheiten seien nichts anderes als Heilkrisen des Körpers, durch welche derselbe die in ihm befindlichen Fremdstoffe herauszufördern bestrebt ist. Geschlechtskrank werde nur derjenige, dessen Körper schon zuvor mit Krankheitsstoffen belastet war – was bei ihm, der neben einer Stinkfabrik groß geworden war, wahrlich kein Wunder sei.

Sprach's und verordnete ihm seine berühmt-berüchtigten Reibesitzbäder. Dazu legte man eine Bretteinlage in eine Badewanne und füllte diese daraufhin nur so weit mit kaltem Wasser, dass es mit der Sitzfläche auf gleicher Höhe stand. Sodann wusch man unter Zuhilfenahme eines Leinenlappens die äußerste Spitze der vorgezogenen Vorhaut mit sanften, gleichmäßigen Bewegungen. Letzteres erzählte Henri Ida nicht, deutete es höchstens an. Aber, was sollte er sagen, die Wirkung sei so frappierend wie durchschlagend gewesen: Binnen Kurzem gingen seine Beschwerden – eitrige Ausflüsse und mit starkem Juckreiz einhergehende Hautveränderungen – zurück und waren nun fast gänzlich abgeheilt, jedenfalls so weit, dass er sich ohne Weiteres in der von Rikli empfohlenen Lichtluftkleidung zeigen konnte.

Ohne Zwang

Während sich zwischen dem rebellischen, aber leidenden Fabrikantensohn und der an einer unglücklichen Liebe tragenden Klavierlehrerin die zarten Bande einer Freundschaft entspannen, welche schon bald in zahlreichen Briefen ihre Vertiefung finden sollte, machten beide Bekanntschaft mit einer dritten Person, die aus ganz anderem Holz geschnitzt schien als sie selbst, dennoch nicht weniger Außenseiter war: Karl Gräser. Auch er war auf der Suche nach einem alternativen Lebensweg abseits der ausgetretenen und verachteten Karrierepfade, die wie die jungen Leute meinten, in die Enge und Krankheit führten.

Die Familie Gräser kam aus Kronstadt (heute Braşov, zwischendurch auch Oraşul Stalin) in Siebenbürgen, das damals ein Teil der ungarischen Reichshälfte der Doppelmonarchie war – ein Hügelland jenseits der waldreichen Karpaten, weshalb es seit dem Mittelalter auch unter dem Namen Transsylvanien bekannt war. Noch Jahrzehnte später, als Siebenbürgen längst Teil Rumäniens ist, wird sich Reisenden der Eindruck vermitteln, dass das technische Zeitalter an diesen Gegenden spurlos vorübergegangen ist. Und man lebte nicht nur gestrig, man sprach auch so: ein altertümliches Deutsch, das einer längst vergangenen Epoche anzugehören schien. Aus dieser für die Errungenschaften der Moderne verlorenen Provinz – bezeichnenderweise auch die Heimat des Grafen Dracula – stammten die erzfrommen Gräsers.

Karl, etwas älter als Henri, hatte zwei jüngere Brüder, Gustav und Ernst, die beide Künstler werden wollten. Gusto, wie Gustav nur genannt wurde, war ein Schüler des Malers und Aussteigers Karl Wilhelm Diefenbach, dessen Landkommune Himmelhof im Wiener Stadtteil Ober-Sankt-Veit er zeitweise angehörte. Karl berichtete von hymnischen Briefen, die er der Mutter und ihm geschrieben habe; sie würden nach dem Paradies auf Erden streben, die unmenschlichen Rohheiten, die Entartung der heutigen Gesellschaft seien von ihnen erkannt und verbannt worden. Gerüchte über Kindesmissbrauch seitens des Patriarchen Diefenbach, vor allem aber dessen autoritäres Gehabe führten dazu, dass Gusto schon bald das Weite suchte und nach Siebenbürgen zurückkehrte. Dort sei, so Karl, in kurzer Zeit ein Riesengemälde entstanden, fast zwei Meter breit und über einen Meter hoch, es trage den Titel *Der Liebe Macht*. Man musste es anders als gewöhnlich, nämlich gegen den Uhrzeigersinn und entgegen der Richtung des Fortschritts, von rechts nach links betrachten. Dann gab es seine Botschaft preis: Die Welt der Zivilisation mit ihren Fabrikschloten und Großstädten stand bereits in Flammen; doch der Weg zurück in ein irdisches Paradies war noch möglich, wie das nackte Paar zeigte, das, von einem kindlichen Engel geführt, sich aufmachte, ein neues Leben im Anschluss an die Mutter Natur zu entdecken. Und wie Gustos Frauenbild es wollte, trug die Mutter auf dem Bild lange lockige, blonde Haare.

Diefenbach, so berichtete Karl Gräser hinter vorgehaltener

Hand weiter, sei ebenfalls schon in Mallnerbrunn gewesen, um sich von einer Syphilis und den Folgen ihrer falschen Behandlung zu kurieren. Dabei ließ er offen, was ihn selbst hierhergeführt hatte. Kaum denkbar war, dass er unter Neurasthenie, dem Burn-out der Jahrhundertwende, litt; er hatte, wie Ida rasch bemerkte, so gar nichts Feinsinniges oder Mimosenhaftes, eher etwas Knorriges und Unwirsches. Und sein Starrsinn war so grenzenlos wie sein Stolz. Gut denkbar, dass auch er an einer Geschlechtskrankheit laborierte, jedenfalls wäre das bei einem jungen Mann, der seit seinem achtzehnten Lebensjahr Soldat war, nichts Ungewöhnliches gewesen. Vielleicht wusste er auch selbst nicht genau, was hinter seinen Symptomen steckte, oder wollte es nicht wissen.

Was den Soldatenstand betraf, so war zum Zeitpunkt von Karls Aufenthalt in Mallnerbrunn allerdings beinahe schon die Vergangenheitsform angebracht. Zuletzt als Offizier in der Festungsstadt Prömsel (polnisch Przemyśl) stationiert, im hintersten Winkel des ärmlichen, vernachlässigten Galizien, unmittelbar an der Grenze zum Russischen Reich, hatte Karl fest vor, so bald wie möglich zu demissionieren. Sein schlechter Gesundheitszustand würde ihm dabei gewiss Schützenhilfe leisten. Eine beträchtliche Rolle bei dieser Entscheidung hatte ein Erzherzog gespielt, allerdings einer von der Sorte, die aus der Art geschlagen war: Leopold Ferdinand von Österreich-Toskana, ein Ururenkel von Kaiser Leopold II., der wenige Jahre später auf alle Titel verzichtete und unter dem bürgerlichen Namen Leopold Wölfling seine Geliebte, eine ehemalige Prostituierte, heiratete.

Leopold Ferdinand und Karl Gräser verband eine tief sitzende Verachtung für den Drill, der neben der Langeweile den Berufsalltag der Soldaten bestimmte. Drill, das war die geistlose Zurichtung des Körpers wie des Verstandes zu militärischen Zwecken; er hatte zur Voraussetzung, wie Leopold Ferdinand meinte, »dass alle Menschen, an denen er geübt wird, gleicher Brei seien«. Aus Widerstand dagegen hatten er und Karl Gräser in Prömsel eine Vereinigung gegründet, die sie »Ohne Zwang« nannten; Leopold Ferdinand fungierte als deren Präsident, Karl Gräser als eine Art Vorstand.

»Ohne Zwang«, das war Gräsers Mantra. »Nach meinem Gusto« hätte er auch sagen können, aber das war nicht seine Art von Humor, sondern mehr die des jüngeren Bruders. Der spielte gerne mit Namen, nannte sich selbst etwa »Gras« statt »Gräser«, mit der Begründung, einem Einzelwesen komme kein Name zu, der eine Mehrzahl bedeutet, und erläuterte seinen Spitznamen dahingehend, dass er Gefallen habe an den Dingen dieser Welt.

Karl hatte die Formel für sein Weltgefühl bei dem Frühsozialisten Charles Fourier gefunden, der alle seine Wohnungen in Gewächshäuser verwandelt hatte. Fourier führte die Missstände der Gesellschaft darauf zurück, dass sich die naturgemäßen Bedürfnisse des Menschen in ständigem Konflikt mit seiner sozialen Umgebung befänden. Jeden Einzelnen sah er aus einer Fülle von Leidenschaften zusammengesetzt, die danach verlangten, ausgelebt zu werden. Nur dann konnte so etwas wie Harmonie unter den Menschen entstehen. Es kam also darauf an, Formen des Zusammenlebens zu organisieren, die das ermöglichten. »Phalansterium« hatte Fourier die neue Sozialeinheit getauft, die diesem Ideal nahekommen sollte. Dem Soldaten Karl gefiel der Neologismus, insbesondere sein erster Bestandteil.

Fourier hatte nicht nur an eine Wirtschafts-, sondern zugleich an eine Liebesgemeinschaft gedacht. Sie ähnelte ein wenig jenen Gruppen von jungen Leuten, die ihre Tage am liebsten zusammen verbringen, die ganze Zeit quatschen, zwischendurch kochen und knutschen und am Abend nur ungern nach Hause gehen. Oder, noch naheliegender, einem jener Sanatorien, wie sie es gerade bewohnten: Da gab es einen festen Tagesplan, aber der war auf die Bedürfnisse des Einzelnen zugeschnitten und bot genügend Spielraum, den eigenen Neigungen zu frönen. In Fouriers neuer Gemeinschaft herrschte freundliche Abwechslung: Niemand war länger als zwei Stunden mit derselben Aufgabe beschäftigt. Die Beseitigung des anfallenden Mülls – so konkret dachte und plante Fourier – sollte Sache der kleinen Kinder sein, denn schließlich spielen diese bekanntermaßen gern mit Schmutz. Vor allem aber gab es weder innerhalb der Phalanstères noch in den Beziehungen zwischen ihnen Herrschaftsinstanzen.

»Alles, was sich auf Zwang gründet«, schrieb Fourier, »ist hinfällig und verrät Mangel an Geist.«

Dabei hatten die Häufigkeit und die Hartnäckigkeit, mit der Karl sein Mantra im Munde führte, beinahe ihrerseits etwas Zwanghaftes. So wie andere immerzu ein zustimmungsheischendes »Nicht wahr?«, ein »Perfekt!« oder »Achtung!« in ihre Aussagen einweben, hielt Karl es mit seinem »Ohne Zwang«: »Ich unternehme heute Nachmittag einen längeren Spaziergang – ohne Zwang«, sagte er etwa oder: »Ein gutes Wort zur rechten Zeit wirkt Wunder – ganz ohne Zwang.«

Das änderte nichts daran, dass Ida, Henri und Karl ein gemeinsames existenzielles Anliegen verband. Was sie suchten, war nicht weniger als ein neues Leben, in dem die Herkunft wie ausradiert war und die Zukunft Gestalt annahm. Die Gesellschaft macht krank, war ihre Überzeugung, wir müssen aussteigen. Unser Phalansterium bauen.

Henri kam aus reichen Verhältnissen und wollte mit seinem Geld etwas anfangen, das ihn persönlich weiterbrachte und zugleich die Welt veränderte. Darunter machte er es nicht. Nach Veldes war er, wie sich nun herausstellte, bereits mit dem Plan gereist, Gesinnungsgenossen für sein Vorhaben zu gewinnen, das ihm als Fabrikantensohn zur Verfügung stehende Kapital für ein Zukunftsunternehmen einzusetzen, welches das Zeug hatte, den

Kapitalismus mit allen seinen Übeln zu beseitigen – jedenfalls modellhaft. Er dachte an die Gründung einer Naturheilanstalt, deren Gewinne dann in den Aufbau einer möglichst autarken Siedlungsgemeinschaft fließen sollten, mit Mühlen, Webereien, Fabriken und Schulen – nicht mehr und nicht weniger als eine Lebensgemeinschaft mit der Fähigkeit zur Selbstversorgung in den wesentlichen materiellen und geistigen Belangen – und ohne Ausbeutung der Natur und von Menschen.

Karl fand das alles gut und schön, aber wichtiger als jeder Einfluss auf seine Zeit war ihm die Selbstvervollkommnung – darin stimmte er mit seinem Bruder überein. Für Geld hatten die Brüder Gräser nur Verachtung übrig; sie erblickten in ihm nicht einmal ein notwendiges Übel, sondern ausschließlich den Mammon, der den Menschen von sich selbst entfremdet. Ida hingegen wollte, dass der Frau dieselbe Freiheit und dieselben Rechte zustehen, wie sie sich der Mann mit Billigung seiner Umwelt herausnimmt. Und sie betrachtete den Vegetarismus als einen bislang übersehenen, in Wahrheit aber als den einzig zielführenden Weg zur Gleichberechtigung.

Wie die meisten jungen Leute hatten alle drei das dringende Bedürfnis, an eine Vision zu glauben, Teil von etwas zu sein, das größer war als sie selbst. Noch wussten sie nicht genau, wie sie das erreichen sollten, nur dass sie mit dem Bestehenden brechen und das Erwartbare hinterfragen wollten. Sie träumten von einer Heilstätte für Körper, Seele und Geist, einem Experimentierfeld, um ein besseres Leben zu erproben. Im Süden sollte es liegen, so viel war klar, wo man mit den Kleidern auch jene Gesinnungen und Verhaltensweisen ablegen konnte, die für die Selbstbefreiung hinderlich waren. Dennoch sollte der Ort nicht aus der Welt, sondern mit der Eisenbahn gut erreichbar sein, damit sie selbst die kulturelle Anbindung nicht verloren und Menschen, die auf der Suche waren wie sie, gut zu ihnen gelangen konnten.

Sie verabredeten, sich in einem Jahr wiederzutreffen und in der Zwischenzeit ihre Pläne zu konkretisieren. Henri würde zum Heiligen Jahr nach Rom reisen und anschließend die Weltausstellung in Paris besuchen. Karl würde sein Demissionsgesuch einreichen und mit Gusto Vorträge halten, die für ein anderes, freies Leben warben. Ida würde erst einmal nach Montenegro zurückkehren und sich um den todkranken Vater kümmern.

So gingen sie auseinander.

Vegetarier-Treffen, Monte Verità, 1902.

2. Kapitel

Mach dich auf!

Ein Jahr später. Ida Hofmann, Henri Oedenkoven und Karl Gräser sind in München-Schwabing verabredet, um ihre Ausstiegspläne zu besprechen. Nach dem Tod ihres Mannes ist Idas Mutter mit den drei Töchtern dort hingezogen. Nirgendwo sonst in Deutschland gibt es für junge alleinstehende Frauen zu diesem Zeitpunkt mehr Möglichkeiten als in Münchens hippem Stadtteil, in dem gerade der Radius des Individuums neu vermessen wird. Zu Hochzeiten leben hier annähernd tausenddreihundert Künstler, das ist Rekord im gesamten Deutschen Reich. Höchstens noch Paris kann in dieser Hinsicht mit München konkurrieren. Das Erstaunlichste aber ist die hohe Schwabinger Frauenquote dank des Münchner Künstlerinnen-Vereins und seiner Damen-Akademie. »Ab nach München«, notiert die später sehr bekannte Malerin und Kandinsky-Freundin Gabriele Münter denn auch um diese Zeit in ihrem Tagebuch.

Dass Frauen ihren Neigungen nachgehen und daraus einen Beruf machen, ist in Schwabing eher die Regel als die Ausnahme. Ob sie sich auch gegen die übermächtige Männerwelt durchzusetzen vermögen, steht auf einem anderen Blatt. Trotzdem sind das eigentlich gute Voraussetzungen für die Hofmann-Töchter mit ihren künstlerischen Ambitionen, möchte man meinen. Doch sie können mit der Schwabinger Boheme-Welt nicht viel anfangen. Insbesondere Ida sieht ihre Zukunft nicht zwischen Englischem Garten, Café Luitpold und Hohenzollernstraße, in zugigen Mansarden, durchzechten Nächten und fremden Betten. Die Boheme, zu der sich die meisten jungen Schwabinger Künstler und Literaten zählen, und die Lebensreformer, das sind zwei unterschiedliche Welten, wenn auch ihr Aufeinandertreffen, wie sich noch zeigen wird, die Funken des Neuen in dem gerade angefangenen 20. Jahrhundert besonders intensiv sprühen lässt.

Henri kommt aus Paris nach Schwabing und steht – Technikfreak, der er ist – noch ganz unter dem Eindruck der Weltausstellung und der dort präsentierten Sensationen: Städtepanoramen der Brüder Lumière mit 360-Grad-Rundumsicht, das Trottoir roulant der Rue de l'Avenir, der Straße der Zukunft – ein sich selbst bewegender Fahrsteig, auf dem die Besucher das Ausstellungsgelände umrunden können –, der erste, kurioserweise mit Erdnussöl betriebene Dieselmotor und ein Riesenrad mit einem Durchmesser von hundert Metern. Kürzlich ist in Paris auch die erste Metrolinie zwischen Porte Maillot und Porte de Vincennes eröffnet worden, und Henri berichtet von dem Verlust der Orientierung, den die unterirdische, rasante Fahrt mit sich bringe, auch von den Schauergefühlen, die ihm das Hinabsteigen in diese Katakomben bereitet habe. Seien sie nicht »das Ende aller sanftrauschenden Wälder, aller Morgen- und Abenddämmerungen«, ja, das »Ende der menschlichen Seele«? Mehr als zuvor sieht er sich in dem Vorhaben bestätigt, die Großstadt, in der man doch nichts sei als eine Ameise, die mit fünfzigtausend anderen Ameisen in einem Bau herumkrabbelt, zu verlassen und eine neue Lebensgemeinschaft in der freien Natur zu gründen.

Ida hat ihre Schwester Jenny, die Sängerin, bereits vor dem Treffen ins Vertrauen gezogen. Intellektuelle Überlegungen, wie der Fabrikantensohn sie anstellt, mit dem ihre Schwester poussiert, sind ihre Sache nicht. Aber raus aus der Stadt zu kommen, nicht mehr die verhassten Gesangsstunden geben zu müssen, mit den eigenen Händen etwas aufzubauen, wovon man womöglich leben kann – das sind verlockende Aussichten.

Karl Gräser, frisch demissioniert, bringt, unangekündigt, seinen Bruder mit. Gusto Gräser ist, wie Ida zugeben muss, ein attraktiver junger Mann mit seinem schulterlangen dunkelbraunen Haar, das von einem Stirnband zusammengehalten wird. Darauf angesprochen, stellt er sich als Erfinder dieses praktischen Haarschmucks vor. »Das ist keine Krone«, erläutert er mit seiner tiefen, weichen Stimme, »sondern ein Riemen zum Zusammenhalten meiner langen Haare. Ich gab dem Ding nur eine zierliche Form, und was die Hosen betrifft« – die ihm nur bis zum Knie reichen, wie die von Arnold Rikli propagierte Lichtluftkleidung –, »so gesteh' ich offen, dass mir die Elefanten-Façon bei unserer Männerkleidung wenig gefällt.« Gusto strahlt Gesundheit aus, physisch wie psychisch. Er ist eine Mischung aus Naturbursche und Geistesaristokrat, bei dem alles eine Bewandtnis zum Höheren hat. Nichts ist unabsichtlich. Schon bald geht Ida seine prätentiöse Art auf die Nerven. Sie hält ihn für einen Besserwisser.

Noch zwei weitere Personen nehmen an dem Treffen teil. Da ist zum einen Charlotte Pauline Hattemer, genannt Lotte, Anfang zwanzig, die Tochter eines preußischen Eisenbahningenieurs und schon vor einigen Jahren dem autoritären Stettiner Elternhaus entflohen – ohne eine müde Mark in der Tasche. Durchgeschlagen hat sie sich mit Gelegenheitsjobs, unter anderem als Kellnerin in anrüchigen Kneipen. Trotz der zahlreichen Avancen, die das mit sich brachte, soll sie sich nicht mit Männern eingelassen haben. Das Haar trägt sie offen; in dichten, straffen Strähnen verhüllt es ihr Gesicht fast bis zur Nase und macht sie zu einer exzentrischen Erscheinung. Stets ist sie leicht überdreht, äußerst impulsiv. Wie die anderen anwesenden Frauen trägt sie leichte, luftige Kleidung, ohne Mieder, und natürlich keinen Hut. Die Sandalen an den Füßen streift sie drinnen sofort ab. Barfuß schwebt sie durch die Wohnung, als wollte sie das Tanzen neu erfinden.

In ihrer Begleitung ist Ferdinand Brune aus Graz, angeblich Sohn eines Gutsbesitzers. Seine in einem dogmatischen Tonfall vorgetragenen Äußerungen lassen in ihm rasch einen in der Wolle gefärbten Theosophen erkennen. Der – da sind sich die anderen mit Ausnahme von Lotte rasch einig – ist nun gar nicht geeignet.

Von den Gesprächen, die dem Aufbruch gen Süden vorausgehen, ist nichts überliefert. Doch die Vermutung, dass es hoch hergegangen sein muss, wird durch die Differenzen gestützt, die schon bald zwischen ihnen ausbrechen. Hier will eine Handvoll junger Leute etwas Gemeinsames organisieren: den Ausstieg aus ihnen sinnlos und inhuman erscheinenden Lebensverhältnissen. Sie wollen sich im Süden niederlassen und dort eine neue Existenz gründen. Doch wie genau und vor allem mit welcher Zielvorstellung das zu geschehen hat – da fangen die Meinungsverschiedenheiten schon an.

Karl und Gusto schwärmen von »vegetarischen Niederlassungen«, die sie auf ihren Wanderungen durch Deutschland kennengelernt haben. »Sie bringen Mut in unsere feige Zeit und Leben in die Bude.« Beinahe pathetisch fordert Gusto die Anwesenden dazu auf, es diesen Aufrührern und Empörern gleichzutun, »die ein wenig Fluss in die träge Masse bringen«.

Ida zieht ein Büchlein hervor. Es trägt den Titel *Vorschlag an die Freunde einer vernünftigen Lebensführung*. Geschrieben hat es der russisch-deutsche Philosoph Afrikan Spir. Es ist bereits vor dreißig Jahren erschienen und hat, wie die Anwesenden wissen, großen Einfluss auf Nietzsche gehabt. Der Philosoph Theodor Lessing, genervter Großstadtbewohner und Gründer des

Deutschen Anti-Lärm-Vereins, hat seine Doktorarbeit über Spir geschrieben. Ohne Zweifel, Afrikan Spir ist eine Autorität in diesem Kreis. Seine Definition von Freiheit als »das Wollen und Handeln in Übereinstimmung mit sich selbst, das Wollen und Handeln seiner eigenen Natur gemäß« ist für Ida und Henri, Karl und Gusto ein wegweisender Gedanke, beinahe so etwas wie eine Formel für ein sinnvolles Leben.

Doch was folgt daraus? Laut Afrikan Spir folgt, dass wir uns »von der Lebensroutine losmachen« müssen. Denn diese verhindert, dass wir in Übereinstimmung mit uns selbst und unserer Natur leben. Das tun wir nämlich nur dann, wenn wir anderen nützlich sind und uns dabei vervollkommnen. Der Alltag des Durchschnittsmenschen, geprägt vom Streben nach Fortkommen, Status und womöglich Luxus, geprägt zudem von vielfachen Rücksichten auf Familie und soziale Hierarchien, geprägt in zunehmendem Maße aber auch von immer mehr Wahl- und Konsummöglichkeiten, steht einem solchen Leben mehr entgegen, als dass er dazu beiträgt. Seiner wahren Natur nach sei der Mensch, schreibt Spir, »wie die belebende Sonne, welche ihre Wärme und ihr Licht über Alles zu ergießen sucht«. Ida liest diesen Satz laut vor. Und wo könnte man ein solches warmes, helles, uneigennütziges Leben wohl besser führen als dort, wo die sonnenhafte Natur des Lebens den Alltag bestimmt, also im Süden?

Karl und vor allem Gusto ist das aus der Seele gesprochen. Sie sind Minimalisten, lange bevor von Überflussgesellschaft und Konsumterror die Rede sein kann. Möglichst wenige Dinge um sich herum zu haben, damit einem mehr Zeit und Energie bleibt, sich auf das Wesentliche zu konzentrieren – das ist ihre Maxime.

Spir schlägt eine Siedlungsgemeinschaft von Freunden vor, um die Idee eines Lebens in Übereinstimmung mit sich selbst und der eigenen Natur Realität werden zu lassen. Er meint, es dürfen nicht weniger als fünf und nicht mehr als fünfzehn, höchstens zwanzig sein, die sich zu diesem Projekt zusammenfinden. Nicht weniger, um die nötigen Hilfsmittel zusammenzubringen, die geistigen wie die pekuniären, nicht mehr, um den Zusammenhalt nicht zu gefährden. Und noch eine Zahl: Nur wer das fünfundzwanzigste Jahr zurückgelegt hat, soll Mitglied einer solchen Gemeinde werden können, damit man sicher ist, dass er »einen ernsten und bleibenden Entschluss« fasst. (Gusto ist unter fünfundzwanzig, wie Ida feststellt; Lotte auch.) Eine besondere Anschauungsweise fordert Spir nicht, »wohl aber aufrichtige Liebe zur Wahrheit und Gerechtigkeit«. Auch diese Passage liest Ida laut vor, nachdem sie beinahe atemlos von Spirs Vorschlag berichtet hat. Die anderen nicken beifällig. Von Frauen als möglichen Mitgliedern ist bei Spir übrigens nicht die Rede, wie Ida empört feststellen muss. Er wendet sich ausschließlich an Männer. Typisch Philosoph.

Gusto erinnert die Anwesenden an Johannes Guttzeit. Er ist wie sein älterer Bruder ein ehemaliger Militär, der den Dienst quittiert und sich der alternativen Lebensweise verschrieben hat. Er gründete einen Bruder-Bund, der auch eine Zeitschrift herausgab, schloss sich zeitweise Karl Diefenbach an, von dem er sich aber, wie Gusto auch, wieder trennte, und befindet sich seitdem auf Wanderschaft – eine eindrucksvolle Gestalt mit wallender Kutte und rötlichem Prophetenbart, ein unerschrockener Apostel der Wahrheit. Lotte ist ihm einst begegnet; er hatte gegen die »Schlachthaus-Zivilisation« gepredigt, wie er das nannte, gegen Gewalt in jeder Form, politisch, militärisch, ökonomisch, gegenüber Andersdenken, Frauen und Tieren. Die Titelblätter seiner Schriften führten das Symbol des durch einen Apfel zerstörten Schwertes. Er könnte ein Vorbild sein.

Wie viele Propheten und Messiasfiguren seien in den vergangenen Jahren erschienen, entgegnet Ida. Jeder von ihnen habe genug Anhänger gefunden. Es komme aber darauf an, die Menschen nicht durch bloßen Glauben und unbewiesene Versprechen zum Ausstieg aus dem falschen Leben zu bewegen. Der durchgreifende Entschluss, den das erfordere, solle vernünftiger Überlegung erwachsen, nicht Schwärmerei. So stehe es schon bei Spir.

Henri befürwortet den Siedlungsgedanken. Alle Kultur, meint er, beruhe von jeher auf dem Besitz, und dagegen, ob nun Gemeindebesitz oder Privatbesitz, sei im Prinzip nichts einzuwenden. Nur dass immer weniger Menschen der Löwenanteil des Bodens, den meisten hingegen nicht einmal ein winziges Stück gehöre. Es sei noch gar nicht so lange her, dass die arbeitende Bevölkerung mit Gewalt und List vom Lande vertrieben worden sei, um dem Landhunger der Landjunker und dem Menschenhunger der Fabrikherren zu dienen. Das Stück Natur, das uns allen gehört, gelte es, wiederzuerlangen und der freien Nutzung zuzuführen.

Er wird konkret. «Kapitalien sind augenblicklich das größte Machtmittel«, sagt er. »Aber wir können sie dazu verwenden, dem Kapitalismus entgegenzutreten.« Er schlägt vor, die gemeinsame Ansiedlung an einem der oberitalienischen Seen mit der Gründung eines Sanatoriums zu verbinden. Er traut sich zu, die reiche Erfahrung, die er in den diversen Naturheilanstalten von Kuhne bis Rikli gesammelt habe, an Heilungsbedürftige weiterzugeben.

Karl Gräser erzählt, dass er sein ohnehin überschaubares Vermögen zu großen Teilen bereits verschenkt habe. Jeglicher Besitz von Geld bringe Abhängigkeit und Zwang mit sich. Man müsse ohne Geld auszukommen versuchen, es letztlich abschaffen. »Wir werden dann einfacher, freier dastehen, unbeirrt, und in der richtigen Wechselwirkung der Kräfte.« So etwas bilde sich nur in allmählicher Entwicklung, »die natürlich und ohne Zwang, von selbst vor sich gehen und zum Durchbruch kommen muss«.

Ida und Henri widersprechen energisch. Sie halten das für ein Zeichen von Verantwortungslosigkeit, für Drückebergerei, die letztlich, man werde es ja sehen, zu Schmarotzertum und zum Zelebrieren der eigenen Ohnmacht führe. Von den bestehenden Erwerbsmöglichkeiten stelle ein Sanatorium, meint Henri, »noch eine der rechtlichsten, idealsten« dar und brächte zugleich mehr Gesundheit, Schaffensfreude und mehr Liebe unter die Menschen.

Den Theosophen und angeblichen Gutsbesitzer schreckt das ab. Er ist davon ausgegangen, hier auf eine neue Bewegung zu stoßen, eine Bewegung im Wortsinne: Menschen, die umherwandern, Repräsentanten einer ungebundenen Lebensweise. Sein Vorbild ist die große Madame Blavatsky, die Begründerin der Theosophie. Rastlos zog sie zwischen Russland, dem Mittleren und Nahen Osten, Europa und Amerika umher, um den Menschen der Zivilisation die in sich ruhende Weisheit ihrer westöstlichen Geheimlehre zu bringen. Das hier riecht Brune zu sehr nach Gründung und festem Wohnsitz, kaum einen Monat Fußmarsch über die Alpen vom Ausgangspunkt entfernt. Er wird später Europa verlassen und nach Indien gehen. Gut möglich, dass die anderen auch darüber nachdenken, vielleicht sogar darüber sprechen, richtiggehend auszuwandern, nach Südamerika etwa oder in die Karibik. Doch noch können sie sich das nicht vorstellen.

Henri wird noch konkreter: »Ich schlage vor: Jeder steuert bei, was er an beweglichem Vermögen besitzt. Kommt es zu Gewinn, wird der Hauptteil davon zugunsten des Unternehmens verwendet, der Rest geht zu gleichen Teilen an die Mitarbeiter. Jedem steht es frei, jederzeit auszutreten, egal aus welchem Grund, zum Beispiel weil ihm die Sache nicht mehr gefällt oder ihm eine andere Lebensweise mehr zusagt. In diesem Fall erhält er das eingezahlte Kapital zurück, sobald es flüssig ist.«

»Und was meinst du?« Ida wendet sich an Lotte, die bisher geschwiegen hat. »Wenn du dich in den Süden aufmachst«, sagt sie, während sie hin und her tänzelt, »vergiss nicht, Blumen in deinem Haar zu tragen.«

Theatromanie

Anfang Oktober macht sich die kleine Schar von München aus auf, um jenseits der Alpen an einem der oberitalienischen Seen einen geeigneten Ort für ihre Gründungsabsichten zu finden. So berichtet es Ida Hofmann. Sie gehen zu Fuß, in »einfacher und luftiger Kleidung«, auf den Rücken vermutlich recht schwere Rucksäcke, jedoch ohne das verpönte Schuhwerk, das die direkte Erdberührung verhindert – den ersehnten Kontakt mit der Natur. Gestattet sind höchstens Sandalen, die dem Träger das Gefühl des Barfußlaufens in Schuhen verleihen.

Ihre erste Station ist Oberammergau, gut achtzig Kilometer, drei bis vier Tagesmärsche von München entfernt. 1900 fanden dort Passionsspiele statt (was bis heute lediglich alle zehn Jahre der Fall ist). Schon damals zogen sie ein internationales Publikum an. Selbst ohne eine Aufführung besucht zu haben, dürfte sich den Wanderern die besondere Atmosphäre des Passionsspielorts erschlossen haben, zumal in einem Festspieljahr: eine Nähe von Leben und Theater, wie sie kaum woanders so inbrünstig und einprägsam zu beobachten war. »Wir leben und sterben für die Passion«, heißt es in den Lebenserinnerungen Anton Langs, der im Jahr 1900 Christus dargestellt hat. Wir, das sind die Oberammergauer.

Auch das Lebensexperiment des Monte Verità wird durch diese Nähe von Leben und Theater geprägt sein. Mit ihrer Ansiedlung auf der Anhöhe über Ascona schaffen die Gründer eine Bühne, auf der eine wachsende Schar von Siedlern, Gästen und Besuchern das Schauspiel von Aufstieg und Fall des alternativen Lebens zur Aufführung bringen kann. Zugleich sind die Gründer selbst von der Theatromanie, wie Nietzsche das nannte, gepackt: begnadete Darsteller ihres Nonkonformismus. Sie leben ihr Außenseitertum nicht nur, sie stellen es auch zur Schau. Es ist nicht zuletzt diese Verschränkung von Leben und Inszenierung, die das Experiment des Monte Verità gegenüber anderen Aussteigerprojekten um 1900 von Anfang an so einzigartig macht.

Die Lust der Selbstdarstellung ist insbesondere an dem jungen Gustav Gräser zu beobachten, der sich nach Idas Aussage ihnen unaufgefordert angeschlossen hat. Noch stärker als die anderen setzt Gusto sein Anderssein in Szene und greift dabei, inspiriert durch Gestalten wie Johannes Guttzeit und Anton Lang, auf Attribute zurück, wie man sie eigentlich von Jesus und seinen Jüngern her kennt: Die hohe Gestalt des jüngeren Gräser umhüllt ein formloses eierschalenfarbenes Gewand, in der Hand trägt er einen Hirtenstab. So schreitet er in seinen Latschen erhobenen Hauptes dahin. Das lockige Haar und der ebenfalls lang getragene Bart tun ein Übriges. Jedenfalls berichtet Ida, dass Kinder vor ihm niederknien, weil sie meinen, der Heiland zeige sich ihnen. Vor allem auf Gustos Erscheinung ist es zurückzuführen, dass man die drei Männer der kleinen Gruppe in Oberammergau anfangs für Aposteldarsteller hält.

Gusto redet nicht einfach wie andere Leute, er predigt – in seinem altertümlichen Deutsch, mit volltönender Stimme und »in einem gewissen lehrhaften Ton«, den zumindest Ida unausstehlich findet. Neben einer kleinen Schatulle mit einem gekreuzigten Christus – womöglich ein Geschenk seiner Mutter, einer frommen Frau – trägt er stets ein Täschchen bei sich, das »dichterische Ergüsse« enthält, wie Ida spottet. Gebeten wie ungebeten liest er daraus vor und geht mit seinen Weisheiten hausieren. »Hirnfrost frisst Uns! / Herzgeist nur kann uns retten«, ist da etwa zu lesen, unter einem fetten, mit einem Ausrufezeichen versehenen »Du!«. Auf einer anderen Karte heißt es im gesuchten Reim: »Mütterlichkeit, du Seele allen Lebens / Ohne dich sucht Ruh und Glück alle Welt vergebens«. Gusto Gräser ist ein Vorläufer der wandernden Sucher und Gurus. Ein Muttersöhnchen, wie Ida findet, die selbst eine Vater-Tochter ist.

Wo ist der Ort?

Jenny ist in München bei der kränkelnden Mutter geblieben. Auch Ida kehrt von Oberammergau aus noch einmal dorthin zurück, bevor sie sich dann Ende Oktober – und dieses Mal wohl nicht zu Fuß – nach Cadenabbia am Comer See aufmacht. Dort hat die Viererbande aus Henri, Lotte, Karl und Gusto inzwischen Quartier bezogen. Man erkundet die Gegend nach geeigneten Grundstücken und hat die auf dem Gebiet von Lenno liegende Halbinsel Lavedo ins Auge gefasst.

Obwohl sie dort bereits fündig werden, wollen sie sich weiter umsehen, »um uns ja kein geeignetes Stück Land entgehen zu lassen«, wie Ida schreibt. Die Aussteiger erweisen sich als durchaus anspruchsvoll und haben Recht damit: Die Wahl des Ortes ist für ihr Vorhaben alles andere als trivial. Kaum ein Zufall, dass ihre erste Wahl auf eine zum Teil steil aufsteigende Halbinsel fällt, die wie ein Finger in den Comer See hineinragt. Auf ihrer Erhebung lag in römischer Zeit eine Festung, von der nur noch ein Turm übrig geblieben ist. Die Halbinsel Lavedo ist ein exzeptioneller Ort wie auch der später gewählte Hügel oberhalb von Ascona: ein Schnittpunkt von spektakulärer Natur, Abgeschiedenheit und geschichtlicher Bedeutung. Der passende Ort für das widersprüchliche Bedürfnis von Flucht und Ankommen, das die Gründer umtreibt.

Um so gründlich wie zeitsparend vorzugehen, aber damit ihnen auch ja keiner das favorisierte Grundstück wegschnappt, trennen sie sich erneut. Henri bleibt »behufs eventuellen Kaufabschlusses« in Cadenabbia zurück, die Brüder Gräser sollen den südlichen Teil des Lago di Como und den Mailänder Speckgürtel absuchen, und die beiden Frauen brechen in Richtung Luganer See und Lago Maggiore auf. Mittlerweile – Anfang November – ist der Sommer vorbei, und der Regen klatscht herunter. Als Ida und Lotte bei stockdunkler Nacht am Luganer See anlangen, wo sie unweit des Anlegers von Porlezza in einem kleinen Gasthaus unterkommen, sind sie bis auf die Haut durchnässt. Wie nicht anders zu erwarten erregen zwei pitschnasse, für damalige Verhältnisse leicht bekleidete Frauen, die noch dazu alleine unterwegs sind, bei den Einheimischen beträchtliches Aufsehen. Doch sie werden gutherzig aufgenommen, und die Wirtin begleitet sie sogar noch aufs Zimmer, um die beiden Wanderinnen eigenhändig in warme Decken zu hüllen. Dass Lotte vor dem Zubettgehen allerdings am offenen Fenster gymnastische Übungen macht, ruft bei der Wirtin dann doch heftiges Staunen hervor. »Müllern« wird man diese Art der Zimmergymnastik bei frischer Luft nach ihrem Erfinder und Propagandisten, dem dänischen Sportler J. P. Müller, schon bald nennen.

Am nächsten Tag geht es mit dem Dampfschiff nach Lugano. Dort treffen sie unvermutet auf die Brüder Gräser, die mit ihnen Hase und Igel zu spielen scheinen: Wo es die beiden Frauen auch hinführt, Karl und Gusto sind längst da. Als Ida und Lotte jedoch das Logierzimmer der Männer betreten wollen, stellt sich ihnen der Wirt mit der Bemerkung in den Weg, Frauen sei der Zutritt in ein von Männern bewohntes Zimmer nicht gestattet. Die beiden Gräsers können sie gerade noch von ihrer Absicht in Kenntnis setzen, einen Mann aufzusuchen, der sich in dieser Gegend auskennt – da stehen Ida und Lotte schon auf der Straße und wandern in Kälte und strömendem Regen weiter, nun Richtung Lago Maggiore. Auf der Suche nach einem Nachtquartier werden sie erst überall abgewiesen, dann bietet ihnen ein Italiener an, »a tre« in seinem Haus zu schlafen. »Wie ungewohnt ist die Selbstständigkeit der Frau, wie wenig ist solche geachtet!«, kommentiert Ida das Erlebnis. Mut und Ausdauer tragen ihnen in Ponte Tresa aber doch noch »zwei prächtige Zimmerchen« ein.

Tags darauf werden sie auf dem Bahnhof von Monte Ceresio beinahe verhaftet und eingesperrt. Es beginnt damit, dass ein Bahnhofswärter, der die beiden Frauen mit verächtlichen Blicken misst, sich neben sie stellt und sie nach ihrer Herkunft fragt. Als sie keine Antwort geben und stattdessen weiter ihre Brote verzehren, kommen ein zweiter Neugieriger, dann der Stationschef, schließlich ein feiner Herr aus der Stadt und immer weitere Leute zu ihnen. Alle bestürmen sie: »sono inglesi«, »sono artisti«, »non capiscono« – man kann sich das vorstellen. Als sie trotzdem schweigsam zu essen fortfahren, greift der feine Herr plötzlich nach der Landkarte, die sie bei sich tragen, um ihre Nationalität herauszubekommen. Ida verbittet sich das – in gebrochenem Italienisch –, und er holt daraufhin die Carabinieri, »zwei uniformierte lange Häschergestalten«, wie Ida schreibt, die energisch die Ausweise verlangen. Sie haben keine. Alles Reden hilft nichts, die Lage beginnt ungemütlich zu werden. »Personen, die ohne Dokumente, bloßfüßig in Sandalen und barhäuptig in ein fremdes Land kommen, gelten unbedingt als sehr verdächtig.« Schließlich taucht als Retterin in höchster Not die des Französischen kundige Posthalterin auf, die mit milder Stimme vermittelt, sodass sich die Empörung auf beiden Seiten legt. »Heute würde es mir Spaß machen, auch einmal Untersuchungshaft gekostet zu haben«, schreibt Ida, als sie sich einige

Jahre später an dieses Vorkommnis erinnert. Seinerzeit war ihre Empfindung jedoch eher ein sklavisches Ohnmachtsgefühl vor dem »Staate« und seinen Gesetzen.

Schließlich gelangen sie nach Luino, an das Ostufer des Lago Maggiore. Auch hier treffen sie die Brüder Gräser – in der Post, wo sie gerade eine Depesche an Henri aufgeben. Der unablässig prasselnde Regen, Kälte und für diese Umstände – wie Ida zugeben muss – ungenügende Kleidung sowie Unentschiedenheit bezüglich der Terrainwahl lassen die Stimmung sinken. Eines Nachmittags schließlich kommt Henri sehnsüchtig erwartet an. Er ist ebenfalls blau gefroren – aber seine gute Laune ist unverwüstlich und vor allem: Er bringt etwas Warmes und frische Wäsche mit. Zusammen mit den beiden Frauen setzt er sich ans Kaminfeuer, und dort treffen sie den Entschluss, am folgenden Tag mit dem Schiff ans Nordende des Lago Maggiore, nach Locarno, zu fahren. Seit der Freigabe des Gotthard-Tunnels für den Eisenbahnverkehr im Jahr 1882 hat sich das Gebiet zu einem touristischen Zentrum entwickelt. Erneut sind ihnen die Gräsers vorausgeeilt. Sie schicken ein Telegramm: »Hier findet man Menschen, auch langhaarige, vegetarische Pensionen usw., kommet zu uns.« Nach vielem Suchen und Fragen werden sie in der Pension des Ehepaares Engelmann auf dem Monte Trinità oberhalb Locarnos freundlichst empfangen. Die Gräsers scheinen sich hier schon wie zu Hause zu fühlen.

Auszug auf den heiligen Berg

Zusammen mit den Touristen, die vor allem das milde Klima schätzten, war vor der Jahrhundertwende bereits eine Handvoll Aussteiger nach Locarno gelangt – Langhaarige und Vegetarier wie die nun aus München kommende Schar. »Vielerorts, in

Brissago, Ronco, Ascona, Losone, Minusio, Orselina, Monte Trinità – bis hinein in die Täler und hinauf zu den Höhen von Bosco – gab es eine Stimmung, die einer neuen Gedankenwelt günstig war. Überall gab es Abseitslebende, Künstler, Philosophen, Theosophen, Vegetarier, politische Flüchtlinge«, schreibt Robert Landmann in seiner erstmals Anfang der 1930er Jahre erschienenen Geschichte Asconas und des Monte Verità. In und um Locarno hatte sich ein neuer Geist entfalten können, abseits des fortschrittlichen Mainstreams, aber doch keineswegs konservativ oder gar reaktionär gesinnt. Einige hier ansässige Intellektuelle hatten in der von Helena Petrovna Blavatsky begründeten Theosophie ein Instrument entdeckt, um ihren Vorbehalten gegen den industriellen Fortschritt und die damit einhergehende Naturzerstörung, ihrer Ablehnung von Autorität und Dogma auch in religiösen Belangen und ihrer Vorstellung von neuen Lebensgemeinschaften jenseits von Privateigentum, familiären und sozialen Zwängen Ausdruck zu verleihen.

Die antitraditionelle und antichristliche Tendenz der Theosophie konnte sich durchaus mit libertären und anarchistischen Forderungen vertragen, wie etwa das Leben von Annie Besant, der Nachfolgerin Blavatskys, zeigt. Sie hatte ihren Ehemann, einen sittenstrengen anglikanischen Priester, nebst den gemeinsamen Kindern verlassen und lebte mit einem Freidenker zusammen. An die Spitze der Theosophischen Gesellschaft gelangte sie, nachdem sie in Londoner Sozialistenkreisen gearbeitet und an antireligiösen Kampagnen teilgenommen hatte. Annie Besant war eine der ersten Frauen, die gegen das Abtreibungsverbot zu Felde zogen. Ihre rhetorische Begabung war legendär. Ida und Henri werden in den Jahren 1902 und 1903 regelmäßig ihre Vorträge in Mailand besuchen und in ihren Ausführungen über die Lehren der Theosophie viele der eigenen Reformideen wiederfinden. Für die Geheimlehre Madame

Blavatskys waren insbesondere jene Frauen empfänglich, die sich am Patriarchalismus und der Frauenfeindlichkeit der christlichen Kirchen stießen, ohne dass damit auch gleich ihr spirituelles Bedürfnis versiegt wäre.

Ein Vertreter dieser dem modernen Denken aufgeschlossenen, aber zugleich stark gesellschaftskritischen Spielart der Theosophie war in Locarno der Philosoph und Nationalrat Alfredo Pioda. Er besaß ein Stück Land auf dem Monte Verità, auf dem bereits 1889 die Errichtung eines theosophischen Laienklosters geplant war. Dafür wurde eigens eine Aktiengesellschaft gegründet, die den Namen Fraternitas trug. Sie war prominent besetzt, die Angelegenheit also kein provinzielles Unterfangen. Als Präsidentin fungierte Gräfin Constance Wachtmeister, eine Zeit lang die Reisebegleiterin und Sekretärin Blavatskys, für die sie auch die Reinschrift der *Geheimlehre* erstellte. Zum engsten Kreis von Fraternitas gehörte Franz Hartmann, der spätere Gründer der Theosophischen Gesellschaft in Deutschland. Von ihm dürfte sogar die Idee des Laienklosters stammen. In seinem 1887 erschienenen Roman *Ein Abenteuer unter den Rosenkreuzern* findet sich eine genaue Beschreibung eines theosophischen Klosters in den Alpen. Hartmann schwärmte von der »Flutwelle geistigen Lichts«, die sich gegen Ende des 19. Jahrhunderts, mit der Theosophie an der Spitze, über den Planeten ergossen habe: »Überall, wohin dieses Licht dringt, raubt es dem blinden Autoritätenglauben und dem Aberglauben seine Stütze, untergräbt Irrtümer, die in Folge ihres Alters und Ansehens ehrwürdig erscheinen, und erweckt jenen freien Forschungsgeist, der sich nicht mit unbeweisbaren Behauptungen oder unverstandenen Glaubensartikeln beruhigen lässt, sondern selbst fühlen, greifen und sehen will.«

Der Plan, auf dem Monte Verità ein weltliches Laienkloster zu gründen, war seinerzeit nicht verwirklicht worden, und Pioda suchte einen Käufer für sein anderthalb Hektar großes Hügelgrundstück. Die Münchner Aussteiger scheinen ihm da gerade recht gekommen zu sein. So würde der Hausberg von Ascona doch von einer alternativen Lebensgemeinschaft genutzt werden, die wie die theosophische Bewegung Regeln für ein gutes Leben außerhalb der bestehenden Gesellschaft suchte. Oedenkoven schlägt zu und erwirbt das Grundstück von Pioda. Mit Zukäufen von anderen Eigentümern, die ein einträgliches Geschäft wittern, sind es bald schon vier Hektar.

Henri, Ida und die anderen haben wohl bewusst nach einer Erhebung Ausschau gehalten. Das hatte auch die Halbinsel Lavedo im Comer See so attraktiv gemacht: Wer hier lebte, hatte die schnöde Uferwelt beinahe schon hinter sich gelassen. Die erhöhte Lage brachte außerdem mit sich, dass man die Umgebung in ihrer Vielfalt und Schönheit übersah, ohne selbst gesehen zu werden. Oben angelangt betrat man eine Sphäre eigenen Rechts, die mit der gewöhnlichen Welt da unten kaum etwas gemein hatte. Was die Hügellage des Grundstücks für das Vorhaben der Klostergründung so attraktiv gemacht hatte, teilte sich auch den jungen Zivilisationsflüchtigen mit, die elf Jahre nach dem Scheitern dieses Plans hier ankamen. Nicht ohne Grund liegen viele lebensreformerische Heilstätten (aber auch Wagners Festspielhaus in Bayreuth) gegenüber der direkten Umgebung zumindest leicht erhöht. So partizipieren sie am Mythos des heiligen Berges, eines Ortes, an dem die Götter wohnen oder wo sie sich den Menschen zeigen und ihre Gebote verkünden, prädestiniert für Meditation, Einsiedelei oder alternative Gemeinschaftserlebnisse. An solchen Schauplätzen lassen wir die Alltagswirklichkeit hinter uns und gehen in einer neuen Ordnung auf, von der wir erwarten, sie sei unseren wahren Bedürfnissen gemäßer als das bisher geführte Leben.

Der Aufstieg

Wünschend steigen sie den Hügel hinauf. Die im Wind sich wiegenden Baumwipfel tauchen ihren Pfad durch den wilden Kastanienwald in schillernde Grün- und Brauntöne. Henri eilt voran, trotz der spätherbstlichen Temperaturen in kurzer Hose und ohne Jacke. An einer Biegung bleibt er stehen, um auch die Sandalen abzustreifen. Ida lächelt: Wie jung und kräftig er wirkt. Unmerklich beschleunigt sie ihre Schritte. Macht es ihm gar nichts aus, dass sie so viel älter ist als er, fast zehn Jahre? Eine Frau Mitte dreißig. Schlimmer noch, die auf die vierzig zugeht.

Noch ist der See nicht zu sehen. Ida gefällt der Gedanke, dass sie das Paradies gleichsam von hinten betreten, von der dem See abgewandten Seite des kleinen Berges. Nur vereinzelt noch dringen vom Tal her Geräusche an ihr Ohr – Kinderschreie, die Schläge einer Axt, das Kläffen eines Hundes. Als sie unerwartet eine weite Lichtung queren, drängt es Ida, sich auf den Boden zu werfen und den Duft der Erde einzuatmen.

Henri ist schon wieder vorausgeeilt. Er hat einen steilen Pfad bergauf gewählt, als könne er es nicht mehr erwarten, auf der kahlen, felsigen Kuppe anzukommen. Ida wischt sich den Schweiß aus der Stirn. Da, auf einmal, sieht sie den See unter sich liegen. Weit erstreckt er sich von den Bergen, auf denen schon der erste Schnee zu sehen ist, bis zur verborgenen Ebene, als wollte er den Blick mitnehmen ins Unabsehbare. Seine gekräuselte Oberfläche glitzert in der Nachmittagssonne. Ida kneift die Augen zusammen. Das Licht. Das Licht des Südens.

Die Gräser-Brüder sind schon da. Henri tritt auf die beiden Männer zu. Wo ist Lotte? Ein ganzes Stück weiter unten, inmitten eines verwilderten Rebenhangs taucht ihre zierliche Gestalt plötzlich auf. Sie tänzelt mehr, als sie geht, und trägt einen Kranz aus welkem Weinlaub in ihrem wirren Haar.

Ida hält sich abseits. Das ist ihr Augenblick, er gehört ihr ganz allein. Beseligt erhebt sie die Arme zum Himmel. Nach Wochen des Umherirrens, der Strapazen und Unsicherheit sind sie angekommen. Sie schaut hinunter zum See, der seit Zeiten unverrückt in der nun schon sinkenden Sonne schimmert, hinüber zu den braungoldenen Bergen und dann hinauf zum Himmel, dessen hohe Glocke aus tiefblauem Samt sie mit einer zuvor nie gekannten Ruhe erfüllt.

Noch einmal wendet sie den Blick zurück. Die abfallenden Linien der beiden mächtigen Hügel hinter ihnen – gleichen sie nicht zwei mütterlichen Schenkeln, die ihren kleinen Berg wie ein Kindlein wiegen? Plötzliche Gewissheit erfüllt sie. Hier soll, hier wird das Gewünschte beginnen. Hier werden sie ein neues Leben beginnen. Das Leben neu beginnen.

Sie werden inmitten der Natur und der Natur gemäß leben. Sie werden Hütten bauen, die ihnen Schutz vor Wind und Wetter bieten, aber durchlässig für Licht und Luft sind. Sie werden nie mehr eingezwängt zwischen Plüsch und Plunder sein, stattdessen nackt in der verschwenderisch scheinenden Sonne liegen. Sie werden Obstbäume pflanzen und im Schatten des leicht vom Wind bewegten Blätterwerks in frisch gepflückte Früchte beißen. Der Hügel wird ihr Kind sein, und sie werden gemeinsam mit dem Kind wachsen und an Erfahrung und Weisheit zunehmen.

Nicht nur ihr Geist, auch ihr Körper wird leichter werden, luftiger, ätherischer. Wie viele Menschen träumt Ida von einem irdischen Leben ohne Erdenschwere. Die bleierne Zeit wird sich im Raum verflüchtigen. Hier werden sie ihren Tempel der Wahrheit hinstellen, einen Ort der Heilung und Befreiung, wie ihn die Welt zuvor noch nicht gesehen hat. Der Hügel, soeben noch ein Kind, verwandelt sich auf einmal in ein Raumschiff, das zwischen Himmel und Wasser schwebt. Ein Raumschiff aus Erde, Pflanzen und ihnen, den neuen Menschen.

Karl Gräser auf dem Monte Verità, auf dem aus Klaubholz gebauten Stuhl sitzend, an den Füßen selbst gefertigte Sandalen.

3. Kapitel

Suche die Wahrheit!

Jahrtausendelang haben die Menschen in Lebensgemeinschaften in und mit der Natur gelebt, die ihnen lieferte, was sie brauchten. Sie waren Selbstversorger, eingebunden in eine überschaubare Gruppe, in der jedem seine Aufgabe und seine Rolle zufielen. Existierte die Gemeinschaft außerhalb staatlicher Strukturen, so konnte es gut sein, dass sie nach geraumer Zeit weiterzog und sich an einer anderen, scheinbar besser geeigneten Stelle niederließ, wo man den Wald rodete, neue Unterkünfte baute und den Boden urbar machte. Wie es dazu kam, weiß man bis heute nicht genau.

Für die meisten Menschen ist das Leben als Selbstversorger eigentlich erst mit der Industrialisierung zu Ende gegangen. Zuvor schufen sie sich ihre Lebensgrundlagen selbst, ohne auf die Angebote des Marktes zurückzugreifen. Selbst viele Stadtbewohner hatten noch ihre eigene Landwirtschaft als sogenannte Ackerbürger. Sie lebten weiterhin in und mit der Natur.

Vergleicht man das mit unserer heutigen Lebensform, in der auch die Landbewohner in der Regel Lohnabhängige sind, die zu ihren Arbeitsplätzen pendeln, an denen sie das Geld verdienen, mit dem sie dann in Supermärkten einkaufen, was sie an Nahrung, Kleidung und sonst zum Leben brauchen, kann man den Bruch ermessen, der sich in den vergangenen gut zweihundert

Jahren ereignet hat. Er hat der Mehrheit zuvor nie gekannten Wohlstand, Bildung, Sicherheit und ein langes Leben gebracht. Er hat aber auch ein wachsendes Unbehagen entstehen lassen: Wir fühlen uns der Natur entfremdet, leiden unter einer spürbaren Abhängigkeit von Unternehmen, Industrien und Bürokratien, die Nummern, Funktionen und Produkte an uns verteilen, die behaupten, unser Wohlergehen im Auge zu haben, vor allem aber an ihrem eigenen Fortbestehen interessiert sind. Wir vermissen eine Lebensgemeinschaft, die uns über die geschrumpfte Familie hinaus das Gefühl von Zugehörigkeit und Zusammengehörigkeit vermittelt.

Als aus der Gegenkultur der 1960er Jahre heraus in der westlichen Welt Kommunen gegründet wurden, von denen viele die Stadt verließen und sich als Selbstversorgergemeinschaften verstanden, waren die meisten damaligen Aussteiger der Überzeugung, einen bislang nie da gewesenen, sozusagen revolutionären Umschwung zu erleben. Erst allmählich wurde ihnen klar, dass sie auf eine lange Tradition zurückblicken konnten. Immer wieder hatten Menschen den Versuch unternommen, aus dem unerbittlichen Prozess der Industrialisierung auszusteigen, indem sie sozialutopische Lebens- und Arbeitsgemeinschaften gründeten. Sie strebten eine gemeinsame Ökonomie, Herrschaftslosigkeit (Anarchie im Wortsinn), Schonung der Ressourcen und ein Gemeinschaftsleben in der Natur an. Viele der Gründungen waren religiös inspiriert, ihre Betreiber ehemalige Geistliche, die sich vom Dogmatismus der Kirche losgesagt hatten. Ein bekanntes Beispiel dafür ist die 1841 in der Nähe von Boston, Massachusetts gegründete Brook Farm, deren Mitglieder nach dem sozialistischen Gesellschaftsentwurf von Charles Fourier leben wollten: als Selbstversorger ohne Hierarchien, Ausbeutung und Konkurrenzdenken.

Doch eigentlich ist die Idee der Kommune noch viel älter.

Denn unübersehbar greift sie auf die vorindustrielle Form des Wirtschaftens und Zusammenlebens zurück, als man noch in überschaubaren Gruppen für den eigenen Bedarf produzierte. Nur dass die neuen Gemeinschaften die Zwänge der alten abzulegen hofften: Statt der Zugehörigkeit von Geburt an sollte es eine durch Wahl sein, statt der vorgegebenen, unantastbaren Rollenverteilung eine, die den individuellen Fähigkeiten und Bedürfnissen entspricht, und an die Stelle autoritärer Entscheidungsprozesse sollten solche treten, die auf Teilhabe und Konsens beruhen. Kurz und gut, man wollte so individualistisch leben, wie es die Industriegesellschaft propagiert und zum Teil auch zulässt, und so gemeinschaftlich und naturnah, wie es einst möglich war, als die kleinen Gemeinschaften noch nicht der anonymen Massengesellschaft gewichen waren. Erst beides zusammen würde die wahre, eine an den Grundbedürfnissen des Menschen orientierte Freiheit ermöglichen.

Denn klar war, dass etwas fehlt, und daran hat sich bis heute nichts geändert, im Gegenteil. Die Kleinfamilie und der Arbeitsplatz, jene Institutionen, von denen erwartet wird, dass sie unsere elementaren Grundbedürfnisse nach physisch-psychischem Kontakt, nach Geborgenheit, sozialer Anerkennung, Selbstentfaltung und existenzieller Sicherheit befriedigen, sind mit dieser Aufgabe überfordert. Die Lebensgemeinschaft der Kommune versprach die häufig unvereinbaren Welten von Familie und Arbeit in ein größeres, aber überschaubar bleibendes Ganzes einzubetten. Dort, wo im Alltag häufig Zerreißproben und Dramen der Isolation und Desintegration stattfinden, sollte ein befriedigendes Miteinander geschaffen werden. Das war auch das große Ziel der Monteveritaner. Die Schwierigkeiten, auf die sie dabei stießen, sprechen nicht unbedingt gegen ihre Idee. Wohl aber gegen die Hoffnung, man müsse nur losziehen, einen guten Ort finden, und dann würden die Dinge sich schon irgendwie von allein regeln. Dazu ist unser Individualismus längst viel zu ausgeprägt und unumstößlicher Bestandteil unseres Lebensentwurfs.

Liebe und Hass

Was tun unsere fünf Gründer, nachdem sie vor allem mit dem Geld des jungen Belgiers das Hügelgrundstück oberhalb von Ascona erworben haben? Sammeln sie Kräuter, pflanzen sie Gemüsesetzlinge, bauen sie Hütten, legen sie Leitungen? Das alles vorerst nicht. Oder frönen sie dem neuen Kult der Zeit, dessen zentrale heilige Handlung im Ablegen von Kleidung besteht? Laufen und tanzen sie nackt auf ihrem Grund und Boden herum? Schlafen sie im Freien miteinander, je nach Lust und Laune die Partner tauschend? Letzteres schon gar nicht. Das liegt gewiss auch an der Jahreszeit. Der Winter bringt selbst an der Grenze zu Italien Kälte und Feuchtigkeit. Was also tun sie?

Kaum hat Ida Hofmann in ihrem Bericht über die Besiedlung des Monte Verità vom glücklichen Grundstückserwerb informiert, kommt sie auf Gefühle zu sprechen – und gleich auf die stärksten, auf Liebe und Hass. Dabei macht der Hass den Anfang. Anders lässt sich ihre wachsende Abneigung gegenüber Gustav Gräser kaum fassen. Sie wirft ihm Arbeitsscheu, Trägheit, Skrupellosigkeit und krankhafte Wahnideen vor. Vor allem aber Hypokrisie: Heuchelei und Scheinheiligkeit. Gusto ist ihrer Auffassung nach ein Täuscher: Hinter seiner Bedürfnislosigkeit verberge sich schlicht Faulheit, und selbst die Bedürfnislosigkeit sei lediglich gespielt. In Wirklichkeit würde er sich an den Besitztümern der anderen schadlos halten, indem er sie derart zudringlich um Gaben, Speisen und Unterkunft anbettele, dass sie es ihm nicht abschlagen könnten. Daraufhin würde er ihre erpresste Großzügigkeit aber mit nichts als hohlen Phrasen über Liebe und Brüderlichkeit erwidern. Man kann es auch so sagen: Gusto ist ein Parasit! Da behauptet einer zu geben, meint sie, und in Wirklichkeit nimmt er den anderen weg, was sie sich erarbeitet haben. Schlimmer noch: Durch seine Hypokrisie bekommt ihr gemeinsames, der Wahrheit verpflichtetes Vorhaben eine schwere Schlagseite ins Unehrenhafte. »Wie unser Schatten war dieser Mann seit München unsern Spuren gefolgt und wirkte durch seine fortdauernde Aufdringlichkeit höchst unangenehm auf seine Umgebung. Dem sollte ein Ende gemacht werden.«

Und das wird es dann auch, trotz des unvermeidlichen Protestes des Bruders Karl. Gusto zieht von dannen, noch bevor der erste Spatenstich getan ist. Ehrlich verwundert muss Ida jedoch feststellen, dass unmittelbar nach seinem Abzug in der Gegend »gleichzeitig mehrere, ähnlich geartete Individuen« auftauchen. Als würde das Abschlagen des einen Parasitenkopfes zum Nachwachsen mehrerer neuer an dessen Stelle führen. Gusto war beileibe keine Einzelerscheinung. Typen wie er sind, sieht man einmal von dem missionarischen Eifer ab, die Gammler der Jahrhundertwende. Mit den jugendlichen Leistungsverweigerern der 1960er Jahre verbindet sie neben den betont langen Haaren auch eine zur Schau gestellte Verneinung bürgerlicher Vorstellungen davon, was sich gehört, was sinnvoll und hygienisch ist. Das schließt die Ablehnung von Erwerbstätigkeit, in vielen Fällen sogar jedweder Tätigkeit ein.

Das Wort »gammeln« meint ursprünglich »alt werden«. Wer herumgammelt, reduziert sein Bewegungstempo und geht Beschäftigungen nach, die allgemein als sinnlos erachtet werden. Gammler, das sind junge Leute, die auf alt machen, um das Privileg des Ruhestandes, in den Tag hineinzuleben und die Dinge betont langsam anzugehen, vor der Zeit genießen zu können.

Ida, bei aller Ablehnung des Kapitalismus, stark von dessen Leistungsethos geprägt, kann diese Typen nicht ausstehen.

Andererseits – die Liebe. »Unsere Interessen stimmten so sehr überein und unsere gegenseitige Sympathie wuchs so beglückend, dass in Beiden der Wunsch nach dauernder Vereinigung zu erwachen begann«, schildert Ida reichlich gestelzt den Zustand ihrer Beziehung zu Henri bei der Ankunft in Ascona. So beginnt das neue Leben der Aussteiger nicht nur damit, dass einer ausgeschlossen wird, sondern zwei andere einen Herzensbund eingehen und sich von dem Rest absondern. Wohl heiraten Henri und Ida weder staatlich noch kirchlich; für beides haben sie nur Verachtung übrig. Insbesondere Ida lehnt die »Gesellschaftsehe«, wie sie sie nennt, kategorisch ab. Das 1900, also im selben Jahr eingeführte Bürgerliche Gesetzbuch für das gesamte Deutsche Reich hatte es noch einmal bestätigt: Frauen durften in der Ehe weder einen eigenen Namen führen noch einen eigenen Wohnsitz haben, bis auf persönliche Sachen ging ihr gesamtes Vermögen bei einer Heirat in den Besitz des Mannes über. Dem stand auch in allen Angelegenheiten der Ehe das letzte Entscheidungsrecht zu. Ida nennt das »eine empörende, aller berechtigten Freiheitsansprüche des Individuums spottende Bevormundung«. Wer möchte ihr nicht Recht geben?

»Segensspruch« wie »Staatsakt«, darin ist sie sich zudem mit Henri einig, stellen »eine autoritäre Einmischung Unbeteiligter« dar. Auch bieten sie »keinerlei Gewähr für das Treuegelöbnis«. Ihr Gegenmodell heißt »Reformehe«: »ein auf wahre Freundschaft und innige Sympathie zweier Menschen gegründeter Herzensbund«.

Mitarbeiter

Im November 1900 trifft Idas Schwester Jenny, die schüchterne Sängerin, in Ascona ein. Wie Idas Mutter und ihre andere Schwester Lilly gehört Jenny anfangs ebenfalls zu den Kritikern von Idas »freier Vereinigung« mit einem wesentlich jüngeren Mann. Schon bald aber schließt sie sich immer enger dem so apodiktischen wie suggestiven Karl Gräser an, mit dem sie im Sommer 1901 eine ähnliche Verbindung wie Ida mit Henri eingeht. Damit verändert sich die personelle Konstellation auf dem Hügel grundlegend. Innerhalb der Gründergruppe gibt es nun zwei Paare und zwei Außenseiter: neben Gusto, der im Herbst 1901 zeitweilig zurückkehrt, dann aber zum Militärdienst eingezogen wird, diesen verweigert und dafür ein halbes Jahr Gefängnis in Kauf nimmt, noch Lotte Hattemer, das Flower-Power-Mädchen, das zunehmend abdriftet und irgendwann eine heruntergekommene Ruine außerhalb des bewirtschafteten Terrains auf dem Monte Verità bezieht.

Bis zum Herbst 1901 stehen auf dem Hügel gerade einmal zwei Wohnhütten, zudem kaum mehr als Provisorien; Fenster und Türen fehlen noch, innen auch Bettstellen. Die Gründer haben die Holzhütten seit dem Frühjahr 1901 vornehmlich in »Selbstarbeit« hochgezogen, wie Tolstoi das genannt hätte. »Man hat die Hände dazu, um zu ackern, man hat sie dazu, um die Nahrung selbst zu schaffen, die man braucht«, lässt der russische Dichter und Apologet des einfachen Lebens einen seiner Helden sagen. Karl Gräser ist davon überzeugt, dass das auch für die Wohnstatt gilt.

Morgens zwischen sechs und sieben Uhr machen sich Ida und Henri, Lotte und er zur Arbeit auf den Hügel auf und kehren am Abend todmüde nach Ascona zurück. »Männer wie Frauen arbeiteten da mit Stichel und Spaten, sie schleppten Balken, sägten und hobelten«, so Ida. Sie schließt daran eine allgemeine Überlegung zur Vereinbarkeit oder besser Unvereinbarkeit von geistiger und körperlicher Arbeit an: Man werde erst allmählich gewahr, schreibt sie, »dass der hauptsächlich an geistige Arbeit Gewöhnte, seine Kraft ebenso schwer in körperliche Leistung umsetzen kann, als es umgekehrt der Fall ist«. Der Schriftsteller Nathaniel Hawthorne, der zu den Gründern der Brook Farm gehörte, hatte die Kommune bereits nach einem Jahr verlassen, mit der Begründung, er habe noch nie so hart arbeiten müssen und sei deshalb überhaupt nicht zu seiner Schriftstellerei gekommen.

Doch ganz auf die eigene Kraft und das eigene Geschick müssen sich die Gründer nicht verlassen. Schon frühzeitig stellen sich häufig ungefragt Helfer ein; sie haben Wind davon bekommen, dass bei Ascona der Aufbruch in eine neue Lebensform geprobt wird, und erhoffen sich von einem Besuch Impulse für ihre eigene Existenz. Für viele ist die Siedlungsgemeinschaft auf dem Hügel jedoch nur ein Durchgangsort. Sie arbeiten eine Zeit lang mit, lassen sich von den hier kursierenden Ideen anstecken und ziehen dann weiter, häufig nach Übersee. Oder sie bleiben im Ort, heiraten und nehmen eine mehr oder minder bürgerliche Existenz auf.

Bereits im Frühjahr 1901 stößt Fritz Röhl zu den Gründern, ein Glasergeselle aus Norddeutschland, den es auf seiner Walz gen Ascona verschlagen hat, wo man ihn auch wegen seiner handwerklichen Fertigkeiten gleich als sechsten Gesellschafter willkommen heißt. Röhl bekennt sich zum passiven Anarchismus, wie ihn Tolstoi lehrt: dem militanten Ungehorsam angesichts von Vorschriften und Befehlen. Er will mit Freunden weiter nach Amerika, um dort ein genossenschaftliches Unternehmen in der Nachfolge der Brook Farm aufzubauen. Doch als er schließlich im August 1901 wieder abreist, tut er das allein –

Energie und Wille der anderen haben nicht gereicht. Bereits in Neapel ist seine Auswanderung zu Ende; von der Polizei nach Papieren gefragt, die er nicht hat, bekennt er sich zum Anarchismus und wird daraufhin in Untersuchungshaft genommen. Nach Monaten erst wird er freigelassen und stirbt bald darauf, noch in Neapel, an Atrophie. »Er ist ein nutzloses Opfer seiner Wahrheitsliebe geworden«, heißt es in einem zeitgenössischen Bericht – der erste Tote, den die Monteveritaner zu beklagen haben. Insbesondere die Frauen, von denen sich viele in den attraktiven jungen Mann und seine warmherzige Art verliebt haben, trauern um ihn.

Auch Ferdinand Brune, der in München zurückgelassene Theosoph, kommt eines Tages auf den Monte Verità. Mit seiner ungewöhnlichen Körperlänge ist er eine beachtliche Hilfe beim Hüttenbau. Aber auch ihn zieht es bald fort, Richtung Indien, mit der Absicht, den Buddhismus und seine Sekten zu studieren. Jahre später erreicht die Monteveritaner die Nachricht, er sei in Kalifornien anfangs Hotelmanager, dann Plantagenbesitzer geworden. Er ist einer der Ersten, der die Kunde vom Monte Verità über den Atlantik trägt.

Der Gärtner Paul Duss wirkt anfangs als Tagelöhner maßgeblich daran mit, dreihundert Obstbäume für die vegetarische Ernährung zu pflanzen. Zwar zieht auch der flatterhafte, oft kranke junge Mann mit bipolarer Veranlagung zum Ende des Sommers schon weiter, doch kehrt er nach einiger Zeit zurück nach Ascona, wenn auch nicht mehr auf den Berg. Paul Duss, der eigentlich Carl von Schmidtz heißt, heiratet Idas andere Schwester Lilly, gibt seine unstete Lebensweise auf, lebt ganz für die Familie und nutzt seinen Geburtsadel, um sich bald als Baron, bald als Literat aus Florenz auszugeben. Schließlich richtet er in Locarno eine Buchhandlung und Leihbücherei ein, was zu dieser Zeit häufig noch Hand in Hand geht.

Zu den Mitarbeitern, die sich in Ascona niederlassen, dem Monte Verità aber nur locker verbunden bleiben, gehört auch der Schwabe Karl Vester. Zwei Jahre nach seiner Ankunft in Ascona wandert er nach Samoa aus, wo er eine vegetarische Kolonie gründet. Dort kommt er weder mit dem Klima noch mit den Einheimischen und der ungewohnten Lebenssituation zurecht. Schon bald kehrt er ernüchtert zurück, wird aber nicht mehr Mitarbeiter, sondern lässt sich in einem Haus unterhalb des Sanatoriums nieder, züchtet dort Kaninchen und Ziegen, baut sein eigenes Gemüse an und verkauft sein Vester-Vollkornbrot, das es in der Gegend zu einiger Berühmtheit bringt.

Und noch ein Mitarbeiter der ersten Stunde ist zu erwähnen: Robert Jentschura. Im Oktober 1901 kommt der ehemalige Feldmesser auf den Monte Verità, der da noch nicht so heißt, kauft wie die Oedenkoven-Truppe ein Jahr zuvor Land und baut ein verfallenes Weinberghaus auf. Gusto Gräser malt ihm Äpfel und Kirschen auf die Hausfront, zum Zeichen dafür, dass hier Vegetarier das Obst, von dem sie sich im Wesentlichen ernähren, auch selbst anbauen. Als sich seine Kleinansiedlung, die neben ihm aus drei weiteren Personen, zwei Frauen und einem Mann, besteht, auflöst, wird Robert Jentschura Mitarbeiter beim Sanatorium und bekleidet für einige Zeit den Posten eines Verwalters und Hausmeisters. Für den Züricher Adolf Arthur Grohmann, Leiter einer Gärtnerei mit Pension als Beschäftigungsanstalt für Nervenkranke, ist der »Juste-Milieu-Mann der Ansiedlung«, wie er ihn nennt, in der Abwesenheit von Ida und Henri der wichtigste Auskunftgeber über die Zustände auf dem Hügel. Grohmann hat die Gräser-Brüder bereits 1900 kennengelernt und mit ihnen Vorträge in Zürich veranstaltet. Für längere Zeit besucht er den Monte Verità 1902 und 1903. Seine im Jahr darauf veröffentlichten *Referate und Skizzen* sind die erste zusammenhängende Darstellung über die *Vegetarier-Ansiedlung in Ascona und die sogenannten Naturmenschen im Tessin*, so der ausführliche Titel seiner Broschüre. Von Robert erfährt Grohmann beispielsweise, dass die Mitarbeiter der Heilstätte keine Bezahlung erhalten; denn die »Arbeit eines Menschen, der sich in idealem Streben einer edlen Sache widmet«, sei unbezahlbar. Für die Befriedigung ihrer Lebensbedürfnisse – Robert nennt Nahrung, Kleidung, Wohnung, Bildung und Unterhaltung – sei jedoch gesorgt. Darüber hinaus erhalte jeder zur Bezahlung externer Ausgaben einen Geldbetrag. Dieser sei, solange das Unternehmen keinen Gewinn abwirft, auf eine bestimmte, wohl recht niedrige Summe bemessen. Später, so der Plan, soll der Reingewinn zur Hälfte unter den Mitarbeitern verteilt werden und die andere Hälfte dem Grundkapital zufließen. Doch in der fast zwanzigjährigen Geschichte des Sanatoriums ist diese Situation wohl zu keinem Zeitpunkt eingetreten.

Auch Robert Jentschura, der zusammen mit Ida und Henri eigentlich die »Cooperativa Monte Verità« gründen will, bleibt nur ein Jahr. 1904 heiratet er einen Kurgast, den Ida und Henri als Mitarbeiterin gewonnen haben: Dr. Anita Dehn, angeblich eine approbierte Ärztin, die unter der Hand Naturheilmethoden praktiziert. Mit ihr wäre der Heilanstalt endlich ein richtiger Arzt zugewachsen, denn Henri ist wie viele Leiter damaliger Naturheilanstalten lediglich ein medizinischer Autodidakt, ein Patient, der sich zum Arzt berufen fühlt. Doch wie sich herausstellt, ist Dr. Dehn eine Hochstaplerin. Einer Verhaftung kann sie nur entgehen, indem sie das Versprechen abgibt, die Schweiz binnen vierundzwanzig Stunden zu verlassen. Was sie aber nicht tut. Stattdessen bezieht sie mit ihrem Mann, der zu ihr hält, in unmittelbarer Nähe zum Sanatorium ein Häuschen. Die beiden leben ganz zurückgezogen, Robert aber scheidet als Mitarbeiter aus.

Während Ida und Henri mithilfe wechselnder Mitarbeiter konsequent den Aufbau der Heilanstalt betreiben, bedeutet das für Karl nur neuen Druck. Mehr denn je ist er dazu entschlossen, ganz ohne Zwänge existieren zu wollen; und dazu zählen für ihn auch solche, die man sich selbst auferlegt. Hat er nicht dafür den Soldatenstand, inklusive Versorgung und Renommee, die der mit sich bringt, aufgegeben? Und nun weisen Ida und Henri fortwährend darauf hin, es gelte, das Grundstück einzuteilen, Ankäufe zu besorgen, Anpflanzungen von Obst und Gemüse vorzunehmen, Lufthütten zu zimmern und endlich den Kurpreis für die Gäste zu bestimmen. Und das ihm, der im Geld, im Kaufen und Verkaufen, den allergrößten, den entscheidenden Zwang sieht. Karl reagiert auf derartige Pflichtenlitaneien stets mit der lakonischen, jede Deutung zulassenden Bemerkung: »Es wird ja werden, was es wird.« Was wiederum Ida noch mehr gegen ihn aufbringt.

»Take it as it comes«, singen die Doors ein Menschenalter später. »Don't move too fast.« Werde Spezialist im Spaßhaben. Es gibt eine Form des Widerstands, die scheinbar ziellos operiert. Sie hat es nicht auf die Erfüllung eines bestimmten Solls, etwa den Aufbau einer alternativen Einrichtung oder gar die Revolution abgesehen. Zumindest von außen erscheint sie als ein anarchisches Sich-treiben-Lassen, letztlich als Verweigerung planmäßigen und zweckgerichteten, über den Augenblick und die unmittelbare Befriedigung der Bedürfnisse hinausreichenden Tuns.

Ida und Henri hingegen empfinden die von Karl geschätzte Spontaneität zunehmend als Belastung. Dass die Hütten im Monat August genauso unvollendet dastehen wie im April, lasten sie vor allem seiner anarchischen Art an, die mit sporadischer

Arbeitsunlust einhergeht. Nicht zuletzt aus Ratlosigkeit, wie es mit der Siedlergemeinschaft weitergehen soll, brechen sie zu einer mehrwöchigen Alpenwanderung auf, marschieren dabei täglich sieben bis acht Stunden und an die fünfunddreißig Kilometer, hut- und stocklos, barfuß oder in Sandalen, mit leichtem Gepäck auf dem Rücken.

Als die beiden schließlich zurückkommen, hat sich die Situation jedoch keineswegs in der erwünschten Weise entspannt, vielmehr eskaliert sie zusehends. Karl fordert Ida auf, ihr Vermögen – wohl die väterliche Erbschaft – zur Gänze dem Gemeinschaftsunternehmen zuzuwenden. Bislang hat sie nur die jährlich daraus anfallenden Zinsen eingebracht. Ida entgegnet daraufhin, sie würde das schon tun, allerdings erst, sobald das Gelingen des gemeinsamen Vorhabens garantiert sei; im Moment, angesichts der Unklarheit der Beziehungen zu ihm, Karl, würde sie ihr Vermögen nicht veräußern. Der Streit endet damit, dass sich im Dezember 1901, gut ein Jahr nach der Ankunft in Ascona, die Wege der beiden Paare Ida und Henri sowie Jenny und Karl endgültig trennen. Ida und Henri übernehmen »Leitung und vorläufigen Besitz der Naturheilanstalt« allein, Karl wird ausbezahlt. Laut Ida bekommt er die gesamte, seit Bestehen des gemeinsamen Unternehmens von ihm eingezahlte Summe in bar zurück. Karl jedoch beharrt auf Teilung des Grundstücks und auch bislang gemeinsam genutzter beweglicher Habe. Zuletzt konzentriert sich der Konflikt auf einen als Transporttier verwendeten Esel. Karl behauptet, ihn herangeschafft zu haben. Soweit sich Ida erinnert, war es jedoch Lotte, die »eines Morgens, in ihrem weißen Hänger einer Walküre gleich, am Saum unseres Wäldchens erschien, mit Triumph einen zierlichen Grauen an der Leine führend«. Ida erklärt Karl daraufhin für einen Egoisten und Geistesgestörten. Henri ist schließlich so erbost, dass er Karl und Jenny auffordert, seinen Grund und Boden zu verlassen.

Als sei er Gottvater, der Adam und Eva aus dem Paradies jagt. Einmal mehr scheint die persönliche Befreiung darin zu bestehen, sich gegenseitig anzuschreien. Schließlich kaufen sich Karl und Jenny ein großes Grundstück, das unmittelbar an das des Sanatoriums angrenzt und sogar mehr nutzbare Fläche aufweist. Bezahlt wird es aus Jennys Vermögen.

Die Ruine

Unmittelbar nach der Trennung beziehen Karl und Jenny die Ruine eines Weinberghauses, das auf ihrem neuen Grundstück steht. Karl baut es aus – aber nur so, dass er über dem unteren Stockwerk eine einzige gemauerte Wand errichtet und mit einem freitragenden Dach versieht. Darüber hinaus wird es von alten Mauerresten gestützt. Der im Grunde nach drei Seiten hin offene Raum dient anfänglich als kombiniertes Wohn-, Schlaf- und Esszimmer. Das erinnert durchaus an das Prinzip der Lichtlufthütte – allerdings auf die Spitze getrieben: statt einer gleich drei so gut wie offene Seiten. Ein Haus, wenn man es überhaupt noch so nennen mag, das aus anderthalb Wänden plus Dach besteht.

Besucher, die sich in der Folgezeit bei den Gräsers einfinden, zeigen sich angesichts der Primitivität ihrer Lebensverhältnisse oftmals befremdet. Der einzige Luxus des vier mal fünf Meter großen Raumes besteht aus einem Holzboden. Als Schlafstellen dienen Strohsäcke, die Decken hängen tagsüber draußen zum Lüften. »Rundum sorgfältig verschlossen« ist hingegen die Werkstatt, die sich Karl Gräser auf der unteren Ebene der Ruine eingerichtet hat. »Hier stehen eine Werkbank, ein Amboss, ein Schleifstein und ähnliche Geräte«, berichtet ein Reporter des *Corriere della Sera* nach der Inspektion des Gräser'schen Anwesens im

Oktober 1903 seinen Lesern. Er habe »keine Spur einer gemachten Arbeit gesehen«, fährt er fort, und die Frage beschäftige ihn, ob es sich dabei um ein »Ausstellungsstück« handle, »dazu errichtet, dass man die naturistischen Besitzer nicht für Faulenzer halte …« Jedenfalls erscheint ihm das Ganze – »wie es nennen? Haus, Wohnung Höhle?« – wie ein Unterschlupf von Höhlenbewohnern.

Mit seiner Vermutung, die Werkstatt sei lediglich ein Fake, tut der Reporter des *Corriere* Karl allerdings unrecht. Der Anarchist Pierre-Joseph Proudhon hat die Werkstatt das Grundelement der neuen Gesellschaft genannt; sie tritt für ihn an die Stelle der Familie. Daran scheint sich Karl Gräser zu orientieren. Sein Ehrgeiz ist es, so viel wie möglich selbst herzustellen. Er will nicht nur alles selbst, er will es auch besser machen, durch Probieren herausfinden, wie es den eigenen Bedürfnissen entsprechend bestmöglich gemacht wird. »Gräser macht nichts gedankenlos nach«, urteilte einer, der ihm wohlgesonnen war, »sondern grübelt an allem herum, studiert und probiert fortwährend.« Dadurch lerne er die Dinge von Grund auf kennen und entdecke oft neue Wege. So etwa im Fall der Stühle, auf denen er und seine Frau sitzen, oder den Sandalen, die sie an den Füßen tragen. Die Ergebnisse sind unterschiedlich: Die aus Klaubholz kunstvoll konstruierten Sitzgelegenheiten nötigen einem noch heute ästhetische Bewunderung ab, wenn sie auch alles andere als bequem gewesen sein dürften. In gleicher Manier baut Karl dann auch Bett, Tisch und Hocker. Bei den Schuhen hingegen überwiegt angesichts der dicken, groben Nähte, mit denen die Lederflicken zusammengehalten wurden, das Mitleid mit dem Träger den Respekt vor dem Handwerk. Aber vielleicht hätte der Besucher, der dies 1904 so sah, zwei Jahre später wiederkommen sollen, als Karls Fertigkeit in dieser Hinsicht schon erhebliche Fortschritte gemacht hatte. Nun gelten Karls Sandalen einem anderen Gast als »sehr praktisch und bequem, dazu schön, und endlich sehr dauerhaft«. Auch an den Dattelkernen, die zerbrochene Knöpfe ersetzten, scheiden sich die Geschmäcker: Auf einige wirkt das durchaus pittoresk, andere schütteln darüber den Kopf.

Sehr viel stärker als Ida und Henri hat sich Karl Gräser das Prinzip der Selbstversorgung zu eigen gemacht. Gewirtschaftet werden soll ausschließlich zum Eigenbedarf, beschränkt im Prinzip auf Güter zum sofortigen oder doch baldigen Gebrauch. Karls Bedürfnis nach Autonomie geht zu Anfang so weit, dass er sich lieber von allem abkoppelt und in bitterer Armut lebt, als Zugeständnisse an ein System zu machen, das er für verwerflich, ja, letztlich für sündhaft hält, ohne allerdings noch den religiösen Glauben zu teilen, der eigentlich hinter diesen Vorstellungen von Sündhaftigkeit und Weltabgewandtheit steht.

Als der junge Karl Vester im Sommer 1902 den Hügel hinaufsteigt, um sich als Mitarbeiter bei Oedenkoven zu melden, kommt er auch an dem Anwesen Karl Gräsers vorbei. Dieser begrüßt ihn als »Bourgeois«, weil er einen Hut und ein Schnürhemd trägt. Schlagfertig gestattet er sich im schönsten Schwäbisch die Frage:

»Vielleicht können Sie mir sagen, wie man es anfängt, richtig zu leben?«

»Der größte Schmutz ist das Geld! Vor allem müssen Sie sich vom Geld befreien!«

»Ja, aber heutzutage gibt es doch nichts ohne Geld.«

»Ich brauche nichts.«

»Ja, wovon leben Sie denn?«

»Aus eigener Kraft.«

»Aber Sie kommen doch ohne ein paar Kleinigkeiten nicht aus. Sie tragen ein Gewand; Sie benutzen Papier und Tinte, wie ich sehe; da liegt Seife und Brot …«

»Meine Kraft ist eben noch nicht groß genug. Ich habe noch ein bisschen Geld. Aber ich weiß, wenn es aufgebraucht sein wird, dann wird meine Kraft groß genug sein, und ich werde leben können aus mir selbst.«

»Ich danke Ihnen.«

»Sehen Sie, junger Freund, nicht nur das Geld, sondern all unser Metall ist unrein. Seine Bestimmung ist, in der Erde zu ruhen, aber die Menschen haben es der Erde entrissen und in hässlicher Arbeit sich dienstbar gemacht. Hier in dieser Ecke stand ein eiserner Ofen. Ich habe ihn rausgeschmissen. Da drüben auf dem Felde liegt er. Sünde klebt daran!«

Ein halbes Jahr später – mittlerweile ist es Winter – trifft Vester die Gräsers bei gemeinsamen Bekannten. Sie hocken ganz dicht am Ofen, um sich zu wärmen.

»Wir sind fast jeden Tag hier. Unser Kamin heizt nicht recht«, sagt Jenny.

»Wenn unsere Kraft groß genug geworden ist, werden wir die Kälte nicht mehr spüren«, erklärt Karl stolz.

Jenny berichtet triumphierend, sie habe schreckliche Zahnschmerzen gehabt und sich gestern nicht mehr anders zu helfen gewusst, als nach Locarno zum Arzt zu gehen. »Er hat mir einen Zahn gezogen und als Entgelt habe ich mich hingestellt und habe ihm ein Lied vorgesungen. ›Sie sind Zahnarzt, ich bin Sängerin‹, habe ich gesagt, ›jeder tut, was er kann!‹ Habe ich nicht recht?«

Öko-Anarchismus

Ebenso wichtig wie der Wunsch, alles selbst herzustellen, ist Karl das Anliegen, sich nicht um die Zukunft zu sorgen und mit dem Ziel künftiger Besserstellung oder gar der Erzielung von Gewinn zu arbeiten. Das tue die Natur auch nicht, meint er; »sie böte allen ihren Kindern genug, um zu leben, kein Wesen habe nötig, sich abzuarbeiten und Reichtum aufzuspeichern«. Charakteristisch die Wortwahl: Karl spricht stets von »abarbeiten«; einfach »arbeiten« muss er als Euphemismus empfunden haben. Nicht mehr Geld, sondern weniger Arbeit lautet sein Ziel, das er mit den Anarchisten aller Couleur teilt. »Er glaubt an dem Busen der Natur zu liegen und sie mit scharfem Auge zu beobachten, um daraus dann die Prinzipien abzuleiten, nach denen er selbst leben muss, um seines Daseins Zweck und Ziel zu erreichen«, fasst der Theologe Eberhard Dennert, der die Gräsers gemeinsam mit seiner Frau 1905 besucht, Karls Denkweise zusammen.

Karl Gräser ist ein Öko-Anarchist der ersten Stunde, und das schon lange bevor der Zusammenhang von Wachstumsdenken und Naturzerstörung so offensichtlich war wie heutzutage, wo jeder im eigenen Konsumverhalten den Einfluss der Konzerne spüren kann. Um die Welt zu retten, so Gräsers Credo, müssen wir das Rad der Geschichte zurückdrehen. Wie viele Öko-Anarchisten ist er Primitivist. Den einzigen Weg, der uns noch offensteht, sieht er in der Rückkehr zu vorindustriellen, womöglich vorzivilisatorischen Verhältnissen. Der holländische Arzt und Schriftsteller Frederik van Eeden, der Karl Gräser im März 1904 aufsucht, nennt ihn in seinem Tagebuch »den prähistorischen Menschen«. Er findet es bei Gräsers sehr angenehm und besucht sie tags darauf gleich noch einmal. Van Eeden hat selbst in Bussum bei Utrecht eine Hüttenkolonie gegründet und ihr den programmatischen Namen »Walden« gegeben, in Anspielung auf das berühmte Buch von Henry David Thoreau, der im Frühjahr 1845 den Lehrerjob an den Nagel hängte, um sich im nahe gelegenen Wald eine Hütte zu bauen und über das Leben nachzudenken. Van Eeden selbst bewohnt eine Hütte aus roh gezimmerten Holzwänden, mit einem Schiefdach und einer betont niedrigen Tür, neben der eine Sitzbank zu beschaulichem Verweilen einlädt. Van Eedens »Walden« hatte viel von einer dörflichen, mittelalterlich anmutenden Idylle. Karl Gräser aber, das muss ihm klar geworden sein, will viel weiter zurück.

Zeitgenössische radikale Kritiker unserer Lebensverhältnisse, wie etwa der US-Amerikaner John Zerzan, ein Vordenker der Occupy-Bewegung, sind ihm darin gefolgt. Sie glauben sogar, dass schon die Landwirtschaft ein Fehler war. »Wir müssen das ganze Zeug loswerden, das uns von der natürlichen Welt trennt«, sagt Zerzan, der in Oregon ein denkbar einfaches Dasein führt, von Unkrautjäten und Kinderbetreuung lebt. Eine Zeit lang bestand sein Einkommen darin, Blut zu spenden. Primitivisten wie Zerzan gehen davon aus, dass es einst eine Zeit ohne Entfremdung und Ausbeutung gab. Damals war jeder Anarchist von Natur aus, seine Bedürfnisse waren echt und unverbildet, nicht Gegenstand von Manipulation. »Wir wollen dezentralisierte Lebensformen, wo sich die Menschen wieder in die Augen schauen können und individuelle Räume finden«, erläutert Zerzan seine Utopie.

Man sollte sich davor hüten, Sätze wie diesen gleich als politisches Programm zu verstehen. Sie sind erst einmal subjektiver Ausdruck von Entfremdung und der Rebellion dagegen. Nur was dem eigenen Gefühl entspricht, soll als Richtschnur des Handelns gelten. Darin steckt eine durchaus sympathische Underdog-Mentalität, störrisch und einzelgängerisch. Sie erinnert ein wenig an bäurische Lebensschläue. Und so verwundert es nicht, dass der demissionierte Soldat Karl Gräser seine Berufung darin findet, Bauer auf dem felsigen Grund des Monte Verità zu werden. Er betätigt sich als Imker und kreiert vor allem einen Fruchtkäse, den er auf dem Wochenmarkt von Locarno verkauft (ganz entgegen seiner lautstark vorgetragenen Verdammung des Geldes).

Das alles schafft er nun gerade nicht aus eigener Kraft, aber selbst daraus macht er eine Aktion des Widerstands. Bis nach Schwabing und Russland spricht sich herum, das sein kleiner Betrieb eine Freistatt ist für Kriegsdienstverweigerer, politisch Verfolgte und Flüchtlinge, aber auch für Menschen ohne Obdach, die unter die Räder des kapitalistischen Systems geraten sind. Sie können bei ihm arbeiten, erhalten dafür allerdings keinen Lohn, jedoch freie Kost und Logis. Und kommen vor allem eine Zeit lang in den Genuss existenzieller Sicherheit. Zwar soll es auch Fälle gegeben haben, in denen sich dorthin Geflüchtete ausgenutzt vorkamen und über die Doppelmoral Gräsers klagten, der einerseits das Geld verachte und keinen Lohn zahle, andererseits aber einen florierenden Lebensmittelhandel betreibe. Bei den meisten aber überwogen Anerkennung und Dankbarkeit.

Die Höhle und der Einbaum

Karl Gräsers Rückkehr zu ursprünglichen Existenzformen, die näher an der Wahrheit des Lebens sind als unsere zivilisierten, scheint kaum noch zu überbieten zu sein. Oder doch? Der es versucht und dem es auch gelingt, ist sein jüngerer Bruder Gusto. Wie auch andere Zweitgeborene ist er der eigentliche Rebell in der Familie.

Statt Karl darin übertreffen zu wollen, eine Hütte zu bauen, die noch stärker als die seines Bruders an eine Höhle erinnert (und damit womöglich den Kürzeren zu ziehen), wählt Gusto nach seiner Rückkehr im Sommer 1902 gleich das Original und bezieht eine Felsspalte, die er, ungefähr eine Wegstunde vom Monte Verità entfernt, in dem Gebirge zwischen Arcégno und Golino entdeckt hat. Schon der Reporter des *Corriere della Sera* meinte, dass Karl Gräsers Unterschlupf bei aller Primitivität »die

Rauheit und Wildheit« abgehe, »die wir den alten und echten Wohnhöhlen zuzuschreiben geneigt sind«. Das war bei Gustos Unterkunft definitiv anders.

Man kann sein Felsenheim immer noch besichtigen. Rote, an Büschen und Bäumen angebrachte Wollfäden, die an Spinnennetze erinnern, weisen dem neugierigen Wanderer den Weg durch eine damals vegetationsarme und heute vom Kastanienwald zurückeroberte felsige Gegend. Hinterlassen haben sie wohl Fans von Gusto Gräser, die es nach wie vor gibt. Seine Wohnung ist in der Tat von kaum zu überbietender Primitivität, eigentlich nur eine acht Meter breite Felsspalte mit geringer Tiefe, mehr ein Unterstand als ein Aufenthaltsort. »Ich liebe das Herbe«, hat er einem Besucher, der 1903 dort war, die Wahl seiner Behausung erläutert. Dieser erblickte »außer einigen Decken auf dem Boden nichts einer menschlichen Spur ähnliches als einen kleinen Trog aus vier flachen Steinen gebildet, in der Größe eines Zigarrenkistchens. Er enthielt Obstkerne. Er hebt die bei seinen Obstmahlzeiten verbleibenden auf und verwendet sie bei Gelegenheit seiner Spaziergänge in der Umgebung: er streut sie aus am Wege und rechnet auf den Genuss und den Vorteil, den die aus den Kernen wachsenden Obstbäume dem durstigen Wanderer am Wege bieten werden.« Hier wohnte einer, der nicht nur äußerst genügsam war, sondern der Ungeduld und Unduldsamkeit, die man seinem Bruder nachsagte, ein Denken in großen Zeiträumen entgegensetzte. Wie oft und wie lange sich Gusto tatsächlich in der Höhle aufgehalten hat, ob er dort auch bei anhaltend schlechtem Wetter nächtigte, ist nicht bekannt. Jedenfalls war er wohl häufig auf dem Anwesen seines Bruders anzutreffen.

Als Adolf Grohmann 1902 den Monte Verità besucht, wird Gusto gerade von seiner Festungshaft als Kriegsdienstverweigerer zurückerwartet. Grohmann wohnt nicht auf dem Hügel, sondern hat ein Zimmer im Dorf Ascona gemietet. Eines Abends hört er von seinem Zimmer aus seinen Namen auf der Straße rufen. »Schon zu Bett!«, antwortet er abwehrend. »Wir kommen!«, schallt es zurück. Karl und Jenny treten ein, und da alle Stühle mit Klamotten und Büchern belegt sind, setzen sie sich auf die Bettkante und berichten, sie hätten sich schon den ganzen Tag darauf gefreut, ihm eine Sache vorzuschlagen, die sie sich ausgedacht hätten. »Wir drei und der Gusti, also zu viert« sollten sie ein Boot bauen, den Lago Maggiore durchfahren, durch den Kanal in den Po und den Fluss hinab ins Meer. »Dann fahren wir rund um Italien herum, fahren überall in die Häfen hinein, die uns gefallen, und schauen uns Alles an. In Genua verkaufen wir das Boot und kommen zu Fuß hierher zurück.« Sehr trocken beschließt Grohmann seinen Bericht dieses so sonderbaren wie denkwürdigen Gräser'schen Plans: »Meine navigationstechnischen Bedenken sind anerkannt worden. Zehn Minuten später war die Sache zu den Akten gelegt.«

Möglicherweise bei Karl und Jenny, nicht aber bei Gusto, dem die beiden wohl ebenfalls von ihrer Idee erzählt haben müssen. Jedenfalls beschäftigt sich Gusto in den Jahren darauf mit Schiffsbau, und das keineswegs nur theoretisch, sondern, wie in der Familie Gräser üblich, gleich praktisch. Ergebnis ist ein »schönes und wie man sich denken kann hochoriginelles Boot«, so der ehemalige Pfarrer und Gründer des Kurhauses Waidberg Theodor Stern, auch er ein Besucher des Monte Verità. Wahrscheinlich hat es sich um einen Einbaum gehandelt. Bisweilen schläft Gusto darin; ganz ernsthaft behauptet er, künftig in dem Boot wohnen und mit ihm die Welt bereisen zu wollen. Nach dem Gang zurück in die Höhle ist das der entscheidende Schritt aus ihr heraus: Nun will er mit seinen primitiven Methoden in See stechen und die Welt erobern. Der Einbaum ist eine, wenn nicht die Urform des Bootes. Bereits im Mesolithikum (8000 bis

4200 vor Christus) beherrschten Menschen die Kunst, einen Baumstamm zum Transportmittel zu machen. Mögen sich die Monteveritaner oben auf dem Hügel darauf beschränken, den See aus der Ferne zu betrachten, als sei er dazu gemacht, von ihnen bestaunt und mit sentimentalen Gefühlen bedacht zu werden. Mag sein Bruder Karl aus Bäumen Möbel und Geländer herstellen und damit sehr malerische Wirkungen erzielen. Er, Gusto, weiß es besser: Über den See (mit dem Baum) führt der Weg hinaus in die weite Welt. Und dorthin sollen die Ideen des Monte Verità – jedenfalls diejenigen, die er dafür hält – getragen werden. Die Asconeser allerdings, obwohl sie Gusto sehr mögen, glauben nicht an sein Schiff, meinen, es werde nicht schwimmen. Vermutlich schließt sich auch Karl dieser Ansicht an, allein schon aus Neid. Gusto jedenfalls ist irgendwann verschwunden. Er lässt alles stehen und liegen, die Werkzeuge für den Bootsbau und auch das Boot selbst.

Das ist mehr als schade. Wie berühmt wären wohl die Brüder Gräser oder auch nur Gusto solo geworden, hätten sie sich wirklich zur Reise durch den Lago Maggiore, die Kanäle des Ticino und den trägen Po bis zur triumphalen Einfahrt in den Canal Grande aufgemacht. Sie hätten es gewiss auf die Titelseiten der Weltpresse geschafft, auch ohne noch die Italien-Umrundung, den zweiten Teil des Plans, zu absolvieren. Die Bekanntheit des Sanatoriums wäre schier verblasst angesichts dieser nautischen Glanztat, selbst wenn der Einbaum streckenweise über Land getragen oder gezogen worden wäre. Heute ist die Strecke von Locarno nach Venedig, einst ein alter Handelsweg, übrigens fast durchgehend schiffbar und mit Schlauchbooten in gut einer Woche zu bewältigen.

Ida hält von den Gräser'schen Ambitionen gar nichts. Für sie handelt es sich um Irrwege, bedauerlicherweise auch noch weit verbreitete. Deren Opfer werden ihrer Beobachtung nach alle diejenigen, die zwar »zur Erkenntnis der Notwendigkeit einer veränderten Lebensweise gelangen«, diese aber einschlagen, ohne vorher nachzudenken, und dann fast ausnahmslos »mit einer gewöhnlich fanatischen Energie eine extreme Richtung« verfolgen. Es werden »mit Hammer und Säge die ungewohntesten Arbeiten vorgenommen, es wird in primitiver Weise Wäsche gewaschen, es werden Sandalen mit der Schusternadel angefertigt – Arbeiten, welche von Maschinen in kürzerer Zeit und vollkommener verrichtet werden können«, während hier in der Regel technisch unerfahrene Menschen mit großem Aufwand von Zeit, Geld und körperlicher Anstrengung lediglich Stümperhaftes leisten. Wer davon nicht bald abkomme, wer auf Maschinen verzichte und die Erfahrungen anderer ignoriere, der überschätze »in eitler Selbstüberhebung seine persönlichen Kräfte«. Er gebärde sich nur fortschrittlich, sei in Wirklichkeit reaktionär und verbringe viel Zeit und bittere Stunden damit, den Mittelweg wiederzufinden. Um anders, naturgemäßer und freier zu leben, muss man nicht alles Moderne vollständig verdammen. Man muss es vielmehr durchlässig machen für andere Erfahrungen, die den Absolutheitsanspruch des Fortschritts relativieren.

So schnell wie sie sich zusammengefunden hat, ist die Gründerschar des Monte Verità wieder auseinandergebrochen und hat ihrerseits Randexistenzen hervorgebracht. Der Name verdeckt das mehr, als er es beschreibt. Denn er klingt so, als hätte man es mit einer Gruppierung Gleichgesinnter zu tun, die gleichen Schrittes in die gleiche Richtung gegangen sind. So aber war es nicht. Zum ersten Mal taucht er im Frühjahr 1902 auf einem Prospekt der Heilanstalt auf und wurde wahrscheinlich eigens für diesen Zweck geprägt. Aber auch wenn die Bezeichnung anfangs ausschließlich für das Sanatorium gedacht war, bürgerte sie sich rasch für den gesamten Hügel ein, einschließlich der Sezessionisten und auch der anderen Siedler, die nicht zu den Gründern gehörten.

Laut Ida sollte der Name signalisieren, dass die auf dem Hügel über Ascona versammelten Menschen auf der Suche nach der Wahrheit waren, und nicht etwa, dass sie sich bereits in deren Besitz wähnten. Adolf Grohmann, bei dessen Besuchen sie abwesend war, wurde von ihr brieflich dazu aufgefordert, »die bedeutung des fon uns gewälten namens der anstalt dahin zu erklären, dass wir keineswegs behaupten die ›warheit‹ gefunden zu haben, monopolisiren zu wollen, sondern dass wir entgegen dem oft lügnerischen gebaren der geschäftswelt, u. dem her konvenzioneler forurteile der geselschaft, danach streben, in wort u. tat ›war‹ zu sein der lüge zur fernichtung, der warheit zum sige zu ferhelfen«.

Was wie ein Fest des Druckfehlerteufels anmutet, war Absicht. Ida kommunizierte seit ihrer Ankunft in Ascona privat wie öffentlich in der von ihr und Henri gewählten Reformschrift, die dem Grundsatz äußerster Einfachheit folgt: Geschrieben wird so, wie man spricht, ohne Zugeständnisse an die Lesbarkeit. Wer bei »sig«, »her« und »war« stolpert, sol halt gefälikst beser hinkuken. Robert Jentschura, der Gewährsmann von Grohmann, äußerte sich gegenüber ihm in der Weise, dass er »forläufig auf manche fereinfachung ferzichte, um dem leser nicht gleich ein zu fremdartiges wortbild zu bi–ten«. Deshalb ersetzte er zum Beispiel das Dehnungs-e durch einen Längenstrich. Ob das wo–l geholfen hat?

Dennoch liege es ihm fern, so Robert weiter, zu behaupten, dass seine Rechtschreibung – oder richtiger »schreibung« – auch für alle anderen gut sei. So gut wie jeder einigermaßen Gebildete seinen eigenen Stil hat, zitiert ihn Grohmann, sollte auch »di schreibung eines jeden eigenartig fon ihm selbst aus den grundlementen entwickelt sein. Fort mit dem gleichformwesen, das zum unwürdigen herdenmenschentum führt! Scharf ausgeprägt in jeder Hinsicht soll di persönlichkeit sein, all sein tun kennzeichnend für den menschen.« (Vileicht wäre die entlosdikusion um die deutsche recht schreib reform des jahres 1996 anders ferlaufen, hätte man sich an die disbezüglichen fersuche der Monteweritaner erinnert.)

So zeigt sich allein schon an der Frage, wie man schreiben soll, das ganze Dilemma der Sache mit der Wahrheit auf dem Monte Verità. Wahrheitssucher waren sie schließlich alle, die dort ihr Leben verändern wollten. Das beschränkte sich keineswegs auf die Gründer und die Grundstückseigentümer unter ihnen, sondern betraf auch die vielen, die, von der wie ein Lauffeuer verbreiteten Kunde des neuen Ortes magisch angezogen, sich zu diesem Zauberberg der Alternativkultur aufmachten. Den anderen abzusprechen, sie strebten nach Wahrheit, gelingt nicht einmal Ida, selbst wenn sie hin und wieder Versuche in diese Richtung unternimmt. Selbst Gusto Gräser kann sie bestenfalls einen Widerspruch zwischen seiner Suche nach Wahrheit und seinem in ihren Augen hypokritischen Verhalten vorwerfen. So greift Ida zu einer anderen Unterscheidung, die den Sachverhalt wesentlich differenzierter beschreibt: Menschen wie Gusto, aber auch Karl und ihre Schwester Jenny werden nun den Idealisten zugerechnet, wobei sie noch einmal zwischen »verlogenen« und »ehrlichen« Idealisten unterscheidet. Sich selbst und natürlich auch Henri rechnet sie hingegen zu den Realisten. Damit hat sie eine Unterscheidung aufgemacht, die zukünftig viele Alternativbewegungen beschäftigen wird, am prominentesten die deutschen Grünen mit ihrer bis heute bestehenden Gegnerschaft von

»Fundis« und »Realos«. Es scheint fast eine Gesetzmäßigkeit zu sein, dass alternative Bewegungen nach einer Phase intensiver Auseinandersetzung mit den eigenen Zielen und der Frage, wie diese erreicht werden sollen, sich schließlich in zwei Lager aufspalten: das eine, das endlich loslegen will und dafür auch Kompromisse in Kauf nimmt, und das andere, das stets Grundsätzliches zu bedenken gibt und dem das alles nicht weit genug geht.

Bei aller schätzenswerten Differenzierung: Noch ehrlicher wäre es wohl gewesen, sich einzugestehen, dass es auf dem Monte Verità letztlich so viele Wahrheiten wie Wahrheitssucher gab. Und dass die individuelle Suche nach der Wahrheit auf ein fortwährendes Experimentieren hinauslief. Kein Geringerer als Mahatma Gandhi hat seine Autobiografie die »Geschichte meiner Experimente mit der Wahrheit« genannt; sein Leben, so schreibt er, bestehe geradezu aus diesen Experimenten, mit dem Ziel, sich selbst kennenzulernen. Die Experimente, die der Einzelne unternimmt, haben für andere keinen verbindlichen, jedoch einen beispielgebenden Charakter. Sie sind Anregungen, nicht mehr und nicht weniger. Doch um der Idee der Gemeinschaft willen, die in Wirklichkeit längst zerbrochen war, verschloss Ida die Augen vor der offensichtlichen und eigentlich simplen Tatsache, dass die Menschen, die gleich ihr den Traum vom wahren Leben träumten, durchweg extreme Individualisten waren und dass gerade daher der Impuls zur Selbstveränderung kam, den sie bei aller Gegensätzlichkeit doch miteinander teilten.

Männliche und weibliche Wahrheit

Im Jahr 1902 erscheint im Selbstverlag Idas erste Buchveröffentlichung. Der Soldat Karl Gräser wird auf dem Monte Verità zum Bauer, der Industriellensohn Henri Oedenkoven zum Direktor einer alternativen Heilanstalt, die Klavierlehrerin Ida Hofmann hingegen zur Autorin. Ihre Bücher, dem Umfang nach eher Broschüren, sind Weckrufe, Blätter zur Anstiftung einer veränderten Lebensweise, aber auch Rechenschaftsberichte über das eigene Tun und Denken.

Nachdem sie sich in der neuen Umgebung eingerichtet hat, hat sie auch Muße zum Schreiben. An der Seite Henris lebt sie ein selbstbestimmtes, gleichberechtigtes Leben, wie sie es für alle Frauen fordert. Ohne Kinder und ohne die üblichen »Pflichten« einer Hausfrau muss sie sich die Zeit zum Lesen, Nachdenken und Schreiben nicht wie andere Autorinnen irgendwie abknapsen. Zudem ist ihr die Anerkennung und Unterstützung Henris gewiss. Ida wird zum Sprachrohr, man könnte sogar sagen zur Chefideologin des Monte Verità, zumindest insoweit er mit dem Sanatorium identisch ist.

Im selben Jahr 1902 sind in einem Leipziger Verlag die Tagebuchauszüge einer jungen Frau erschienen, die sich nur Vera nennt. Vera, die Wahre, die Wahrhaftige. Was Ida wohl nicht weiß: Das Tagebuch ist fiktiv. Es stammt von der Wiener Publizistin Betty Kris, die damit das Buch der Saison geschrieben hat. Erzählt wird die Geschichte einer jungen Frau, die das Eheversprechen, das sie einem Mann gegeben hat, löst, als sie dahinter kommt, dass er vor ihr schon mit anderen Frauen Sex gehabt hat – Ehefrauen ehemaliger Studienkollegen, Gelegenheitsbekanntschaften, Prostituierte. Er hat sich die Hörner abgestoßen, wie man seinerzeit sagte. Plötzlich stellt sich Vera die Ehe als etwas sehr anderes dar, als ihrem Mädchenglauben bislang weisgemacht worden ist: kein Einklang der Seelen, kein Bund der Liebe, vielmehr ein »Akt der Besitzergreifung durch den Mann«, mehr aus pekuniärem oder sexuellem als aus irgendeinem anderen Interesse.

Letztere sind schon Idas Worte. Zur Feder greift sie, als das

Buch Gegenstand einer öffentlichen Debatte wird. Mit Christine Thaler, einer seinerzeit bekannten Feuilletonistin und Romanschriftstellerin, hat sich inzwischen auch die Elterngeneration zu Wort gemeldet. Thaler tadelt die Offenherzigkeit von Veras Sprache, vor allem aber, dass ihr Buch die Verachtung des Mannes lehre. Daran, dass der Mann sich auslebt, kann sie nichts Schlimmes finden. Auf die Idee, dass dann auch die Frauen darauf Anspruch haben könnten, kommt sie erst gar nicht.

Das mütterliche Sendschreiben ruft Ida auf den Plan. »Nicht Verachtung des Mannes lehrt Vera's Buch, sondern höhere Selbstachtung des Weibes«, schreibt sie in einer als »offener Brief« an Christine Thaler daherkommenden kleinen Schrift mit dem Titel *Wie gelangen wir Frauen zu harmonischen und gesunden Daseinsbedingungen?*. Ida mischt sich ein, interveniert, versucht, eine eigene feministische Position zu artikulieren, und macht auf diese Weise den Doppelnamen Hofmann-Oedenkoven bekannt. Dafür verzichtet sie sogar auf die Reformschreibung.

Elektrisiert haben Ida die Beobachtungen eines Ethnologen, die er in Birma gemacht und in der Zeitschrift *Freies Wort* veröffentlicht hat. Danach ist in einer »primitiven« Gesellschaft wie der im damaligen Britisch-Indien längst realisiert, was eine Feministin wie Ida herbeiführen will: die Gleichberechtigung von Mann und Frau. Ida folgert daraus, dass die Erreichung dieses Ziels nicht gebunden ist an einen bestimmten Stand von Zivilisation – im Gegenteil. Vielmehr müssen wir zu einer natürlichen Lebensweise finden, um die Gleichberechtigung von Mann und Frau auf eine solide Grundlage zu stellen. Nicht Konventionen sollen unsere Beziehungen formen, sondern unsere menschlichen Grundbedürfnisse.

Damit das möglich ist, fordert sie in ihrer Schrift, die Liebesbeziehungen der Menschen von religiöser und staatlicher Einmischung freizuhalten, letztlich die Abschaffung der Ehe als kirchlicher oder staatlicher Institution. Ausschließlich die Liebe soll der Verbindung zwischen Mann und Frau das Gesetz geben. Das, so ihre Überzeugung, ist die Grundvoraussetzung für ein gesundes und harmonisches Leben.

Ida weiß aber auch, dass sich Harmonie und Gleichberechtigung nicht von selbst ergeben, selbst bei aller Liebe nicht. Letztlich ist es harte Arbeit, auch an sich selbst. Womöglich erklärt das Idas Unduldsamkeit mit dem »chronischen Gräserismus«, wie sie es nennt. Das endlose Theoretisieren der beiden, verbunden mit dem Anspruch, »in der Zukunft beispielgebend zu wirken«, hält sie für eine ausgemachte Männersache. Während sie als Frau vieles dafür tut, konventionelle weibliche Verhaltensweisen infrage zu stellen und abzustreifen, ziehen die Männer, mit Ausnahme vielleicht von Henri, weiter ihr Ding durch, und das nicht zuletzt auf Kosten der Lebenschancen der Frauen an ihrer Seite, wie sie mit Blick auf ihre Schwester Jenny feststellen muss. Mit Bestürzung beobachtet sie die an ihr vorgehende körperliche und geistige Veränderung, seitdem sie mit Karl Gräser zusammen ist. Sein Einfluss gleicht, so ihr Urteil, einer Hypnose: »Ihr Auge blickt leer, ihr Körper trägt die Spuren schwerer, ihr nicht zusagender Arbeit.«

Ihre Gedanken wandern auch zu Lotte Hattemer, mit der sie auf der Suche nach einem Ort für das neue Leben vor kaum zwei Jahren noch das Zimmer geteilt hat. Die Veränderung, die mit ihr vorgegangen ist, bestürzt sie beinahe mehr als die ihrer Schwester. Lotte fühlt sich durch die energische Betriebsamkeit und das lautstarke Theoretisieren auf dem Berg bedrängt und zieht sich in den Wald zurück. Sie soll auf bloßem Stein schlafen und nur von Wurzeln leben, heißt es. Das ist vermutlich übertrieben. Aber für die ursprüngliche, gemeinsame Idee nach einem besseren, selbstbestimmten Leben scheint sie kaum mehr erreichbar zu sein.

Gibt es womöglich zwei Wahrheiten auf dem und über den Monte Verità, eine männliche und eine weibliche? Die Männer, ob nun Karl, Gusto und auch Henri, beherrschen den Diskurs und üben auf diese Weise, von ihnen in der Regel unbemerkt, Macht aus, gerade auch gegenüber den Frauen.

Die Frauen hingegen ergreifen die Flucht – in die Unterwürfigkeit wie Jenny, in die Verrücktheit wie Lotte oder in das Schreiben wie sie selbst. Wie also gelangen Frauen zu gesunden und harmonischen Daseinsbedingungen? Wenn sie ehrlich ist, weiß Ida trotz aller hochfahrenden Ideen, die sie aufs Papier wirft, darauf keine rechte Antwort. Die Vera des Tagebuches, die den Bund mit den Männern aufkündigt, sieht am Ende keinen anderen Ausweg mehr aus ihrem Dilemma als den Suizid. Doch das ist, zumindest das meint Ida genau zu wissen, auch keine Lösung.

Sitz- und Sonnenbad
hinter der blickdichten Wand.

4. Kapitel

Zieh dich aus!

Im Sommer 1903 bekommt der Monte Verità, der mittlerweile offiziell so heißt, Besuch aus Italien. Carlo Arnaldi, ein Apotheker und Naturheilkundler, hat von der Naturmenschenkolonie oberhalb Asconas gehört und möchte sich ein eigenes Bild machen. Womöglich spielt er auch schon mit dem Gedanken der Errichtung einer Naturheilanstalt, die er 1906 unweit seiner Geburtsstadt Genua unter dem Namen Colonia della Salute dann gründen wird. Arnaldi hat Beziehungen zu den Mailänder Anarchisten, die wiederum zu den italienischen Einwanderern in die USA enge Kontakte unterhalten und zum Teil dort ihre in der Heimat verbotenen Publikationen erscheinen lassen. So kommt es, dass die erste Veröffentlichung über die Naturheilanstalt Monte Verità überhaupt am 20. August 1903 in italienischer Sprache in *La Protesta humana*, einem in San Francisco erscheinenden Organ italienischer Anarchisten, publiziert wird. Es zeigt auch, wie international von Anfang an die Ausstrahlung des Monte Verità war.

Aus Mailand kommend, erreicht Arnaldi am Nachmittag mit dem Schiff Ascona und besteigt zusammen mit einem Begleiter den Hügel von der Seeseite aus. Bald treffen sie auf den ersten »Naturmenschen« – es ist Karl Gräser, der neben seiner umgebauten Ruine gerade ein zweites Steinhaus errichtet, die Casa

Francesco, wie es später heißen wird. Er steht auf der Mauer und bearbeitet mit kräftigen Schlägen einen Stein, um ihn einzupassen, als der Herr aus Mailand erscheint und ihn nach dem Direktor fragt. Freundlich deutet Gräser in Richtung Hügelkuppe, anscheinend ohne ihn in einen seiner berühmten Dispute zu verwickeln.

Auf dem weiteren Weg nach oben, vorbei an mehreren Holzhütten, tauscht sich Arnaldi mit seinem Begleiter aus, der aus Ascona stammt.

Was sagt man im Dorf über diese Leute hier oben?

»Sie lachen über die Verrückten. Doch weil sie ihnen Arbeit verschaffen, mögen sie sie inzwischen.«

Und die Priester, mögen die sie auch?

»Etwa so wie Qualm, der in die Augen beißt. Sie sagen, das sei eine Sekte von Ketzern, die weder an Gott noch an den Teufel glauben, und dass man sie als Feinde der Ordnung und der Moral verjagen müsse.«

Anarchist, der er ist, kann Arnaldi sich das lebhaft vorstellen. Doch hält er es nicht nur für eine Frage provinzieller Beschränktheit. Selbst im großstädtischen Mailand denkt man seiner Erfahrung nach über die Naturmenschen kaum anders.

»Und Sie, was denken Sie?«, fragt ihn der Einheimische plötzlich mit unverhohlener Neugier.

»Ich studiere seit über zwanzig Jahren ihre Veröffentlichungen und ihre Patienten, habe alle Heilmethoden und auch die gesunde Lebensweise erforscht«, erhält er zur Antwort. »Ich kenne auch die Lehre dieser Leute, aber bevor ich meine Meinung sage, möchte ich mich erst einmal umsehen und Fragen stellen.«

Dazu hat Arnaldi reichlich Gelegenheit. Denn Oedenkoven, nach anfänglichem Misstrauen die Liebenswürdigkeit selbst, stellt sich dem Gast für den Rest des Tages zur Verfügung. Er führt Arnaldi über das Gelände: »Ich hoffe, Sie kommen noch einmal wieder, wenn die Anstalt fertig ist und völlig unseren Vorstellungen entspricht. Im Augenblick ist alles noch im Fluss. Wie Sie sehen, baue ich neue Häuser für kranke Pensionsgäste und auch für Gesunde, denen unser Leben gefällt. Jedes Haus ist aus Holz wie dieses hier, mit doppelten Wänden und einem Fundament aus Stein. Jedes enthält zwei oder drei behagliche Zimmer, wo der Gast mit seiner Begleitung wohnen kann. Küche und Esszimmer gibt es nicht, dafür haben wir das gemeinsame Speisehaus. In dem großen Gebäude dort, das gerade im Bau ist« – Oedenkoven weist nach oben Richtung Hügelkuppe, wo gerade die Casa Centrale entsteht –, »und in dem anderen weiter drüben« – nun zeigt er auf die Casa Anatta, die sich ebenfalls im Bau befindet – »wird es Säle für Unterhaltung, Lektüre und Musik geben. Dort hinten hingegen werden Tennisspiel und Gymnastik ihren Platz haben. Wir haben, kurz gesagt, allen wünschbaren Komfort, machen von allen Hilfsmitteln der Wissenschaft und der modernsten Hygiene umsichtig Gebrauch, nichts wird fehlen. Ich werde auch eine Wasserquelle hier in der Nähe erwerben und Strom produzieren, damit wir Licht haben und unsere Maschinen laufen. Ich will, dass jeder, ohne das Gelände zu verlassen, alles, was er möchte, zur Hand hat, ganz ohne die Hilfe von Bediensteten. Bei einer einfachen Lebensweise wie der unsrigen und mithilfe der modernen Maschinen, die alles erledigen, kann jeder sich selbst versorgen.«

Für Arnaldi hört sich das gut an: Dieser Naturmensch ist ein Mann des Fortschritts. Indem er die Reduzierung der Ansprüche darauf, was man wirklich zum Leben braucht, mit dem Einsatz moderner Technik verbindet, will er der Lebensgemeinschaft hier oben Autonomie ermöglichen und zugleich Lohnabhängigkeit und Dienstboten abschaffen. »Das Wasser wird Sie eine Menge kosten?«, unterbricht er den Redestrom des Direktors.

»Aber ja«, bestätigt Oedenkoven. »Denn man weiß, dass ich der Käufer bin.«

»Unglücklicherweise sagt man im Dorf, der Direktor sei mehrfacher Millionär«, wirft Arnaldis Begleiter ein.

»Es ist wirklich ein Unglück«, so Oedenkoven wieder. »Aber was ich mir in den Kopf gesetzt habe, wird auch geschehen.«

Inzwischen ist die kleine Gruppe in jenem ausgedehnten Bereich des Hügels angelangt, »wo die Naturmenschen ihren Körper abhärten«, wie Arnaldi sagt. Dort nehmen sie Sonnenbäder, gehen spazieren oder gärtnern, je nach Lust und Laune. Gerade eben bearbeitet ein völlig nackter und barhäuptiger Mann den Boden – mit sichtbarer Lust, als ob es sich um ein Spiel handelt. Seine von der Sonne verbrannte Haut ist so rot, als sei er einem Weinbottich entstiegen. Oedenkoven nutzt die Gelegenheit, um weitere Ausführungen zur Philosophie des Unternehmens zu machen.

»Wenn man sich bewegt und sich anstrengt, muss der Körper nackt sein«, sagt er. »Dann ist die Anstrengung eine Wohltat, und Bewegung und Arbeit werden ein echtes Bedürfnis. Die Haut hat ein großes Bedürfnis, frei zu atmen. Unter euren dicken Kleidungsstücken« – er wendet sich direkt an seine Zuhörer – »kann die Haut weder atmen noch schwitzen, deshalb fühlt ihr euch nach kurzer Anstrengung müde und unwohl. Schließlich spürt ihr eine Art Erstickungsgefühl, weil die Lungen die nötige Beatmung nicht mehr schaffen. Ein kurzes, loses und leichtes Gewand dagegen ermöglicht uns stundenlang zu gehen ohne irgendeine Ermüdung. Man kann sich gar nicht vorstellen, wie viel unsere Gesundheit mit dieser freien Bewegung bei unbedeckter Haut gewinnt. Alle meine Kranken arbeiten gern, jeder nach seinem Geschmack und seinen Bedürfnissen, doch fünf Stunden am Tag ist das Maximum.«

»Wie viele sind denn in der Kolonie?«, will Arnaldi wissen.

»Wenige bis jetzt«, räumt Oedenkoven ein. »Aber sobald man erkannt haben wird, dass es sich hier gut leben lässt, dass man sich eines vollkommenen seelischen und körperlichen Wohlbefindens erfreut, wird ihre Zahl anwachsen, und Sanatorien wie dieses werden in allen Weltgegenden entstehen. Im Augenblick haben wir nicht mehr als etwa zehn Dauerbewohner und zehn Zeitgäste zur Kur und vielleicht zwanzig andere, die über den Berg verstreut wohnen, die für sich leben, aber mit uns in Verbindung stehen.« Erneut wendet er sich im Ton der Anklage an seine Besucher, was Arnaldi zunehmend irritiert: »Wer immer die Irrtümer und Konventionen eurer Gesellschaft satthat, in der alles künstlich und nichts echt ist, und in vollkommener Freiheit viele Jahre in völliger Gesundheit leben will, baut sich eine Hütte auf dem Berg, und ein Weniges reicht ihm zum Leben. Die Natur gibt großzügig von ihren Schätzen denen, die nach ihren heiligen Gesetzen leben.«

»Diese Art von Sanatorium will also außer dem Gesundheitsproblem auch das Sozialproblem lösen?«

Oedenkoven kommt nun so richtig in Fahrt: »Schneller vielleicht und leichter, als es der Sozialismus kann, denn dieser hat mit noch stärkeren und zahlreicheren Vorurteilen und Feinden zu kämpfen als wir. Wir arbeiten belächelt und wenig beachtet in der Stille, aber wir geben der Welt ein Beispiel, das über jeden Streit hinaus seinen Wert hat und Früchte bringen muss. Ihr mit eurer Zivilisation habt es geschafft, das Leben derart zu komplizieren, dass ihr keinen Ausweg mehr wisst, und während ihr behauptet, unser Leben angenehmer zu machen, vermehrt ihr in Wirklichkeit die Unannehmlichkeiten derart, dass das Leben für die Mehrzahl eine Last geworden ist. Bei uns kann man das Leben wahrhaft genießen. Es kümmert uns nicht, wenn das Vorurteil uns als Rückschrittliche bezeichnet; wir wissen, dass wir den Weg in die Zukunft öffnen …«

Die letzten Sätze ruft er Arnaldi bereits hinterher, der vor dem Abendessen, zu dem ihn Oedenkoven eingeladen hat, noch rasch ein Bad im Freien nehmen will. Als er dann kommt, ist der Speisesaal schon besetzt. Ida bittet ihn an ihre Seite. »Wir bieten Ihnen, was wir haben«, sagt sie mit zuvorkommender Höflichkeit. Arnaldi kostet das Vollkornbrot, Nüsse, getrocknete Feigen, Datteln, Mandeln, Haselnüsse, Paranüsse; er isst einen Apfel und eine Orange. Vielleicht hat die liebenswürdige Direktorin mich hypnotisiert, überlegt er. Aber in der Tat ist er gesättigt durch die frugale Mahlzeit und verspürt noch nicht einmal Durst. Und das obwohl ihm die Reise, die frische Luft und das gerade genommene Bad einen Appetit verschafft haben, der ihm auch die Felsen hier oben hätte genießbar erscheinen lassen.

Vor dem Haus entdeckt Arnaldi Max Lützow. Der bekannte Dirigent und Pianist wird im Jahr darauf auf die pazifische Insel Kabakon in Deutsch-Neuguinea auswandern. Dort hat August Engelhardt – auch er ein Gast der ersten Stunde des Monte Verità – 1902 einen Sonnenorden gegründet, dessen Mitglieder sich ausschließlich von Koskosnüssen ernähren. Nach seiner Ankunft schreibt Lützow begeisterte Briefe in die Heimat und lockt weitere Auswanderer nach Kabakon. Doch die Euphorie währt nicht lange. Schon im nächsten Winter erkrankt er schwer aufgrund von Mangelernährung und überlebt die Bootsfahrt zum Hospital in Herbertshöhe nicht. Aber noch hockt er quicklebendig hier auf dem Rasen und verzehrt einen Salat.

Nach dem Sonnenuntergang begibt man sich ins Haus des Direktors, in dem ein Konzertflügel steht. Der Abend ist der Musik geweiht. Arnaldis Begleiter, ein angehender Tenor mit silbern schmetternder Stimme, singt mehrere Arien und Lieder, von Lützow am Klavier begleitet. Schließlich spielt Ida mit Lützow zu vier Händen. Arnaldi hält nicht mit seinem Erstaunen hinter dem Berg, hier oben, in so einfachen Verhältnissen, einen derart raffinierten Kunstgenuss geboten zu bekommen, der keinen Vergleich mit einem städtischen Salon scheuen muss. Und wie er feststellt, sind die Zuhörenden nicht so leicht abgelenkt, wie es im großstädtischen Ambiente üblich ist, sondern folgen einfühlsam der Darbietung, summen die musikalischen Motive oft selbstvergessen mit.

Gegen dreiundzwanzig Uhr verabschieden sich Arnaldi und sein Begleiter schließlich, obwohl Ida und Henri sie noch nicht gehen lassen wollen. Henri begleitet sie bis zur Straße und überlässt ihnen dort seine Laterne, damit sie mit ihrer Hilfe zurück ins Dorf finden.

Im Albergo Laffranchi, wo Arnaldi übernachtet, schreien Männer durcheinander, die zu viel Wein getrunken haben. »Nachdem ich eben erst aus einer derart geistigen Umgebung gekommen war, erschienen mir die Menschen in der Kneipe, die unflätig, dumm und bewusstlos ein elendes Dasein zwischen Indolenz und Laster führen, noch hässlicher als sonst«, wird er in seinem Artikel für *La Protesta humana* schreiben: »Sie kamen mir vor wie das natürliche und notwendige Produkt der Gesellschaft, in der wir leben. Auch diese Leute lachten über die Naturmenschen. Doch in meiner Vorstellung repräsentierten sie in diesem Augenblick die alte sterbende Gesellschaft, während ich in den seltsamen Menschen auf dem Hügel, diesen schönen, starken und kühnen Erscheinungen, nun etwas erblickte von dem, was kommen muss.«

Bauboom

Nach dem Ausscheiden der Gräsers geht es auf dem Hügel zügig voran. Statt alles in Eigenregie zu bauen, werden die nächsten Hütten von einem im Ort ansässigen Bauunternehmer errichtet.

Dass sie ganz aus Holz sind, ist für Ascona untypisch. Das verwendete Baumaterial wirft ein bezeichnendes Licht auf das Selbstverständnis der Kolonisten: Die Vorstellungen vom besseren Leben und wie es sich realisieren lässt, sind ein geistiger Import in das von ihnen besiedelte Stück Land, über dessen Geschichte und Traditionen sie sich beinahe bedenkenlos hinwegsetzen. Sie entwickeln ihre Ideen nicht aus dem, was sie dort vorfinden, sondern behandeln den Hügel als Schauplatz ihrer Wünsche und Ideale. Hundertfünfzig Höhenmeter über dem Fischerdorf Ascona richtet sich ihre Sehnsucht auf Dinge, vor denen die Einheimischen sich vor allem zu schützen gelernt haben: intensive Sonnenbestrahlung, flirrende Hitze, das blendende Mittagslicht.

Die Hütte, die sich Ida und Henri als erste eigene Unterkunft bauen lassen, Casa Andrea genannt, ist die eigenwilligste von allen: Sie wirkt wie zweimal zusammengeknickt, weil sie sich dem Süden und der Sonne in zwei Winkeln öffnet. Die anderen konventioneller gebauten Hütten mit jeweils ein oder zwei Zimmern dienen zum Teil den Mitarbeitern als Unterkunft, sind vor allem aber für die zahlenden Gäste der Anstalt gedacht. Das Mobiliar beschränkt sich aufs Wesentliche: ein Eisenbett, Stühle, ein Waschtisch sowie ein Schüttholzofen, gegebenenfalls ein Schreibpult und ein Sessel, durch einen Vorhang vom Schlafbereich abgetrennt. Schrankraum ist in die Wände eingelassen. Der Gast hält die Hütte selbst sauber, Service gibt es nur gegen Aufpreis und seine Inanspruchnahme wird nicht gern gesehen. Nichts soll an den parasitären Lebensstil des bürgerlichen Establishments erinnern.

Tagsüber hält man sich in den Lichtluftparks auf oder unternimmt Ausflüge. 1904 dann, im Jahr nach dem Besuch Arnaldis, wird das Zentralgebäude für die Gäste fertiggestellt: ebenfalls aus Holz, aber auf einem Sockel aus Natursteinen errichtet und auf

Vorderansicht des 1904 eröffneten Zentralhauses für die Gäste des Monte Verità. Baron Eduard von der Heydt, der spätere Eigentümer des Geländes, ließ es Ende der 1920er Jahre abreißen und durch ein Hotel im Bauhausstil ersetzen.

der Hügelspitze gelegen (heute steht dort das 1929 von Emil Fahrenkamp im Bauhausstil errichtete und später erweiterte Hotel Monte Verità). Das ursprüngliche Zentralgebäude ist weniger ein Haus mit vorgebauter Veranda als eine überdachte Terrasse mit dahinter liegenden Räumen, die das Restaurant, eine Bibliothek, ein Schreib- und Lesezimmer sowie ein Musikzimmer beherbergen. Auch Ein- und Ausgang erfolgen über den geräumigen Vorbau, zu dem zwei geschwungene Freitreppen führen. Oedenkoven hat für den Bau den Architekten Walter Hoffmann aus Berlin gewonnen, der schon 1902 als hilfreicher Gast auf dem Monte Verità bei der Planung der Hütten mitgewirkt hat. Hoffmann stirbt auch dort 1904; es ist nicht bekannt, ob er die Fertigstellung des Hauses noch erlebt hat.

Das Zentralgebäude erinnert an eine Bühne, mit Zierblenden am Dachfirst, vielen kleinen Säulen und mit seitlichen Treppen: Hier haben die Gäste und die Besitzer ihren Auftritt vor der grandiosen Landschaftsszenerie. Einziges, aber häufig wiederholtes Schmuckelement ist das theosophisch-buddhistische Yin-Yang-Zeichen. Es taucht sowohl am Geländer der Treppen und der Terrassenfront als auch an den Fenstern des Hauses auf; sogar die Decke des Speisesaals soll damit verziert gewesen sein.

Auf Theosophie und Buddhismus verweist auch der Name des Privathauses, das sich Ida und Henri 1903 und 1904 bauen lassen: die Casa Anatta. »Anatta« bedeutet so viel wie Nicht-Selbst, Ichlosigkeit. Dahinter steckt die zentrale Lehre des Buddhismus von der Unpersönlichkeit der Natur aller Erscheinungen. Bezogen auf den Einzelnen folgt daraus, dass es so etwas wie einen feststehenden Persönlichkeitskern, ein individuelles Selbst nicht gibt. Unser Ich ist nichts anderes als eine Ansammlung von ständig in Bewegung und Veränderung befindlichen körperlichen und geistigen Elementen und Zuständen – eine beinahe schon postmodern anmutende Vorstellung. In der Tat aber ist darin auch das ehrgeizige architektonische Konzept des Hauses enthalten, dessen Architekt bis heute nicht bekannt ist. Womöglich geht es auf Entwürfe Henri Oedenkovens zurück. Er hat damit nicht nur die Idee der Lichtlufthütte zur Villa erweitert, sondern sich ein den eigenen Bedürfnissen perfekt angepasstes Refugium geschaffen.

»In ihrem Privathaus haben die Oedenkovens ein durchaus neuartiges Vorbild hingestellt«, findet ein Besucher um 1909. »Hohe weite Räume, im matten Olivton gehalten, Wände ohne Bildschmuck – Bild ist einzig die große im von keinem Stabwerk zerschnittenen Fenster hineinschauende Landschaft.« Elsbet Lehmann-Hohenberg, später die zweite Frau des Jugendstilkünstlers Fidus, erinnert sich an ihren Besuch um 1910: »Oedenkoven zeigte uns damals sein Haus, das Schönste was ich in der Art sah. – Alles zu ebener Erde. – Man trat in einen großen Raum holzgetäfelt. Inmitten ein schwarzer Flügel. Ein einziges großes breites Fenster mit dem Blick über den See. An den Wänden Bänke mit Kissen, seine Frau Ida Hoffmann war Sängerin (sic!). Keine Bilder an den Wänden. Man sollte nur auf die Musik gestimmt sein. Nebenan war das Esszimmer, ein viereckiger Raum, die Ecken abgeschrägt durch lange schmale gelbe Fenster. In der Mitte ein runder Holztisch mit kleinerer drehbarer Holzplatte, auf der die Speisen standen, für jeden leicht erreichbar. – Von diesem Zimmer führten 3 geschwungene Stufen hinauf in das Schlafzimmer – In der Mitte ein breites Lager mit rotem Samt bedeckt. 2 Fenster sahen ins Grüne. Oedenkoven und Frau Ida trugen nur schwarzen Samt, alles höchst vornehm. Wir waren auch einmal zu einem Kostümfest dort eingeladen …«

Von außen erinnert das zum Lago Maggiore hin ausgerichtete Haus mit seiner rundum laufenden Holzverschalung und dem an allen Seiten vorstehenden Terrassendach an ein Schiff, das gen Süden in See sticht. Das später angebrachte Geländer der Terrasse gleicht einer Reling. Die Holzverschalung setzt sich auch im Inneren fort. Es gibt fast keine Ecken, stattdessen gewundene und organische Formen, bogenförmige Durchgänge, weiß gestrichene Fenster und Türen, viele davon Schiebetüren, seinerzeit ein Novum mit Seltenheitswert. Selbst die Übergänge zwischen den Wänden und den hohen Decken sind gewölbeartig ausgerundet und einheitlich mit Holz verschalt. So ist das Gebäude eine perfekte Synthese aus modern und natürlich, funktional und organisch: für gesunde, vitale Menschen, die sich nicht in Stilzitaten einrichten und auf Repräsentation wenig, auf Licht und Bewegung hingegen viel Wert legen; die in Häusern leben wollen, die ihrem Körpergefühl und ihrem seelischen Zustand entsprechen, leicht, mobil, zur Natur hin geöffnet.

Die Terrasse zum Sonnenbaden der Casa Anatta, deretwegen der Schweizer Kulturhistoriker und Apologet der Moderne, Sigfried Giedion, die von Oedenkoven gebaute Villa als Best-Practice-Beispiel in sein 1929 erschienenes Buch *Befreites Wohnen* aufnahm.

Clou der Architektur sind auch hier die Terrassen: eine fünfzig Quadratmeter große im ersten Stock des Hauses und eine noch weitläufigere auf seinem Dach. Sigfried Giedion, einer der großen Vorkämpfer der modernen Architektur, hat die Casa Anatta Ende der 1920er Jahre als leuchtendes Beispiel in seine Broschüre *Befreites Wohnen* aufgenommen: »Das Dach als Wohnfunktion« hat er die dort abgedruckten Fotografien der beiden Terrassen des Hauses erläutert. Oedenkoven sei in diesem Holzhaus bereits »um 1900« zu einer Lösung gekommen, wie sie heute zu fordern sei: »Ausnützung des Daches«. Zu welcher »Wohnfunktion« genau verschwieg Giedion seinen Lesern allerdings geflissentlich.

Auch die Casa Centrale verfügte über ein Flachdach. Oedenkoven ließ dort anfangs Glassonnenhallen für Lichtbäder an Schlechtwettertagen errichten. Aber diese niedrigen Räumlichkeiten waren ein Provisorium und wurden schon bald durch richtige Glashallen zu ebener Erde zwischen den beiden Lichtluftparks ersetzt. Das Flachdach des eigenen Hauses hingegen hatte er von Anfang an zur ungestörten Praktizierung von Freikörperkultur vorgesehen. Man kann es im Innern des Hauses über eine schmale Treppe erreichen. Auf der Terrasse ist man dann völlig unbelästigt von den Blicken anderer und scheint irgendwo zwischen Himmel und Wasser zu schweben, inmitten der Natur und doch aller Erdenschwere entrückt.

Lauter Nackedeis

Als »Jungborn des Südens« preist der großformatige Prospekt aus dem Jahr 1904 das Sanatorium Monte Verità. Ida und Henri beziehen sich damit auf den Namen, den der ehemalige Buchhändler und bekannte Naturheiler Adolf Just seiner 1896 gegründeten Kuranstalt im Eckertal bei Stapelburg gegeben hat. Die aber liegt im Harz, zwar auf dessen klimatisch begünstigter »Leeseite«, worauf Just Wert legt, aber doch im kalten und regnerischen Norden. Jungborn, das klingt nach Jungbrunnen, nach einer Quelle, die dem, der davon trinkt oder in ihrem Wasser badet, Verjüngung verschafft, gar ewige Jugend verheißt. Trotz dieses Namens ist Just wie vor ihm schon Rikli von der Fixierung auf Wasser als dem Naturheilmittel schlechthin abgerückt. Licht und Luft treten an seine Stelle. So auch im Jungborn des Südens, begünstigt durch das milde Tessiner Klima. Die offizielle Touristenwerbung von Locarno, das im Jahr 1900 neben mehreren Mittelklassehotels und Pensionen auch ein Grandhotel aufweist, bezeichnet es unumwunden als »italienisch« und fügt hinzu: »ohne die häufig in Italien vorherrschenden Winde«. Es sei weder feucht noch neblig, man habe hier »die größte Zahl der sonnigen Tage von Nord- und Mitteleuropa«, vermeldet der Prospekt des Monte Verità von 1904. Unter den Lebens- und Heilmitteln, die dem Kranken neue Lebenskraft zuführen, aber stehe das Sonnenlicht nun einmal am höchsten.

In der Tat bietet das Sanatorium mit seinen beiden je fünfzehntausend Quadratmeter großen, »dichtumschlossenen Lichtluftparks« ideale Voraussetzungen für Sonnenbäder und ungestörtes Outdoortreiben. Hier können die Gäste, nach Geschlechtern getrennt, sich »frei von aller lästigen Kleidung, den ganzen Tag ergehen, im stillen Winkel von der Sonne durchglühen lassen, im kühlen Schatten oder im Wasserbade, so oft sich Gelegenheit bietet, auch im Regenbade erfrischen, im Grase ruhen, laufen, turnen, spielen, Garten- und andere Arbeiten verrichten«, so noch einmal die poetische Prosa des Prospekts. Es sei »herzerfreuend, welch fröhliches Treiben sich da unter den nackten sonnengebräunten Gestalten« oft entwickle; selbst das traurigste Gemüt werde heiter und nehme am Jubel teil. Aber auch wer sich still zurückzuziehen wünsche, finde bei der Größe des Parks leicht ein ungestörtes Plätzchen, das er für sich belegen könne. Heute würde man so etwas Wellnessurlaub nennen.

Neben Sportgeräten wie Barren, Ringen und Kletterstangen gab es (und gibt es bis heute) einen Tennisplatz, anfangs ein recht holpriger Rasen-, später ein Schotterplatz. Tennis entwickelte sich um 1900 zu einem Trendsport für Wohlhabende. Nach dem hin und wieder schweißtreibenden Training konnte man den Körper in kleinen Becken oder unter Freilichtduschen, auf die Oedenkoven besonders stolz war, abkühlen. Auch dafür hat er mit großem Aufwand fließendes Wasser auf den Berg legen lassen. Wie man sieht, basiert die Therapie gegen Zivilisationsstress und -müdigkeit keineswegs darauf, faul in der Sonne herumzuliegen und sich bräunen zu lassen, sondern aus einer

Kombination aus frischer Luft, Sonnenlicht und Bewegung bis hin zur körperlichen Anstrengung.

Bis heute verbinden wir mit dem Monte Verità ein neues Körperbewusstsein und ein unverkrampftes Verhältnis zur Nacktheit. Zum Teil ist das die Nachwirkung einer Inszenierung, mit der Henri Oedenkoven schon seinerzeit die Aufmerksamkeit auf sein Sanatorium zu lenken wusste. Er betonte wie fast alle Lebensreformer den hygienischen Vorteil, den das vollständige Ablegen der Kleidung bei vielen Tätigkeiten hat, etwa weil es der Luft freien Zugang zur Haut verschafft. Zugleich ließ er im Shop des Sanatoriums, der sich an seinem unteren Eingang befand, neben unverfänglichen Postkarten, die den Hügel, die Anlage oder einzelne Gebäude zeigten, auch solche mit Nacktfotos prominenter Gäste verkaufen. Oedenkoven hatte sich dafür eine Dunkelkammer in seinem Wohnhaus einbauen lassen. Er machte sich zum Vorreiter eines Trends, den auch Zeitschriften wie die in Berlin erscheinende *Schönheit* aufgriffen, die in jeder Ausgabe Bilder nackter Männer und Frauen (mehrheitlich Frauen) brachte. Die Nacktkultur war Teil der Körperkultur der Lebensreform und fand viele enthusiastische Anhänger.

Und so kam es, wie es kommen musste: Die Nackten auf dem Monte Verità wurden zum Gesprächsgegenstand und zogen Voyeure an, die durch den Bretterzaun rund um die Lichtluftanlagen verbotene Blicke auf die entblößten Körper vor allem der Frauen zu werfen versuchten. Eine Zeit lang war der Monte Verità sogar eine regelrechte Touristenattraktion: Man legte mit dem Dampfer in Ascona an und bestieg den Berg. Den Gerüchten nach, die bis in die italienischen Dörfer gedrungen waren, liefen dort »die Langhaarigen völlig unbekleidet herum, saßen, mit Wurzeln zwischen den Zähnen, auf den Bäumen und lugten wie wilde Tiere aus den Erdhöhlen heraus«. Wenn die Wirklichkeit dann auch viel prosaischer ausfiel, waren die Besucher doch bereit, den beträchtlichen Eintrittspreis in Höhe von bis zu zwei Franken zu bezahlen, in der Hoffnung, echte Nackte zu sehen. Zeitweise, so geht die Legende, sollen Ida und Henri mit den Eintrittsgeldern und dem Verkauf der Souvenirpostkarten mehr eingenommen haben als mit dem, was die wirklichen Gäste für Pension und Kurbehandlung zahlten.

»Balabiòtt« wurden die nackten Fremden genannt. Giorgio Vacchini, der unter dem Namen Vacchino d'Ascona zum Chronisten der Asconeser Ereignisse und Entwicklungen in der Lokalpresse wurde, hat später viele Bewohner nach der Bedeutung dieses Spitznamens gefragt, der als eine Originalschöpfung des Asconeser Dialekts gilt. In allen Erklärungen, auf die er stieß, kam stets die Bedeutung »nackt« für »biòtt« vor: »sie liefen im Wald nackt herum, sie nahmen nackt Sonnenbäder auf den Felsen, sie wagten es in den Gassen des Dorfes mit nackten Brüsten, Armen und Rücken herumzulaufen.« Einer glaubte sich sogar daran zu erinnern, dass eines Tages eine Gruppe von acht oder zehn Monteveritanern den Hügel herunterkam und Richtung Piazza ging, darunter eine Frau in sehr ausgelassener Stimmung. Obwohl auch Kinder anwesend waren, blieb sie plötzlich stehen, streifte, mit den Beinen strampelnd, ihr Höschen unter dem langen Kleid ab und schwenkte es unter dem Gelächter der Passanten grüßend durch die Luft.

Bei der einheimischen, streng katholischen Bevölkerung rief das freizügige, in vielen Fällen absichtlich provokative Verhalten der Fremden rabiate Gegenreaktionen hervor. Die Asconeser Frauen sollen mit Brennnesseln und Weidenruten die nackten Beine und Rücken der Gäste des Monte Verità attackiert und sie dabei wahlweise als »Huren«, »Besessene« oder »skandalöse schamlose Kuh« beschimpft haben. Wie Giorgio Vacchini allerdings bemerkt, wurden zu jenen Zeiten die Wörter »puttana« oder »putanéé« so häufig verwendet wie »buon giorno«.

Manchen Fremden gingen die Proteste dennoch zu weit, so einem Berner Anwalt. Er zitierte die Asconeserin, die seine Frau beschimpft und angegriffen hatte, vor Gericht, laut Giorgio Vacchini, um den ehelichen Frieden zu wahren. Wie gewöhnlich begann der Richter mit einer kleinen Strafpredigt gegen die Angeklagte. Doch dieses Mal war er an die Falsche geraten. Wütend baute sie sich vor ihm auf und schrie: »Also du bist mit ihr einverstanden? Mit diesen sittenlosen Huren?« Als sie mit ihren Tiraden gar nicht mehr aufhören wollte, sprang der Richter auf, hielt sich die Ohren mit beiden Händen zu und brüllte seinerseits: »Raus! Raus! Weg von hier! Wir heben das Verfahren auf, es ist ja unmöglich weiterzumachen. Das ist eine unlösbare Frage, Sie sehen es selbst, Herr Anwalt, Herr Ehemann, das ist ja zum verrückt werden.«

Große Pläne

1905 ist der Aufbau der Naturheilanstalt weitgehend abgeschlossen. Innerhalb weniger Jahre ist aus dem unwirtlichen Areal ein gastlicher Park geworden, in dem Betreiber und Gäste nebeneinander wohnen und miteinander in Kontakt kommen. Zur Seeseite stehen über den Hügel verteilt kleinere und größere Lichtlufthütten, eine davon sogar zweistöckig, oben auf der Kuppe befindet sich das Zentralhaus für die Gäste, etwas weiter unterhalb und ebenfalls auf den See ausgerichtet die Villa der Eigentümer, die als gastfreies Haus geführt wird.

Henri geht nun daran, die zweite Stufe seines Plans umzusetzen: den Aufbau einer alternativen Wirtschafts- und Lebensgemeinschaft. Das Sanatorium sollte von Anfang an mehr als eine Naturheilanstalt sein. Geplant war es von seinen Gründern als ein erster handfester Schritt auf dem Weg zu einem umfassenden Ganzen. Wahrscheinlich ging Henri ursprünglich davon aus, dass das Sanatorium genug Geld einspielen würde, um die Realisierung des zweiten Schritts zu finanzieren. Dazu musste es genügend Gäste auf den Berg locken, des Geldes wegen, aber auch um Menschen für das Projekt zu interessieren und als Gesellschafter zu gewinnen.

Wie Robert Landmann weiß, hatte Oedenkoven große Pläne – vielleicht ein wenig zu groß, um sie umzusetzen. »Die Berghalde sollte bis Ronco besiedelt werden, die Losone-Ebene sollte käuflich erworben und als Anbauland erworben werden. Da Oedenkoven das Leben nicht reduzieren, sondern veredeln wollte, war es einer seiner Hauptpunkte, alle Errungenschaften der Technik an dem Werk mithelfen zu lassen ... Für später waren Tochteranstalten in allen fruchtbaren, milden und tropischen Gegenden in Aussicht genommen. Alles Lebensnotwendige sollte von den Mitarbeitern selbst hervorgebracht werden ... Das Prinzip der freien Ehe bildete einen wesentlichen Bestandteil der neuen Moral. Kinder sollten so lange von der Allgemeinheit erhalten werden, bis sie Selbstständigkeit erlangt hätten ...«

Jedenfalls machte sich Henri 1905 daran, die Statuten der zu gründenden Gesellschaft zu formulieren, und ließ auch einen entsprechenden Prospekt drucken. Er sollte wohl vorrangig der Anwerbung weiterer ständiger Mitglieder dienen, die innerhalb der geplanten Genossenschaft die meisten Rechte, darunter ein Wohnhaus auf dem Terrain, besaßen, aber auch ein Eintrittsrecht in Höhe von dreitausend Franken zu zahlen hatten, das nicht zurückerstattet wurde. Soweit wir wissen, fand sich dadurch kein einziger neuer Teilhaber. Als der Prospekt gedruckt war, wurden einige Exemplare verschickt, dann aber blieb die ganze Auflage in einer Ecke des Büros liegen, schreibt Landmann. So könnte man die ganze Paragrafendrescherei unter Verweis darauf, dass Papier bekanntlich geduldig ist, ad acta legen, wenn zumindest ein Umstand sie nicht interessant machte: die letztlich große Freiheit, die diese Gesellschaft ihren Mitgliedern, ob nun ständigen, aktiven oder passiven, einräumen wollte. Dazu gehörte auch die Regelung von Obergrenzen der Mitarbeit; selbst ständige Mitglieder sollten sich an bestimmten Tagen und mindestens eine gewisse Anzahl an Tagen pro Jahr der »kooperativen Arbeit« ausdrücklich enthalten. Letztlich aber bestand überhaupt keine Verpflichtung, vielmehr die ständige Freiheit, sich »selbstständig oder mit außerhalb der Gesellschaft stehenden« Tätigkeiten zu beschäftigen.

Man kann es auch so sagen: Die ganze Unternehmung hatte einen Zug ins Libertäre und Anarchistische. Im Prinzip basierte sie auf der Idee, dass jeder vor allem das machen sollte, was ihm beliebte, ihn weiterbrachte und zu seiner Selbstentfaltung beitrug. Dazu braucht man noch dringender als Geld vor allem freie Zeit, um den eigenen Interessen und Fantasien nachzugehen, seinem Spieltrieb zu frönen. Oedenkoven war anscheinend der Ansicht, dass die Menschen zu viel arbeiten, jedenfalls viel zu viel Zeit mit Arbeiten verbringen, die sie eigentlich nicht mögen, für sinnlos erachten und die sie nicht weiterbringen.

Das gilt umso mehr heute, ein Jahrhundert später, in dem es zu einer grandiosen Steigerung der Produktivität gekommen ist. Allein schon die Beobachtung, dass die Menschen durch ständiges Arbeiten unseren Planeten zunehmend unbewohnbar machen, könnte Anlass genug sein, noch einmal darüber nachzudenken, ob sich der Lebenssinn tatsächlich über Arbeit definieren muss, wie es weiterhin der Fall zu sein scheint. Ein Frankfurter Anarchist, der sich Darwin Dante nennt, hat Anfang der 1990er Jahre ausgerechnet, dass eine Fünf-Stunden-Woche (sic!) eigentlich ausreichen sollte, um den Bedarf aller Menschen der Erde zu befriedigen – jedenfalls auf der Basis einer konsequenten Bedürfniswirtschaft. Andere, vielleicht realistischere an US-amerikanischen Universitäten vorgelegte Studien kommen auf drei bis fünf Stunden täglich – eine Zahl, die Oedenkovens Vorschlag erstaunlich nahekommt. Man sieht jedenfalls, es ist reichlich Luft nach unten vorhanden, um den Menschen zu ermöglichen, ihren wirklichen Fähigkeiten und Bedürfnissen gemäß zu leben.

Oedenkovens Plan, das Sanatorium als Startrampe für ein größeres Siedlungsprojekt, jedenfalls für eine erweiterte, auf dem Prinzip der Selbstversorgung beruhende Lebensgemeinschaft zu nutzen, ist nicht aufgegangen. Das lag schon daran, dass die Heilanstalt nie auch nur annähernd die Gewinnzone erreichte. Letztlich musste Oedenkoven immer wieder Geld zuschießen, obwohl die Pensionspreise nicht günstiger waren als in einem großen Hotel, das den üblichen Komfort mit Bedienung und Haute cuisine bot. Vor allem übers Jahr verteilt kamen längst nicht so viele Gäste, wie Ida und Henri sich das gewünscht hätten. Und unter den Gästen fanden sich auch nicht, wie erhofft, investitionswillige Genossenschafter. Zwar kamen viele wieder, manche ließen sich sogar in der Nähe nieder, taten das aber in eigener Regie. Ascona und der Monte Verità blieben ein Hort von Individualisten.

So kam es, dass der Jungborn des Südens den Zwitterzustand der Gründungsphase eigentlich nie hinter sich ließ. Einerseits war er eine privatwirtschaftliche Einrichtung wie andere Anstalten dieser Art auch. Andererseits sollte er immer mehr sein als lediglich ein Unternehmen, das sich den Zwängen von Angebot und Nachfrage unterwarf. Er war die Verkörperung einer Idee – der, dass ein alternatives, naturgemäßes und den wahren menschlichen Bedürfnissen entsprechendes Leben organisierbar ist. Diese Idee preiszugeben wäre für Henri und Ida mit dem Eingeständnis identisch gewesen, dass der im Herbst 1900 unternommene Aufbruch aus der Welt der Eltern und des

Erwartbaren gescheitert sei. So kam es, dass während die Gräser-Brüder und andere enttäuschte ehemalige Mitstreiter, ja, sogar einige Gäste bereits mutmaßten, Ida und Henri seien längst zum kapitalistischen Feind übergelaufen, diese weiterhin den Spagat machten, einerseits an der Idee einer autonomen Siedlungsgemeinschaft festzuhalten und das andererseits mit der permanenten Suche nach einem auch betriebswirtschaftlich tragfähigen Konzept zu verbinden.

Kontakthof der alternativen Szene

Rasch verbreitete sich auch über den deutschsprachigen Raum hinaus die Kunde, dass es oben auf dem Hügel oberhalb von Ascona einen Freiraum für Unangepasste gab, so etwas wie eine permanente autonome Zone. Und die nach Alternativen suchenden, alternativ denkenden Zeitgenossen kamen. Nicht in Scharen, vermutlich einfach deshalb, weil es sie nicht in Scharen gab, aber sie nahmen zum Teil weite Anreisewege auf sich und wussten, weshalb sie den Aufenthalt auf dem Monte Verità dem in einer anderen, weniger abgelegenen Heilstätte, einer vegetarischen Pension oder gar einem Grandhotel vorzogen, der sie keineswegs teurer zu stehen kam. Der Monte Verità war ein Kontakthof und eine Arena, dazu gemacht, alternative Lebens- und Denkstile auszuprobieren. Bestandteil des Alltags waren Vorträge, zwanglose Diskussionsabende, vor allem aber informelle Gespräche unter den Gästen – auf der Terrasse des Haupthauses, bei Ausflügen und Wanderungen, auch im Lichtluftpark. Die Kur auf dem Berg war ganzheitlich: nicht nur physikalischer, sondern ebenso geistiger und mentaler Natur, mit dem Ziel individueller und gemeinschaftlicher Weiterentwicklung.

Von Anfang an war die Zusammensetzung des Publikums

international. Nur gut ein Drittel stammte aus Deutschland, ungefähr ein Sechstel aus der Schweiz. Dahinter rangierten gleich die Russen, wobei es sich oft um Angehörige der russischen Kolonie in Westeuropa handelte. Die Gäste kamen aber genauso aus Frankreich, Italien, Belgien und Holland, relativ wenige aus Österreich-Ungarn, dafür auffallend viele aus den Vereinigten Staaten. Sogar bis nach New York und Kalifornien hatte sich die Kunde von dem Lebensexperiment auf dem Hügel über Ascona durch Berichte in Zeitungen rasch verbreitet. Bereits Anfang des 20. Jahrhunderts gab es so etwas wie eine internationale Szene der Alternativen. Auf dem Monte Verità hatte sie ihre Experimentierbühne aufgeschlagen.

Dass wir darüber so gut Bescheid wissen, hängt mit einem Umstand zusammen, der zu den Professionalisierungsmaßnahmen gehört, denen sich Ida und Henri unterwarfen, um die Produktivität des Betriebs zu steigern. Seit dem Frühjahr 1906 war das Sanatorium Bestandteil der offiziellen Fremdenliste von Locarno, Herzstück des vom Verkehrsverein herausgegebenen *Fremdenblattes Locarno und Umgebung*, das »den geehrten Reisenden« auch eine Liste von Hotels und Pensionen empfahl. In der Fremdenliste waren, sortiert nach Unterkunft, die Namen aller abgestiegenen Fremden aufgeführt, häufig mit Herkunftsort und Berufsbezeichnung. Die Listen wurden von den im Fremdenblatt geführten Etablissements erstellt und dessen Redaktion zugesandt. Sie waren bei den Touristen, die seinerzeit mehrere Wochen an demselben Ort blieben, äußerst beliebt. Konnte man sich dadurch doch einen hervorragenden Überblick verschaffen, wer anwesend war – womöglich ein bekannter Name, jemand aus der guten Gesellschaft, zu dem sich Beziehungen anbahnen ließen, vielleicht sogar jemand, den man persönlich oder doch über einen gemeinsamen Freund kannte.

Andreas Schwab, der die Fremdenliste als Erster ausgewertet hat, konnte daraus Schlüsse auf Gästeaufkommen, Saisonverteilung, Aufenthaltsdauer, Herkommen und Geschlechterverteilung ziehen. So erfahren wir, dass zwischen 1906 und 1909 insgesamt vierhundertelf Personen auf dem Monte Verità zu Gast waren, die meisten davon mehrere Wochen, einige sogar mehrere Monate am Stück. Nicht selten kamen Gäste im nächsten Jahr wieder. Der Höchststand wurde im September 1908 mit siebenundzwanzig Besuchern zur gleichen Zeit erreicht, es kam aber auch vor, dass nur ein einziger Gast anwesend war. Im Durchschnitt macht das elf Personen. Bei einer im Fremdenblatt angegebenen Bettenzahl von sechsunddreißig lag das an der unteren Grenze der Auslastung, was die finanziellen Schwierigkeiten, in denen das Sanatorium ständig steckte, gut erklärt.

Nach dem 9. Oktober 1909 brechen die Einträge dann so unvermittelt ab, wie sie dreieinhalb Jahre zuvor begonnen haben. Bereits im Juli dieses Jahres hat die *Tessiner Zeitung* angedeutet, dass das Sanatorium zum Verkauf stehe oder nach einem Pächter suche. Nur wenige Tage später kündigt Oedenkoven in demselben Blatt seine Absicht an, den Kurbetrieb aufzugeben und sich auf die Vermietung und Verpachtung der Lichtlufthütten, der Häuser und des Restaurants zu beschränken. Ganz offensichtlich ist er aufgrund der schwierigen ökonomischen Situation auf der Suche nach einer neuen Geschäftsidee. Eine Zeit lang spielt er sogar mit dem Gedanken, aus dem Monte Verità eine Obstbaukolonie nebst einer Manufaktur für vegetarische Kost zu machen. Schließlich fasst er den Entschluss, das Sanatorium weiter auszubauen, stärker noch in Richtung eines komfortablen, konkurrenzfähigen Hotelbetriebs, und zugleich einen Pächter zu suchen. Dieser findet sich in der Person eines Walter Müller von Wohlen aus Bern, der als Erstes die vegane Speisekarte einer Reform unterzieht. Zukünftig sollen auch »Gerichte eieriger und milchiger Provenienz« sowie »angenehme Gifte«

wie Tee, Kaffee und Wein angeboten werden. Doch Müller hat keine Fortüne; seine Strategie, zugunsten der potenziellen Erweiterung der Zielgruppe den Markenkern des Monte Verità anzutasten, ist weder durchdacht noch frei von Anbiederei. So gewinnt er nicht nur kein neues Publikum, sondern verunsichert zudem noch das alte.

Schließlich kommt im Unglücksjahr 1909 auch noch eine Konkurrenz in unmittelbarer Nachbarschaft dazu. Die Deutschrussin Marie Adler, eine ehemalige Mitarbeiterin und Freundin Henris, mit der er sich zerstritten hat, lässt lediglich zweihundert Meter vom Zentralhaus der Oedenkoven'schen Anstalt entfernt einen dreistöckigen Jugendstilbau hinsetzen, den sie als Hotel Semiramis führt. Im Gegensatz zu den Lichtlufthütten Idas und Henris haben die Zimmer in dem Neubau Zentralheizung und bieten mehr Komfort. Zudem gibt es dort Fleisch zu essen. Gerüchten zufolge besteht die Hauptattraktivität des Baus aber vor allem in zwei Aussichtstürmchen, von denen aus man die nackten Sanatoriumsgäste bei ihrem Lichtluftbad beobachten kann. Trotzdem, und obwohl sie zahlreiche Russen nach Ascona zu locken vermag, muss Marie Adler das Hotel aus finanziellen Gründen schon bald aufgeben. Mit einer Hypothek, die ihm der seit diesem Jahr in Ascona ansässige Pelzhändler und Kunstsammler Bernhard Mayer verschafft, gelingt es Oedenkoven schließlich den Bau aufzukaufen und dem Sanatorium anzugliedern. Als Erstes lässt er die beiden Aussichtstürme abreißen. Auch das aber ändert nichts daran, dass sich die Phase der permanenten Umgestaltungen nun fortsetzt bis zur schlussendlichen Aufgabe des Betriebs.

1913 hat Oedenkoven die Statuten der permanent in Gründung befindlichen Kooperative noch einmal überarbeitet. Sie führt nun das Adjektiv »individualistisch«; es hat das ursprüngliche »vegetabilisch« ersetzt. Das klingt nach einem neuen Pragmatismus. Doch tatsächlich ist die Irrealität, die bereits die Statuten von 1905 charakterisiert hat, hier noch gesteigert. Andererseits sind Reduktion und Flexibilisierung der Arbeitszeit keineswegs verschwunden, sondern werden konkretisiert: Die Arbeiten sollen so organisiert werden, dass sie auf den Vormittag fallen und spätestens um zwei Uhr beendet sind. Die maximale Arbeitszeit pro Tag beträgt sechs Stunden. In diesem Fall wird die Arbeit aber von einer Ruhestunde unterbrochen. Wenn möglich solle jeder am selben Tag verschiedene Arbeiten verrichten.

Und auch die Rechte der Frauen sind nun bedacht. Anders als im damaligen Gesetz vorgesehen, wonach Vermögen und Eigentum der Frau mit der Heirat in die Verfügungsgewalt des Mannes übergingen (in Deutschland galt diese Regelung bis 1958), heißt es in den Statuten: »Jeder *verheiratete* Mann, welcher mit seiner Frau in die Cooperative eintritt, verpflichtet sich, ihr völlige *Unabhängigkeit* einzuräumen, insbesondere freie Verfügung über das von ihr in der Cooperative angelegte Kapital und über aus der Cooperation eventuell sich ergebende Einkünfte.« Und auch über das Kind wird eine für die damalige Zeit revolutionäre Aussage gemacht: »Im Sinne der Cooperative gehört das *Kind* von seiner Geburt an *sich selbst.*« Mit Bedauern nimmt man zur Kenntnis, dass auch dieses Mal die Kooperative ein Papiertiger blieb.

Wie prekär die Lage des Sanatoriums war, zeigt ein Brief, den Henri gleich am 3. Januar dieses Jahres aus Paris, wo er Weihnachten und Neujahr mit seiner Mutter verbracht hat, an den

Maler und Illustrator Fidus schreibt, der in Woltersdorf östlich von Berlin lebt. Der bekannte Lebensreformkünstler und Theosoph ist zum ersten Mal 1904 zu Gast auf dem Monte Verità gewesen und hat dort versucht, sein Projekt eines Tempels der Erde zu verwirklichen, das er bereits der Siedlung Grappenhof von Josua Klein in Amden angedient hat. Oedenkoven beginnt sein Schreiben damit, dass er Fidus' Gedanken aufgreift, der Künstler verliere seine Würde, wenn er sich mit seinen Werken in der Konkurrenz des Marktes zu behaupten suche oder sich dem Massengeschmack anpasse. Nur in einer kooperativen Gesellschaft, so Oedenkoven, finde ein Künstler »würdige Lebensbedingungen« vor. Dort könne er leicht mit wenigen Stunden Arbeit seine Bedürfnisse decken und den Rest auf seine Kunst verwenden. Anscheinend versucht Oedenkoven Fidus für seinen gerade aktualisierten Plan der Kooperative zu gewinnen. Doch so wenig diese Realität wird, so wenig gelingt es auch Fidus, einen Ort für seine Tempelidee zu finden.

Dann aber schildert Oedenkoven in erstaunlicher Offenheit, was ihn umtreibt: »Ich weiß, dass man mich für sehr reich hält, und ich habe doch außer Monte Verità nichts als eine kleine Rente, die kaum genügt, um Monte Verità in Betrieb zu halten. Die Menschen, die vielen, sagen, und mit Recht: seine Mutter und seine Familie sind sehr reich und werden ihn nie verhungern lassen. Daran ist mir nicht gelegen, nicht zu verhungern, das würde ich auch ohne meine Familie wohl nicht. Aber den Monte Verità aufrecht zu erhalten, das ist meine schwere Sorge, das halte ich für meine Pflicht, und dafür bekomme ich von meiner Familie nichts mehr, im Gegenteil: sie wären alle froh, wenn ich es aufgeben würde. Und so kam es, dass ich gezwungen wurde, es diese drei letzten Jahre zu vermieten.«

Diesen Sommer habe er gerade genug geerbt, um seine Schulden zu bezahlen. Und so könne er den Monte Verità jetzt weiterführen. »Ich hasse auch ungeregelte, unsichere Verhältnisse, wo man von den Kapitalisten, von den Verbrechern, den Bestien abhängt«, setzt er hinzu und lässt seiner Empörung über Banken und andere Kreditgeber freien Lauf, die freigebig Regenschirme verteilen, solange die Sonne scheint, sie jedoch sofort zurückverlangen, wenn sich der Himmel eintrübt. »Zu einem harmonischen Leben«, schreibt er, »gehören auch harmonische, sichere Verhältnisse.« Darin ist er sich mit Ida einig. Sie sind beide harmoniebedürftige, nach Einklang und Zusammenhalt verlangende Wesen, keine Kriegernaturen auf der Suche nach neuen Kampfzonen. Das hat sie über all die Jahre zusammenwachsen lassen und auch der Theosophie immer nähergebracht, die letztlich eine allumspannende Harmonielehre ist.

Um den 20. Januar herum seien sie wieder zu Hause, setzt Henri seinen Brief fort. Ida sei gegenwärtig in der Nähe von Nizza, wo er sie nächstens mit seiner Mutter abholen werde. »Mutterdienstreise«, nennt er das und setzt ein Ausrufezeichen hinzu, als wolle er einen Seufzer vernehmbar machen. Er schließt den Brief mit einer Einladung an Fidus, auf den Monte Verità zu kommen, »auch aus ganz egoistischen Interessen. Ich möchte einiges von Dir geschmückt haben, Briefbogen und Couverts für Anstalt und Cooperative, Prospekte, Statuten.« Und dazu sei es nötig, dass er Monte-Verità-Atmosphäre schnuppere. »Die geeignete Zeit wäre wohl, wenn das Leben wieder anfängt im Frühling, bevor es bei Euch Frühling wird.«

Eine Schule für höheres Leben

Das hat sie sich leichter vorgestellt. Im Loskommen, im Aufbruch, so dachte sie, sei schon die Utopie, die Befreiung enthalten. Als genüge es, den alten Zustand zu verlassen, damit das ersehnte Neue sich ereignet. Der Tigersprung in die Zukunft unter dem freien Himmel der Natur.

Auch Ida schreibt – an schönen Sommernachmittagen im Schatten eines Kastanienbaums mit Blick auf den See, an langen Herbst- und Winterabenden in der Casa Anatta bei elektrischem Licht. Henri hat es auf den Berg legen lassen, die Stromleitungen verlaufen sogar unter der Erde, um den Eindruck intakter Natur und der Abgeschiedenheit von der Zivilisation nicht zu stören.

Anfangs hatte Euphorie geherrscht. Menschen, die hauptsächlich an geistige Arbeit gewöhnt waren, versuchten, ihre Energie in körperliche Leistung umzusetzen. Offen gestanden, es fiel ihnen schwer. Häufig hatten sie einfach keine Ahnung, wie sie es anstellen sollten. Es fehlte ihnen nicht nur an Kraft, sondern auch an Know-how. Aber sie waren beseelt von dem Willen, es zu schaffen.

Dann aber hat der Alltag sie eingeholt. Stets holt einen der Alltag ein, da können die Liebe, der Enthusiasmus, der anfängliche Übermut noch so groß sein. Da kann man sich noch so weit von seiner angestammten Umgebung entfernen, nach Samoa oder Brasilien auswandern oder sich irgendwo eine Insel kaufen, um dort von Kokosnüssen zu leben. War es vielleicht gar nicht so sehr die Gesellschaft, die ihnen unerträglich vorkam, sondern der Alltag? Oder waren es gar sie selbst, die eigene Person?

Ida liebt die langen Sätze. In ihnen lässt sich die Ungewissheit, die von ihr Besitz ergriffen hat, besser verstecken. »Aus dem Leben einiger Menschen will ich erzählen, welche innerhalb der heute allgemeinen, auf Egoismus und Luxus, auf Schein und Lüge gebauten Verhältnisse aufgewachsen, und teils durch Krankheit körperlicher, teils durch Krankheit gemütlicher Art zur Erkenntnis gelangt, Umkehr machten, um ihren Leben eine natürlichere und gesündere Wendung zu geben.«

Sie blickt auf, Zufriedenheit stellt sich ein. Das Geschriebene klingt nach Distanz, wie sie einer objektiven Schilderung der Ereignisse angemessen ist. *Wahrheit ohne Dichtung* will sie ihren Rechenschaftsbericht nennen. Es soll mehr sein als eine witzige Verdrehung und hat mit Goethe nichts, mit Mühsam hingegen, wenn sie ehrlich ist, alles zu tun.

Dieser Zyniker. Kam hier an, halb verhungert, mit blutunterlaufenen Augen, vollkommen erschöpft. Licht, Luft, Ruhe, Früchte, Nüsse und Gemüsesuppen haben ihn wieder hochgebracht. Doch er hatte nichts Besseres zu tun, als sich die ganze Zeit zu beklagen und über den Vegetabilismus zu witzeln. »Beflissene, schmachtäugige Blassgesichter« hat er die anderen Gäste genannt. Dabei war er selbst schmachtäugig und blass wie eine Leiche. Nach zehn Tagen ging er zu Henri und klagte, er fühle seine Kräfte schwinden, schwafelte etwas von Zugrundegehen. Dabei konnte jeder Blinde sehen, dass er gerade Kräfte sammelte. So rapido geht das halt nicht, wie die verwöhnten Großstädter sich das denken: Pille rein und fit. Henri erklärte ihm die Zusammenhänge, sprach von der Krise, die jeder durchmachen müsse. Mühsam aber klagte weiter – wenn er nun die Krise nicht überstehe, dabei auf der Strecke bleibe. Ein Jammerlappen von einem Mann. Vielleicht ist Henri dann etwas zu weit gegangen, als er ihm mit strenger Miene entgegnete: »Das kann ja sein; aber dann ist gar nichts an Ihnen verloren.« War witzig gemeint, doch wie das immer so ist: Der, der selbst dauernd Possen reißt, versteht keinen Spaß, wenn es um sein eigenes bisschen Person geht. Mühsam schrieb daraufhin aus purer Rache sein Pamphlet, in dem er das »Salatorium«, wie er es genannt hat, gegen den toll gewordenen Gräser ausspielte. Der Gipfel der Unverschämtheit war, dass er am Schluss seiner hanebüchenen Suada Vagabunden, Banditen und Zuchthäusler hierhin einlud. In tiefster Seele, so heuchelte er, würde er wünschen, Ascona möchte einmal ein Zufluchtsort werden für entlassene und entwichene Strafgefangene, für verfolgte Heimatlose, für alle Opfer der bestehenden Zustände. Ob er ihnen die von ihm selbst verschmähte Pflanzenkost zugedacht hat, um ein menschenwürdiges Leben zu führen? Der Bürgermeister von Ascona jedenfalls soll, als ihm zu Gehör kam, was Mühsam da zu Papier gebracht hatte, die gesamte erste Auflage des Buches heimlich aufgekauft haben, um Schaden von seiner Gemeinde abzuwenden.

Ida versucht, die Erinnerung an diese unangenehme Geschichte aus ihren Gedanken zu verscheuchen. Was haben sie nicht alles erreicht in den wenigen Jahren seit ihrer Ankunft! Damals war hier alles öde und unfruchtbar. Nun stehen Häuser, die ihren Träumen vom Wohnen inmitten der Natur sehr nahekommen. Sie haben Bäume gepflanzt, Beete und Wege angelegt. Menschen aus den unterschiedlichsten Weltgegenden finden sich als Gäste ein. Oftmals treibt sie das gleiche Verlangen nach einem alternativen Leben um wie einst sie selbst. Mit dem Sanatorium haben Henri und sie sich auch Geselligkeit und Anregung in ihre neue Lebenswelt geholt.

»Der Monte Verità«, schreibt sie, »ist keine Naturheilanstalt im gewöhnlichen Sinne, sondern vielmehr eine Schule für höheres Leben, eine Stätte für Entwicklung und Sammlung erweiterter Erkenntnisse und erweiterten Bewusstseins« – und auch dieser Satz zieht sich noch über neun weitere Zeilen hin, verliert sich zwischen Klammern und Gedankenstrichen schließlich in diffusen Fantasien über Untergang oder Rettung.

In konzentrischen Kreisen rund um die Heilanstalt haben sich auf dem Monte Verità weitere Aussteiger niedergelassen, Einzelgänger ebenso wie Kommunen, deren Zusammensetzung sich häufig rascher verändert als die der Gäste ihres Sanatoriums. Zumeist haben sie sich eines der vielen verfallenen Steinhäuser in dieser Gegend notdürftig hergerichtet. Anarchisten sind darunter, gar nicht wenige Russen, Künstler, Schriftsteller, wohl auch einer dieser Psychoanalytiker, wie sich einige Irrenärzte neuerdings nennen, viele arme, aber auch einige wohlhabende Leute. Wenigstens keine Zuchthäusler, wie Mühsam das wollte. Ida weiß nicht recht, was sie davon halten soll. Ist es eine Bestätigung ihrer Idee, dass man die Gesellschaft verlassen muss, um das Leben in neue Bahnen zu steuern? Oder handelt es sich um bloße Nachäfferei, mit dem unerwünschten Nebeneffekt, dass es mit der Abgeschiedenheit hier bald vorbei sein wird? Dass Grund und Boden immer teurer werden, bis eines Tages sich nur noch Reiche das Leben auf dem Hügel werden leisten können? Fälle von Grundstücksspekulation sollen bereits vorgekommen sein …

Ida verscheucht auch diese Gedanken. »Weit vermag die Fantasie, noch weiter vermag ein heller Blick das Feld dieser Möglichkeiten zu überschauen – der Zukunft bleibt es vorbehalten, deren Geschichte niederzuschreiben.« Ein letztes Mal nimmt sie den Stift in die Hand und malt Gedankenstriche, so viele wie nötig sind, um die angefangene Seite vollzumachen, insgesamt siebenunddreißig Stück.

Teil 2

Die Agenda

Der Niederländer Joseph Salomonson, ein ehemaliger Konsul, radikalisierte den Vegetarismus auf dem Monte Verità.

5. Kapitel

Ernähre dich vegan!

Mit der zunehmenden Industrialisierung im 19. Jahrhundert stieg auch der Fleischkonsum der Bevölkerung, in Deutschland verdoppelte er sich zwischen 1850 und 1900. So viel Fleisch wie um die Jahrhundertwende, nämlich etwa fünfzig Kilogramm pro Kopf und Jahr, sollte in Deutschland, verursacht durch Kriegs- und Krisenzeiten, erst wieder nach 1960 verzehrt werden. (Heute isst jeder Deutsche etwa sechzig Kilogramm Fleisch im Jahr, das macht im Laufe eines Lebens zwei Rinder, dreißig Schweine und vierhundert Hühner.) Massentierhaltung setzte sich durch, die Schlachthöfe stellten auf Fließbandproduktion um, Eisenbahn-Kühlwagen ermöglichten den Fleischtransport durchs ganze Land, und Großmetzgereien sowie Wurstfabriken kreierten neue Darreichungsformen des begehrten Statusprodukts. Insbesondere das Bürgertum und dort vor allem die Männer schlugen sich nicht nur an Festtagen den Bauch mit Fleischgerichten voll. Zu einem gediegenen Menü gehörte die Trias aus Fisch, Braten und Geflügel – in dieser Reihenfolge –, eingerahmt von einer Fleischbrühe zu Beginn und Mehlspeise und Käse zum Abschluss.

Mit dem Verzehr von Fleisch, so die allgemeine, wenn auch selten ausgesprochene Überzeugung, eignete man sich auch die Kraft des Tieres an. Und die Wissenschaft sanktionierte den

Fleischhunger. Der Chemiker Justus von Liebig, der den nach ihm benannten »Fleischextrakt« entwickelte, und seine Schüler gossen die Lust auf Fleisch in ernährungswissenschaftliche Formeln. »Das Fleisch wurde der König unter den Nahrungsmitteln, nach ihm folgten die Eier; Gemüse und Salate aber erschienen als fast nährwertloser Luxus«, fasste der Schweizer Arzt Max Bircher-Benner den Trend seiner Zeit zusammen. Er war einer der Ersten, die dagegenhielten.

Die bürgerliche Fleischküche des 19. Jahrhunderts war ein patriarchalisches Regime, abgestellt auf den Appetit des Familienvorstands. Die Hausfrau stand in der Küche, unterstützt von Gehilfinnen, und bereitete die Fleischberge zu, deren beste Stücke dem Hausherrn, der am Kopf des Esstisches präsidierte, zum Verzehr vorgelegt wurden. Sie selbst hingegen nahm sich das Endstück oder eine kleine Portion. Häufig machte sie sich nicht viel aus Fleisch, bevorzugte vielleicht das vermeintlich nährwertlose Beilagengemüse und den süßen Nachtisch, wofür sie dann nicht selten aufgezogen wurde. So war es nur eine Frage der Zeit, bis die Töchter, die sich der Autorität des Vaters entziehen und der Enge der Familienverhältnisse entkommen wollten, im Fleisch ein Symbol der Unterdrückung der Frau zu sehen begannen.

Ida Hofmann muss eine solche Tochter gewesen sein. Vegetarische Ernährung war für sie mehr als der Verzicht auf Fleisch. Vegetarismus war eine Kampfansage an das Weltbild und die Tischzucht der bürgerlichen Familie. Die Entscheidung dafür war auch ein Signal an die Umgebung, ein anderes Leben führen zu wollen, darin konsequent zu sein und dafür auch Unmut und Schelte zu ertragen.

Essen ist nicht nur eine Frage des Geschmacks, sondern auch der Identität. Es hat gegenüber anderen elementaren menschlichen Verhaltensweisen wie Wohnen oder Lieben den Vorzug, sich relativ leicht verändern zu lassen. Eine einigermaßen komfortable Versorgungslage vorausgesetzt, kann man sich von einem Tag auf den anderen dazu entschließen, kein Fleisch mehr zu essen und darüber hinaus sogar auf alle Molkereiprodukte zu verzichten. Diese leichte Gestaltbarkeit verbindet das Essen mit der Kleidung. Das Korsett oder den BH abzulegen, bequeme, fließende Kleidungsstücke zu tragen, die den Körper weder einengen noch betonen, ist eine Entscheidung, die sich ohne weiträumige Vorbereitungen umsetzen lässt. Essen und Sich-Kleiden bilden so den einen, leicht modellierbaren, Herkunft und sexuelle Präferenzen hingegen den anderen, nur schwer oder gar nicht veränderbaren Pol unseres Verhaltens. Wohnen und Arbeiten liegen irgendwo dazwischen.

Bei allen Konflikten, die aus den unterschiedlichen Mentalitäten, Gesinnungen und Erwartungen an ein anderes Leben herrührten, einte die Gründer des Monte Verità und ihre Mitstreiter eine grundsätzliche Entscheidung, die häufig übersehen oder doch heruntergespielt wurde und wird: Sie waren allesamt Vegetarier, genau besehen sogar Veganer. Und das nicht nur in dem Sinne, wie es Adolf Grohmann berichtet, der während er in einem Wirtshaus am Fuße des Monte Verità ein Kotelett verzehrte, zum Vegetarier wurde. Ein Mann aus dem Dorf, der ihn schon oben bei den »Vegetariani« gesehen hatte, war in die Küche zur Wirtin gegangen, und während Grohmann noch sein Stück Fleisch zersäbelte, wurde er Zeuge folgender Unterredung:

»Der Herr da drin ist ein neuer Vegetariano.«

»Wer weiß, er isst Fleisch.«

»Das macht nichts, er wird eben ein Vegetariano sein, der Fleisch isst.«

Im Rückblick wurde die »Vegetarier-Ansiedelung«, als die Grohmann die Monteveritaner, eingeschlossen die Externen, noch wahrnahm, häufig als ein mehr oder weniger beliebiges Paradies von Aussteigern angesehen, in dem sich neben anderen »Spinnern« eben auch Vegetarier tummelten und das nur deshalb mehr Berühmtheit erlangte als vergleichbare Projekte, weil es so viele Prominente anzog. Der autoritätskritische und feministische Charakter des Vegetarismus hingegen wurde abgeschliffen und die alternative Ernährungsweise auf eine Ebene mit Geisterseherei und Sexualmagie gestellt, kurz zu etwas Esoterischem erklärt.

An diesem Umstand ist der Anarchist und Schriftsteller Erich Mühsam nicht unschuldig. Als er 1904 auf den Monte Verità kam, wies ihm Oedenkoven eine Lichtlufthütte als Behausung zu. »Von früh bis spät kaute ich nun Äpfel, Pflaumen, Bananen, Feigen, Wal-, Erd- und Kokosnüsse – es war schauderhaft, und ich fühlte meine Kräfte schwinden.« Vierzehn Tage hielt er es aus, dann begab er sich, nach einer Auseinandersetzung mit Oedenkoven, schnurstracks ins Dorf hinunter, genehmigte sich ein Beefsteak sowie einen halben Liter Rotwein und danach eine dicke Zigarre. »Nie hat mir eine Mahlzeit so geschmeckt, nie mich eine so gekräftigt und dem Leben gewonnen«, resümierte er seine Erfahrung mit dem vegetarischen Leben.

Doch damit nicht genug, erklärte er daraufhin den ganzen Vegetarismus für Weiberunfug. In dem kleinen Büchlein, das er 1905 unter dem Titel *Ascona* über die Kolonie auf dem Hügel veröffentlicht hat, spottet er über den Einfluss der Frauen in den Aussteigersiedlungen, von denen ihm ein anderes Experiment aus Berlin, die Neue Gemeinschaft der Brüder Hart, persönlich bekannt war. Seiner Ansicht nach eint sie das Bestreben, solche

Vereinigungen »zu ihrem Emanzipationsherd aufzukacheln«, wie Mühsam männerbündisch witzelt. Dabei würden »die philosophischen Ewigkeitsfragen«, um die es doch eigentlich gehe, »im Kochtopf oder Waschfass« ersäuft.

Im Klartext: Relevante Fragen, die über Alltagsdinge hinausgehen, sind Männersache. »Was die Mitwirkung weiblicher Kräfte an irgendeinem einigen Fernblick erfordernden Unternehmen betrifft, so steht für mich a priori fest, dass die alten Griechen, Römer und Orientalen von einem sehr sicheren Instinkt geleitet wurden, indem sie den Weibern zu jedwedem wichtigeren Beginnen den Zuschauerplatz anwiesen.« Sprach's und begab sich in die Osteria, in der den Weibern der Platz am Kochtopf sicher war, während in der Gaststube die Männer Fleischgerichte verzehrten und das große Wort führten.

Mühsams *Ascona*-Büchlein ist die erste deutschsprachige Darstellung, die über die damaligen kleinen, verschworenen Vegetarierkreise hinaus, die etwa Grohmanns Broschüre lasen, den Monte Verità, seine Menschen und ihre Anliegen bekannt machte. Mühsam war einer von außen: als Anarchist zwar grundsätzlich ein Sympathisant, aber mehr auch nicht. Sein Urteil schien unbestechlich: In Ascona werde mit dem Vegetarismus eine dafür untaugliche und an sich irrelevante Weltanschauung »zu einer menschheitsbefreienden Idee aufgepustet«. Und da Henri Oedenkoven und Ida Hofmann auf diese Weise ihre Träume von einem anderen Leben nicht verwirklichen könnten, würden sie aus dem Ganzen ein »kapitalistisches Spekulationsunternehmen«, sprich ein Sanatorium, machen.

Mühsams »Sorgen« gingen aber noch in eine andere Richtung. Bis heute wird kontrovers diskutiert, inwiefern der Verzehr von Fleischprodukten beziehungsweise der Verzicht darauf und der Sexualtrieb miteinander zusammenhängen. Viele Fleischesser gehen davon aus, dass ihre Kost die Potenz steigert.

Vegetarier sind da anderer Meinung, während Veganer der Verminderung des Sexualtriebs oft sogar etwas abgewinnen können. Menschen, die in der Regel auf tierische Produkte verzichten, nur hin und wieder reichlich Käse oder sogar Fisch verzehren, berichten jedenfalls von einem erhöhten Sexualbedürfnis im Anschluss. Wahrscheinlich wird der Sexualtrieb primär von der Menge der Aufnahme an Protein und Fett beeinflusst.

Mühsam jedenfalls hatte den Verdacht, dass zwischen Vegetarismus oder Vegetabilismus und männlicher Potenz beziehungsweise Impotenz ein Zusammenhang besteht. Polemisch fragte er, was zuerst da sei: der Drang zum Vegetarismus oder die Erscheinung der Potenzschwäche. Wiederholt kommt er darauf zu sprechen, dass in vegetarischen Ehen Kinderlosigkeit die Regel sei. Das hatte bei Jenny Gräser, die mehrere Fehlgeburten erlitt, andere Gründe als bei ihrer älteren Schwester Ida, die 1904 ihren fünfzigsten Geburtstag feierte. Der als junger Mann unter Potenzschwierigkeiten leidende Mühsam aber verdammte den Vegetarismus schon aus der Angst heraus, dass seine »Männlichkeit« dadurch Schaden nehmen könnte. Und damit war er unter Männern kaum ein Einzelfall.

Als Mühsams Publikation 1905 in der *Vegetarischen Warte*, dem Leib- und Magenblatt der vegetarischen Bewegung, angezeigt und dort für ihre Objektivität gerühmt wurde – »alle Gesinnungsgenossen, die ein Interesse am Fortschritt unserer Bewegung haben, sollten vorliegende Broschüre, die von einem Gegner unserer Bewegung geschrieben ist, sich aneignen« –, reagierten Ida und Henri mit einer Gegenanzeige, deren Wortlaut man die beleidigte Seele anmerkt. Eine Schande sei es, ein solches Werk zu empfehlen. Die Charakterschilderungen seien, mit Ausnahme einiger richtiger Beobachtungen, »ganz falsch« und bewiesen nur die »dekadente Richtung« des Verfassers. Seit fünf Jahren arbeiteten sie »ohne Lärm« an der Verbesserung der sozialen und hygienischen Lebensbedingungen. Und sie kündigten eine eigene Darstellung an: die in Kürze erscheinende Broschüre *Monte Verità. Wahrheit ohne Dichtung* aus der Feder von Ida Hofmann-Oedenkoven. Deren Fertigstellung zog sich dann noch eine Zeit lang hin, ein Indiz dafür, dass ihr zentrales Motiv darin bestand, Mühsams Abrechnung zu widerlegen, und die Idee dazu womöglich erst in dem Augenblick geboren wurde, als ihnen dessen Schrift in die Hände fiel. Dabei ging es nicht nur um Wahrheit, sondern auch ums Geschäft. Die Art und Weise, wie Mühsam ihr Vorhaben heruntermachte, hielt sicherlich den einen oder anderen davon ab, als zahlender Gast auf den Monte Verità zu kommen. Ida Hofmann gelang es mit ihrer detailreichen, fast dreimal so langen Darstellung, ein größeres, aufgeschlossenes, städtisches Lesepublikum zu erreichen. Aber ihre Version der Geschichte galt natürlich als voreingenommen (und war es ja auch): stets bereit, die eigene Sache in Schutz zu nehmen und in gehörigem Maße zu idealisieren. Und während Erich Mühsam eine flotte Schreibe hatte und seine Pointen zu setzen verstand, neigte Ida zu einer Verlautbarungsprosa, wie sie die Lebensreformer gemeinhin pflegten: Das ist die Wahrheit, und wehe, wenn ihr es nicht glaubt.

Höhepunkt von Mühsams Buch ist sein »Gesang der Vegetarier«, nach wie vor eine köstliche Persiflage auf das puritanische Element, das der Vegetarismus bis heute nie ganz losgeworden ist. Dass er seinerzeit auch den Alkohol in jeder Form auf den Index der schädlichen Nahrungsmittel setzte, hat ihm zumal in der Boheme, zu der Mühsam gehörte, mehr Feinde als Freunde eingetragen.

Der Gesang der Vegetarier

Ein alkoholfreies Trinklied
(Melodie »Immer langsam voran«)

Wir essen Salat, ja wir essen Salat
Und essen Gemüse von früh bis spat.
Auch Früchte gehören zu unsrer Diät.
Was sonst noch wächst, wird alles verschmäht.
Wir essen Salat, ja wir essen Salat
Und essen Gemüse von früh bis spat.

Wir sonnen den Leib, ja wir sonnen den Leib,
Das ist unser einziger Zeitvertreib.
Doch manchmal spaddeln wir auch im Teich,
Das kräftigt den Körper und wäscht ihn zugleich
Wir sonnen den Leib und wir baden den Leib,
Das ist unser einziger Zeitvertreib.

Wir hassen das Fleisch, ja wir hassen das Fleisch
und die Milch und die Eier und lieben keusch.
Die Leichenfresser sind dumm und roh,
Das Schweinevieh – das ist ebenso.
Wir hassen das Fleisch, ja wir hassen das Fleisch
und die Milch und die Eier und lieben keusch.

Wir trinken keinen Sprit, nein wir trinken keinen Sprit,
Denn der wirkt verderblich auf das Gemüt.
Gemüse und Früchte sind flüssig genug,
Drum trinken wir nichts und sind doch sehr klug.
Wir trinken keinen Sprit, nein wir trinken keinen Sprit,
Denn der wirkt verderblich auf das Gemüt.

Wir rauchen nicht Tabak, nein wir rauchen nicht Tabak,
Das tut nur das scheußliche Sündenpack.
Wir setzen uns lieber auf das Gesäß
Und leben gesund und naturgemäß.
Wir rauchen nicht Tabak, nein wir rauchen nicht Tabak,
Das tut nur das scheußliche Sündenpack.

Wir essen Salat, ja wir essen Salat
Und essen Gemüse von früh bis spat.
Und schimpft ihr den Vegetarier einen Tropf,
So schmeißen wir euch eine Walnuss an den Kopf.
Wir essen Salat, ja wir essen Salat
Und essen Gemüse von früh bis spat.

Die Erfindung des Veganismus

Am 24. November 1944 saß Donald Watson in der englischen Stadt Leicester an seiner Schreibmaschine. Watson war Mitte dreißig, Berufsschullehrer, Kriegsdienstverweigerer und – Vegetarier. Seit seinem dreizehnten Lebensjahr verzehrte er kein Fleisch und verschmähte inzwischen ebenso Eier und alle Milchprodukte. Die jüngsten Artikel und Briefe im *Vegetarian Messenger*, der Verbandszeitung der englischen Vegetarischen Gesellschaft, hatten für ihn noch einmal deutlich gezeigt, dass zur Milchwirtschaft immer auch die Grausamkeit des Ausbeutens und Schlachtens hoch empfindsamer Lebewesen gehörte. »Die Ausrede, es sei nicht notwendig, für die Erzeugung von Milchprodukten zu töten«, tippte Watson in seine Maschine, »ist nicht haltbar, wenn man Bescheid weiß über die Methoden der Viehwirtschaft und über den Wettbewerb, mit dem selbst humanitäre Bauern konfrontiert sind, wenn sie im Geschäft bleiben wollen.«

Mit fünf Gleichgesinnten hatte sich Watson kürzlich im Attic Club getroffen, einem vegetarischen Lokal in London. Da ihr Anliegen, den Vegetarismus auch auf alle Milchprodukte auszudehnen, in der Vegetarischen Gesellschaft wenig Resonanz fand, hatten sie den Entschluss gefasst, eine eigene Organisation für die »non-diary vegetarians«, die Nicht-Milchprodukte-Vegetarier, zu gründen. Wieder zurück in Leicester saß Watson nur wenige Tage später an der ersten Ausgabe der Quartalszeitschrift der neuen Vereinigung. Mangels eines besseren Namens nannte er sie *The Vegan News*. Das neue Wort hatte er aus den drei ersten und den zwei letzten Buchstaben von »Vegetarian« gebildet. Wie sich zeigen sollte, war die Behelfslösung ein Geniestreich. Denn sie ließ deutlich werden, dass die neue Ernährungsweise ihre Herkunft aus der vegetarischen keineswegs verleugnete. Vielmehr propagierte sie einen schlankeren und zugleich radikaleren Vegetarismus, mit dem Anspruch verbunden, dessen Anfang und Ende, sozusagen sein A und O, zu sein.

Das Wort »vegan« und davon abgeleitet die Bezeichnungen »Veganer« und »Veganismus« haben in den vergangenen Jahren eine steile Karriere gemacht. Aus einem nur Eingeweihten geläufigen Begriff für eine Spezialform des Vegetarismus ist ein Megatrend geworden, der vor allem bei den Hipstern aus den urbanen Milieus mit der großen Sehnsucht nach dem Land und der Rückkehr zu einem naturgemäßen Leben um sich greift. Aus einem Element der Lebensreform ist ein Lifestyle geworden. Doch in gewisser Weise handelt es sich um einen alten Hut. Denn was heute »vegan« heißt und vielen jungen Leuten glänzende Augen ins Gesicht zaubert, die nicht von Verzicht, sondern von Verheißung künden, hieß auf dem Monte Verità »Vegetabilismus« und war laut Ida Hofmann »das erlösende Wort der Gegenwart«.

Ida hat den Begriff nicht erfunden; er ist eine selten verwendete, aber durchaus geläufige Analogiebildung zu Animalismus.

So wie der Animalismus eine urzeitliche »religiöse« Bindung des Menschen an Tiere, eine »Jägermentalität«, beschreibt, wollten Ida und Henri dem neuen Menschen, der ihnen vor Augen stand, eine Pflanzenmentalität beibringen, ihn zu einer »religiösen« Bindung an Pflanzen führen. Vegetabilismus war in ihren Augen weit mehr als nur eine Kostform; es war ein Lebensstil, der helfen sollte, die Welt zu retten. Schon lange bevor Donald Watson das Wort »vegan« prägte, ist auf dem Monte Verità auch der dazugehörige Lifestyle mitsamt der unverzichtbaren Ideologie erfunden worden. Ihr weltanschaulicher Kern lebt bis heute fort. Jan Bredack, der Gründer der Supermarktkette Veganz, beschreibt ihn über ein Jahrhundert später so: »Sie müssen nicht von heute auf morgen Ihr Leben komplett umkrempeln und auf alles verzichten, was Sie häufig und gerne zu sich nehmen. Es reicht vollkommen, wenn Sie sich langsam von Ihrer gewohnten Ernährung verabschieden. Wenn Sie Ihrem Körper Schritt für Schritt keine tierischen Fette und Enzyme mehr zumuten, keine Milch, Eier, aber auch weniger Zucker und Weißmehl … Dann werden Sie körperliche Zustände erreichen, von denen Sie nicht zu träumen wagten. Das kann ich Ihnen garantieren. Sie werden sich fühlen, als wären Sie ein Olympionike. Wir stehen an der Schwelle einer neuen Zeit.«

Joseph Salomonson

Auf den Monte Verità kam die neue Zeit in Gestalt eines Holländers, der zuvor auf der Insel Java als Kaufmann und Konsul tätig gewesen war. Java gehörte damals zu Niederländisch-Indien, dem heutigen Indonesien. Joseph Salomonson, so der Name des Neuankömmlings, war bereits um die fünfzig Jahre alt. Warum er Java verlassen hatte, ist nicht bekannt. Dort hatte er wohl eine Villa mit vierzehn Dienstboten sein eigen genannt. Wie viele andere lockten ihn die Gerüchte über die vegetarische Aussteigerkolonie nach Ascona. Anfangs verbrachte er jeden Tag lediglich einige Stunden auf dem Hügel, bis er sich schließlich als fester Mitarbeiter bewarb. Was insbesondere Ida für ihn einnahm, war seine glühende Wagner-Verehrung. So veranstalteten die beiden bald *Parsifal*-Soireen: Während Salomonson mit seinem charismatischen Bariton die Wagner'schen Verse rezitierte, entzückte Ida die Zuhörenden am Klavier. Beide waren der damals viel geäußerten, von Wagner selbst nahegelegten Ansicht, *Parsifal* sei die erste vegetarische Oper.

Rasch führte der erfahrene Kaufmann die internationale Korrespondenz und wurde der Buchhalter und Einkäufer der langsam ihren Betrieb aufnehmenden Kuranstalt. Auf dem Markt von Locarno erstand er bei den einheimischen Bauern Obst und Gemüse für den Speisezettel des Sanatoriums. Eine Fotografie zeigt ihn neben dem von einem Esel gezogenen Holzkarren, mit dem die Waren auf den Hügel transportiert wurden. Die linke Hand liegt auf dem Eselgeschirr, in der rechten hält er einen Wanderstab, das lange Haar wird durch das obligatorische Stirnband gebändigt. Am Körper trägt er nichts als einen weit ausgeschnittenen, sackleinenen Einteiler, der um die Hüfte locker mit einem Band geschnürt ist. Von dem herausfordernden Benehmen, das Salomonson nachgesagt wurde und nach einem Jahr auch zu seinem Rausschmiss aus dem Sanatorium führen sollte, ist auf dem Foto wenig zu sehen – mit Ausnahme der spärlichen Bekleidung, die nach damaligen Maßstäben an Nacktheit grenzte. Eher schaut er etwas verschüchtert in die Kamera, als sei er sich seiner neuen Rolle noch nicht ganz sicher. »Die Kleidung macht den Mann. Nackte Menschen haben geringen oder keinen Einfluss in der Gesellschaft«, soll Mark Twain gesagt haben. Vielleicht hat er aber auch nur Angst vor der örtlichen Polizei, die ihm das Betreten der Straßen in diesem Aufzug wegen Erregung öffentlichen Ärgernisses mehrfach untersagt hatte.

Bekannter ist das Foto, auf dem Salomonson tatsächlich völlig nackt, nur mit Stirnband und Holzschuhen, bei der Gartenarbeit zu sehen ist. »An der Arbeit« steht auf dem oberen weißen Rand der Karte, an den Seiten links und rechts ergänzt um einen biblisch anmutenden Spruch: »Die Schande hat uns gekleidet / Die Ehre wird uns wieder nackt machen.« Auf dem unteren Rand sind schließlich zwei Bibelstellen angegeben: Jesaja 65,17 und Petrus 3,13. Bibelkundige wissen, dass dort von der Verheißung einer neuen Erde und eines neuen Himmels die Rede ist. Salomonson betrachtete das Ablegen der Kleidung und die Umstellung der Ernährung wohl als erste Schritte auf dem langen Weg dorthin.

Schon während seiner Monte-Verità-Zeit hat sich Salomonson mit dem Verkauf von Postkarten, die sein Image als Apostel des naturnahen Lebens inszenierten, ein Zubrot verdient. Später nimmt das noch zu, als er unter dem Namen Meva (»M« für lateinisch *mens*, Geist, aber auch für Mann; »eva« für die Urmutter und erste Frau) die großen Städte bereist und seine Botschaft von einem langen Leben verkündet: Die Menschen könnten bis zu zweihundertfünfzig Jahren leben, würden sie nur auf Salz und Flüssigkeiten verzichten und stattdessen Obst und Gemüse zu sich nehmen. Salomonson war keineswegs der Einzige, der sich auf diese Weise über Wasser hielt. Auch der Wanderprediger Gustaf Nagel, der selbst bei Minusgraden nur mit einem Lendenschurz bekleidet herumlief und so im Winter 1901 auch den Monte Verità besuchte, führte stets einen Stoß von Postkarten mit seinem Konterfei mit sich. Gusto Gräser ebenso. Der verzichtete jedoch in der Regel auf ein Bild seiner Person und beschränkte sich auf Sprüche, die in alter, markiger Typografie daherkamen. Nicht von ungefähr erinnern die Postkarten der

Wanderprediger an Andachtsbilder. Zugleich sind sie schon auf dem Weg zum Fanartikel.

Salomons Einkaufstätigkeit für den Monte Verità dürfte sich kaum auf regelmäßige Marktbesuche beschränkt haben. Oedenkoven wollte neben heimischem Obst und Gemüse auch Südfrüchte wie Datteln, Feigen, Kokosnüsse und Orangen im Sanatorium anbieten. Sie verliehen der ansonsten eingeschränkten Nahrungspalette einen Hauch von Luxus. Wer wollte angesichts solcher Leckereien noch von Verzicht sprechen? Gut denkbar, dass Salomonson hier durch seine internationalen Beziehungen der richtige Mann war, um die Beschaffungswege für die Luxusgüter zu bahnen.

Vor allem aber wird auf dem Monte Verità nur wenige Wochen nach Salomonsons Ankunft der Vegetarismus neu und radikaler definiert. Vorher haben sich die Gründer darüber noch kaum Gedanken gemacht. Klar, sie sind Vegetarier, aber Milch, Joghurt und Käse, auch Eier werden als unproblematisch erachtet. Vielleicht sollte man sie nur nicht in zu großen Mengen verzehren, da wir Menschen, ihrem Verständnis nach Frugivorer und Herbivorer, Frucht- und Pflanzenesser, sind. Durch Salomonsons Fragen und radikale Antworten sehen sie sich gezwungen, neu darüber nachzudenken, ob sie weiterhin einem halbherzigen Vegetarismus das Wort reden oder eine Stufe tiefer ansetzen und sich wirklich auf Pflanzennahrung beschränken wollen. Und sie entscheiden sich: »Der Ausschluss jedes tierischen Produktes, des Salzes sowie auch wollener Kleidungsartikel wird nun im Monte Verità zum Prinzip erhoben«, berichtet Ida Hofmann. Allerdings: »Lederne Sandalen werden in Ermangelung eines äquivalenten vegetabilen Produktes noch beibehalten.« So wird aus dem Monte Verità das erste vegane Sanatorium der Welt.

Gute Gründe für den Vegetarismus

Warum soll man auf den Verzehr von Tieren verzichten? Die Mehrzahl der Vegetarier würde sagen, weil wir dadurch Tieren, die ebenso leidensfähige Wesen sind wie wir Menschen, ein Leben in Gefangenschaft und einen unwürdigen Tod ersparen. »Anstatt mit der uns umgebenden Lebewelt der Pflanzen und Tiere in Harmonie zu bleiben und ihr außer der berechtigten Tötung des Tieres im Falle der Notwehr nur das zu entnehmen, was wir zu unserer Selbsterhaltung brauchen, mieten wir Schlächter, um das Tier zu morden, bauen wir Schlachthäuser, in welchen der Tiermord ganz unnötigerweise betrieben wird«, schreibt Ida in *Vegetabilismus! Vegetarismus! Blätter zur Verbreitung vegetarischer Lebensweise*, ihrer zweiten, im Jahr 1905 erscheinenden Schrift. Die Monteveritaner betrachteten die Gepflogenheit, Tiere zu töten und sie zu essen, als eine Barbarei, die in nichts jener nachsteht, Sklaven zu halten oder Frauen als minderwertige Wesen zu behandeln. Und sie sind sich sicher: So wie die Aufklärung der Rechtfertigung der Sklaverei den Boden entzogen und diese schließlich abgeschafft hat, wird es ihr auch gelingen, die Unterdrückung der Frau und den Massenmord an den Tieren erst zu diskreditieren und dann zu beenden. Sich vegetarisch oder sogar rein pflanzlich zu ernähren, bedeutet so, der Abschaffung der Barbarei vorzuarbeiten.

Allerdings war der tierethische Aspekt für die Monteveritaner nur einer unter mehreren und nicht der entscheidende. Die Beziehung der Siedlungsgemeinschaft zu Tieren muss recht prekär gewesen sein. Als sie mit dem Bau der ersten Hütten eine Kuh geschenkt bekamen, brachte sie das eher in Verlegenheit, denn sie wussten mit dem Tier nichts Rechtes anzufangen. Der Beschluss, es stets frei herumlaufen zu lassen, auch nachts, weil das ihrer Vorstellung von Tierwürde entsprach, führte dazu, dass sich die Kuh an einem Eimer mit Schmierseife vergriff und daran einging. Irgendwie bedeutete das Ableben des Tieres sogar eine Erleichterung. Wie vielen Vegetariern und Veganern blieb den Monteveritanern der Unterschied zwischen wilden und domestizierten Tieren verschlossen, und ihre Beziehung zur animalischen Welt war durch Unverständnis und Misstrauen geprägt.

Eindeutig im Vordergrund stand bei ihnen der Gesundheitsaspekt des Vegetarismus. Zumindest ist es derjenige, der in ihren Überlegungen den größten Raum einnimmt. Zugleich ist er von allen sachlich der am wenigsten stichhaltige, um nicht zu sagen völlig irrtumsbehaftet – jedenfalls in der Begründung, den sie ihm gaben. Es sei »von Laien und Wissenschaftlern auf experimentalem Wege festgestellt worden«, schreibt Ida, »dass die unserem Körper zugeführten, im Tierleichnam zur Entwicklung gekommenen Stoffe, Giftstoffe schwerster Art enthalten«. 1885 hatte Ludwig Brieger, Professor für Medizin an der Humboldt-Universität zu Berlin, im menschlichen Kot Kadaverin gefunden, das zu den Ptomainen, den Leichengiften gehört – Abbauprodukten von Proteinen, die den charakteristischen Verwesungsgeruch mitverursachen. Von dieser »Eiweißfäulnis«, wie sie umgangssprachlich genannt wurde, war es nicht weit bis zur Angst vor Selbstvergiftung durch Fleischprodukte. Kein geringerer als der spätere Nobelpreisträger und Entdecker der Phagozyten, Elias Metschnikoff, der Direktor des weltberühmten Pasteur-Instituts in Paris, warnte eindringlich vor den Zersetzungsprodukten der Eiweißverdauung; sie seien hochgiftig und würden beim Menschen zu vorzeitiger Alterung und zum Tod führen. In diesem Zusammenhang fiel das medientaugliche, Hysterien auslösende Wort vom Dickdarm als »Mörder der Menschheit«. Während Metschnikoff eine Sanierung der Darmflora mit Joghurt empfahl – nach dem Vorbild der als langlebig beleumundeten Bulgaren – und damit den Kefir-Boom auslöste, setzten viele deutsche und Schweizer Naturärzte eher auf Pflanzenkost. »Der Schlüssel zum ganzen Geheimnis der Ernährung und des Nährwerts sitzt im frischen grünen Blatt«, raunte etwa Bircher-Benner. »Die schlimmsten Krankheitsherde«, so wieder Ida, »bilden sich nach und nach in unserem Körper und können erst durch entsprechende Pflanzendiät und natürliche Abwendungen wieder ausgeschieden werden.« Macht es wie die Kinder, ruft sie ihren Lesern zu. Jedes Kind greife freudig nach Obst; an den Genuss von Fleisch hingegen gewöhne es sich »mit großem Widerwillen und erst nach den erdenklichsten Überredungskünsten«.

Der Reformkocher

Das stärkste Argument der Monteveritaner für Vegetarismus und Veganismus aber war eines, das gar nicht die Kostform selbst betraf, sondern ihren sozialen und symbolischen Kontext. Vegetarier, gar Veganer zu sein war damals sehr viel mehr als heute ein Akt des Widerstands. Denn es bedeutete die bürgerliche Gesellschaft in einem der Zentren ihres Selbstverständnisses anzugreifen: dem Patriarchalismus. So wundert es nicht, dass viele Vegetarier zugleich Feministen waren – und das beschränkte sich keineswegs auf die Frauen. Ida Hofmann wurde nicht müde, auf diesen Zusammenhang hinzuweisen. Ihrem Verständnis nach bot der Vegetarismus zugleich auch eine Lösung für viele Alltagsprobleme der Frauen in einer von Männern beherrschten Gesellschaft. Denn er reformierte nicht nur, was auf den Tisch kam, indem die Beilagen, sozusagen das Zubehör, ins Zentrum der Mahlzeit rückten, er reformierte auch die Kochkunst durch die Notwendigkeit, die Nährstoffe und Mineralien in den Naturprodukten zu erhalten (Vitamine sind erst seit den 1910er Jahren bekannt). Et voilà – hier ist das Gerät, das dieses leistet, dabei den Aufwand aufs Nötigste reduziert und der Köchin so Zeit für wichtigere Dinge verschafft. Ida machte regelrecht Werbung für den auch in der Küche des Monte Verità eingesetzten »Reformkocher«. Dessen Erfinder, ein gewisser Oscar Peterson, empfahl ihn vor allem jenen, »welche die Bedeutung von Zeitgewinn und Nervenruhe zu schätzen verstehen«. Der Reformkocher war ein Dampfdruckkochtopf avant la lettre, der es in erster Linie nicht auf die Beschleunigung des Garvorgangs abgesehen hatte, vielmehr ein schonendes Dämpfen der Speisen ohne äußeren Eingriff wie Rühren oder Wenden erlaubte. Er biete nicht nur eine »vollendete Lösung der Kochfrage«, heißt es in Petersons Buch *Die Küche der Zukunft* aus dem Jahr 1894, er biete auch »den bei der Glut des Herdes schmachtenden und in Angst vor Anbrennen und Überkochen aufgeregten Frauen Ruhe und Erlösung«, und das sei »in unserer ›brennenden‹ und ›jagenden‹ Zeit ein nicht zu unterschätzender Vorteil«.

Während Peterson seinen Reformkocher als Gegengift gegen Nervenschwäche in der Küche anpries, gefiel Ida an dem Gerät vor allem die Befreiung der Frau vom Herd. Sie sagte das nicht ausdrücklich, war aber der Ansicht, dass die Frau die durch eine vegetarische Küche und den Reformkocher gewonnene Zeit nicht unbedingt für Näharbeiten nutzen musste, wie es die Zeichnung auf dem Umschlag von Petersons Schrift nahelegte. Vielmehr empfahl sie, die Hausarbeit auch in anderen Belangen weitestgehend zu reduzieren, beispielsweise indem auf das in ihren Augen unnötige Bügeln der Wäsche verzichtet wurde. Reformkleidung, wie sie auf dem Monte Verità getragen wurde, sei nicht nur luftiger, sie sei auch pflegeleichter. Sollte dies einem an die »Steifheit von Kragen, Manschetten und Kleidungsstücken gewöhnten Auge nicht genügen«, so riet Ida zu weichen Stoffen, sprich Baumwolle. Und sollte die Familie, insbesondere der Ehemann, bei dieser »auf größte Vereinfachung des Hauswesens und seiner Instandhaltung zielenden Reform« nicht mitmachen, sie gar verweigern? Dann, davon war Ida überzeugt, half nur eins, das letzte Mittel »zur Erreichung größerer Freiheit«; »es ist dies mit der landläufigen Bezeichnung – der Streik«.

Mahlzeiten ohne Zwang

Neben der Reduzierung des Zubereitungsaufwandes bietet die vegetarische beziehungsweise vegane Küche noch einen weiteren großen Vorteil: die Möglichkeit der Individualisierung der Nahrungsaufnahme. Schlichter gesagt, gemeinsame Mahlzeiten werden überflüssig. Wo Kochen nicht mehr heißt, komplexe Menüfolgen zu komponieren, und Essen nicht mehr darin besteht, diese in der vorgesehenen Zusammensetzung und Reihenfolge zu konsumieren, entfällt auch die Notwendigkeit, zur selben Zeit am selben Tisch zu sitzen. In dieser Hinsicht war der Vegetarismus auch ein erster Aufstand gegen die rigide Tischzucht der bürgerlichen Familie. Dazu gehörte die Hierarchie zwischen Mann und Frau sowie Eltern und Kindern, wie sie in der väterlichen Mahnung »Solange du die Füße unter meinen Tisch steckst« zum geflügelten Wort wurde. Dazu gehörte aber auch der Zwang, das zu essen, was auf den Tisch kam, und es auch noch aufzuessen.

Tischzucht – nur ins Mondäne gewendet – herrschte auch in den Sanatorien, den gewöhnlichen wie den Naturheilstätten. Sie unterschieden sich zwar in dem, was auf den Tisch kam – sechsgängige Menüs einerseits oder Müsli, frisches Obst und gedämpftes Gemüse andererseits –, gegessen wurde aber an zugewiesenen Plätzen zu festgelegten Zeiten das, was aufgetragen wurde. Das Sanatorium Monte Verità schlug da eine völlig entgegengesetzte Richtung ein. Ein Gast, der den Betrieb 1904 kennenlernte, erinnert sich: »Im Speisesaal befindet sich an der dem Eingang gegenüberliegenden Wand eine Abteilung nummerierter Schließfächer; dort findet jeder unter seiner Zimmernummer das Bestellte auf einem Tablar vor. Richtig – es steht schon da! Cacao (ohne Milch natürlich, die gibt's nicht), Brot und Früchte. Dreimal des Tages kann man bestellen, ziemlich wenn man will, und dann mit seinem Futter hingehen, wo es einem sehr gefällt, was eine sehr originelle Einrichtung ist, die viel für sich hat.« Das war in der Tat Essen ohne Zwang, wie es dem Kurbetrieb auf dem Monte Verità entsprach, der in jeder Hinsicht stark individualisiert war. Auch abgerechnet wurde je nach Verzehr: Auf den Menüplänen waren die Preise der Speisen einzeln ausgeführt, und man bezahlte nur, was man auch bestellt hatte. Dieses modulare, wie wir heute sagen würden, stark an den Bedürfnissen des Einzelnen orientierte System mochte auf Kosten der Geselligkeit gehen. Andererseits konnte man sich seine Tischnachbarn selbst aussuchen, blieb also von der in den anderen Einrichtungen üblichen Zwangsvergemeinschaftung verschont.

Sonnenlichtnahrung

An vorderster Front der Autointoxikation, der Selbstvergiftung, durch eine falsche Lebensweise kämpfte eine Generation nach Arnold Rikli auch der Schweizer Arzt Max Bircher-Benner. Durch das von ihm kreierte Müsli aus geriebenem Apfel (samt Schale, Gehäuse und Kernen), Nüssen, vorgeweichten Haferflocken, Zitronensaft und Kondensmilch – so das Originalrezept – ist sein Name uns noch heute geläufig. Und so wie Rikli für die Monteveritaner zum Vordenker (und Vorturner) wurde bei dem Vorhaben, den Sonnenschein ins Leben hineinzulassen und ein Leben an frischer Luft zu führen, beeinflusste Bircher-Benner die Ernährungsphilosophie auf dem Hügel der Wahrheit und weit darüber hinaus. Der Sanatoriumsprospekt aus dem Jahr 1904 nennt zwar nicht ausdrücklich seinen Namen, aber Formulierungen wie die, dass »in unserer Anstalt schon seit dem Anfang ihres Bestehens (1901) die Fruchtdiät (energetische Ernährung) in so weitgehendem Maße durchgeführt werde wie noch in keinem anderen Sanatorium« und dass nur die ungekochte Pflanzennahrung »die ungeschwächte Sonnenenergie« enthalte, verweisen eindeutig auf den Erfinder des Müslis.

Anders als Rikli war Bircher-Benner nicht nur ein Praktiker, sondern auch ein gestandener Wissenschaftler und liebte geradezu das Theoretisieren, wie Ida das abschätzig nannte. In diesem Fall musste sie jedoch zugeben, dass Bircher-Benners Theorie nachhaltigen Eindruck auf alle machte, die wie sie selbst in der Ernährungsfrage eine Schlüsselfrage der Zeit sahen. Selbst auf diejenigen unter ihnen, die dabei den leisen Zweifel nicht loswurden, dass ihr wortmächtiger Verfechter sich hier völlig verrannt hatte.

Erste Bedenken an der Ernährungswissenschaft seiner Zeit sind Bircher-Benner in seiner Praxis als noch junger Arzt gekommen. Damals brach er mit der als unumstößlich geltenden medizinischen Regel, dass Magen- und Darmkranken ausschließlich Gekochtes, vor allem Breie und Brühen, vorzusetzen sei, und erzielte mit der als schlechthin unverdaulich geltenden Rohkost spektakuläre Heilungserfolge. Besonders eine Frucht hatte es ihm angetan: Als er selbst mit Gelbsucht darniederlag, reichte ihm seine Ehefrau scheibchenweise Apfel, und seine baldige Genesung bestätigte ihn in seinem Urteil, dass roher Pflanzenkost und insbesondere dem Apfel eine besondere Heilkraft innewohnen musste.

Wie aber konnte das sein, angesichts der Tatsache, dass in der Ernährungswissenschaft allein die Kalorien zählten, ganz egal, ob es nun zu wenige oder zu viele waren, die man davon zu sich nahm? Kalorien, so meinte man zu wissen, seien nun einmal Kalorien, ganz egal, ob Fleisch, Linsen oder ein Apfel dahintersteckten. Wozu sollten kalorienarme Lebensmittel also gut sein, wenn nicht höchstens als Beikost? Vielleicht jedoch waren Kalorien überhaupt ein untaugliches Maß, um etwas über die Qualität von Nahrungsmitteln auszusagen.

Was aber war dann das richtige Maß? An dieser Stelle seiner Überlegungen angelangt, pflegte Bircher-Benner einen Dialog zwischen einem Lehrer und einem Schüler aus einem damals viel gelesenen Lehrbuch der Chemie zu zitieren.

Der *Schüler* fragt: »Woher stammt denn zuletzt die Energie der Nahrungsmittel?«

Lehrer: »Von der *Sonne*.«

Schüler: »Das verstehe ich nicht.«

Lehrer: »Woher stammt die Nahrung? Sie ist entweder Pflanzenkost oder Fleischkost. Die Pflanzen wachsen nur dort, wo das Sonnenlicht hinkommt, denn sie verbrauchen die Lichtenergie, um ihren Körper aufzubauen; sie speichern sie in dieser Form auf. Somit essen wir in den Pflanzen Sonnenenergie. Und die Tiere, deren Fleisch wir essen, nähren sich von Pflanzen, also auch von Sonnenenergie.«

Fotosynthese heißt dieser so komplexe wie elementare Vorgang. Pflanzen können anorganische Stoffe in organisches Material umwandeln. Folglich werden sie Primärproduzenten genannt – alle Lebewesen sind direkt oder indirekt von der Fotosynthese abhängig. Die in Pflanzen gespeicherte Energie wird von Tieren durch die Nahrung aufgenommen und so in die tierische Nahrungskette eingeschleust.

So weit, so gut. Jetzt aber kommt der Theoretiker Bircher-

Benner ins Spiel. Und damit der berüchtigte Zweite Hauptsatz der Thermodynamik, der Wärme- und Energielehre, der schon damals nicht nur die physikalisch geschulten Gemüter erregte. Er besagt, dass es bei irreversiblen Prozessen (und die meisten Prozesse, die wir kennen, lassen sich nicht rückgängig machen) zwangsläufig zu einer Zunahme der Entropie, der Unordnung, und zu einer Entwertung der Energie kommt. Max Bircher-Benners so faszinierende wie in die Irre führende Idee ist es, diese Gesetzmäßigkeit auf die Ernährungslehre anzuwenden. Seine Schlussfolgerung lautete: Für die Qualität eines Lebensmittels ist nicht sein physiologischer Brennwert verantwortlich, sondern sein energetischer Nährwert. Und dieser ist höher, je näher die Lebensmittel jenem Energiestrom sind, den die Sonne unserem Erdball zusendet und der sich dort in lebendige Substanz umwandelt.

Nur der Pflanzenesser bezieht also seine Energie aus erster Hand. Pflanzen haben dieser Theorie zufolge den höheren Nährwert, weil sie das Sonnenlicht direkt aufnehmen. Tiere hingegen nehmen es nur indirekt auf, indem sie wiederum Pflanzen fressen – sie machen keine Fotosynthese. Und so kommt Bircher-Benner zu der Ansicht, dass Pflanzenkost die höherwertige Kost ist. Nicht die Kalorie, sondern der Sonnenlichtwert ist das richtige Maß für die Qualität von Nahrungsmitteln.

Ida fasst Bircher-Benners Überlegungen folgendermaßen zusammen: Unsere Leistungsfähigkeit steigt im Verhältnis zur Energie, welche wir unserer Nahrung entnehmen. Die energiereichste Nahrung sind Pflanzen und Früchte, Pflanzen- und Fruchtesser so auch die leistungsfähigeren Menschen. Um die Überlegenheit der Pflanzenkost unter Beweis zu stellen, waren zur damaligen Zeit unter Vegetariern Leistungsvergleiche mit Fleischessern groß in Mode. Ganz besonderer Beliebtheit erfreuten sich Dauermärsche, bei denen Vegetarier in der Tat häufig auf den vorderen Plätzen zu finden waren. Mehrfach erwähnt Ida in ihren Schriften die Leichtigkeit, mit der sie und Henri im Hochgebirge in Sieben- bis Acht-Stunden-Märschen Höhen bis zu dreitausend Metern ersteigen und Strecken von bis zu vierzig Kilometern »ohne Ermüdung« zurücklegen. Und das alles »hut- und stocklos, barfuß oder in Sandalen«, als Proviant allein Schalenfrüchte, trockenes und etwas frisches Obst und Brot. Die in den Reisebüchern angeführte Zeitdauer werde immer »um ein Beträchtliches« geschlagen.

Schön schlank

Rikli und Bircher, Lichtluftbäder und vegane Ernährung waren für die Monteveritaner zwei Seiten derselben Medaille: Das Lichtluftbad führt dem Körper Sonnenenergie von außen, die vegetabilische Kost von innen zu. Körperliche Schönheit ist nicht nur eine Frage der äußeren Erscheinung und was man dafür tut, körperliche Schönheit kommt auch von innen, indem man sich energetisch ernährt. Ergebnis des Zusammenwirkens beider Faktoren ist der schöne Körper, schlank und gebräunt statt fahl und schwabbelig, attraktiv und leistungsfähig statt träge und unansehnlich.

Beflügelt durch die Fotografie und die Vorläufer der Illustrierten wurde um 1900 der nackte Körper als neue Währung der Aufmerksamkeit, auch der erotischen Attraktivität entdeckt. Allmählich entwickelt sich ein vermeintlich neues, in Wahrheit altes, letztlich auf antike Vorbilder zurückweisendes Schönheitsideal: das des schlanken, weitgehend vom Fett befreiten, dabei nicht hageren, sondern durchtrainierten Körpers. Anfangs durften es bei den Frauen durchaus noch weiche Übergänge, ein runder Hals, ausladende Oberschenkel, pralle Brüste und ein

Bäuchlein sein, solange nur eine deutlich eingebuchtete, möglichst schlanke Taille vorhanden war. Doch mit der Zeit verschlankte sich die gesamte Linie. Der sportliche, leistungsfähige Körper wurde zum neuen Ideal.

Vordem hatten in bürgerlichen Kreisen Korsett und Turnüren, also orthopädische Hilfsmittel, das äußere Erscheinungsbild des weiblichen Körpers geformt. Jede oder doch annähernd jede Frau konnte sich modisch kleiden, wenn sie das Richtige darunter trug. Moderne Frauen wie Ida empfanden das als Zwang. Ida spricht von den »Fesseln der Mode mit all' ihren Marterinstrumenten, des Korsetts, der Handschuhe, Schuhe, der Brennschere, Stehkragen, Cravatten und Steifbürste, mit all' ihrem Ballast an komplizierten Haartrachten, an Kleidern kompliziertesten Zuschnitts, an Spitzen, Knöpfen, Bändern, Haken, Hüten, Schleiern, Gürteln …«

Doch was an dessen Stelle trat, hatte das Potenzial, sich zu einem neuen Zwang zu entwickeln. Der französische Sozialanthropologe Claude Fischler hat es so formuliert: Sobald das Korsett wegfällt, wird der Körper zu seinem eigenen Korsett, und Frauen wie Männer zu den einzig Verantwortlichen für ihr Erscheinungsbild. Rasch entpuppt es sich als Illusion, das allein durch äußere Anwendungen von der Gymnastik bis zum Sonnenbaden regulieren zu wollen. Natürlich ist es das Essverhalten, das hier letzten Endes zum gewünschten Resultat führt. Es beginnt das Zeitalter der Schlankheitsdiäten, der ständigen Arbeit am Aussehen in Reichweite der mal mehr, mal weniger reichlich gefüllten Vorrats- und Kühlschränke. Und auch hier steht der Vegetarismus, obwohl häufig anders begründet, an vorderster Front. Denn zumal in seiner veganen Variante, der Pflanzen- und Fruchtdiät, ist er nicht nur ein wirkungsvolles Mittel, den Fleischbergen der bürgerlichen Küche zu entkommen, sondern auch sich selbst nicht zum Fleischberg zu entwickeln.

»Immer aber wird sich der Körper bei naturgemäßer Ernährung zu viel höherer Schönheit entfalten als bei naturwidriger«, hatte Theodor Hahn, einer der Pioniere der vegetarischen Bewegung in Deutschland, zu dessen Patienten auch Richard Wagner zählte, schon sehr früh, nämlich 1859, konstatiert. »Die naturgemäße Ernährung gibt allen Teilen des Körpers die denkbar beste Zusammensetzung, Form und Farbe, sie führt zur richtigen Verteilung des Muskelfleisches und des Fettes, sie macht die Haut rein und frisch, sie verhindert oder beseitigt entstellende Wülste und Fremdstoffablagerungen und veredelt mithin die Gesichtszüge wie auch die Formen des gesamten Körpers.«

Der Monte Verità hat mit der dort praktizierten veganen Ernährung nicht nur einen Lifestyle unserer Zeit vorweggenommen. Er hat auch das Körperbild mitgeprägt, das wir als schön empfinden und für erstrebenswert halten. Auf den Postkarten, die dort verkauft wurden, waren mit wenigen Ausnahmen schlanke Menschen zu sehen. Nicht ihre modischen Attribute – wie sie gekleidet waren oder welche Haartracht sie trugen – sollten sich als zukunftsträchtig erweisen, sondern die von ihnen ausgehende Körperlichkeit: der selbstbewusst zur Schau getragene, durch Sport und Diäten geformte, Gesundheit und Leistungsfähigkeit ausstrahlende Körper des emanzipierten Menschen des 20. Jahrhunderts. Und genauso des 21. Jahrhunderts.

Noch eine Diät

Im Jahr 1971 reiste eine junge Frau Mitte zwanzig mit langen blonden Haaren, Omabrille und Slimfit-Jeans durch die USA auf der Suche nach Rezepten von Landkommunen. Ihrer Ansicht nach war Ernährung der Schlüssel, um das experimentelle Kommunenleben zu verstehen – und nicht etwa Drogen, Gruppensex oder Verzicht auf Privateigentum. Gemeinschaftliches Kochen war die Hauptbeschäftigung nahezu jeder der über vierzig Kommunen, die Lucy Horton im Laufe dieses Jahres besuchte. Annähernd die Hälfte eines durchschnittlichen Arbeitstages innerhalb einer Kommune, so beobachtete sie, wurde für die Essensbeschaffung und -zubereitung aufgewendet.

In den Kommunen seien die Belange des Alltagslebens extrem bedeutend, diktierte sie am Ende ihrer Reise quer durch die USA einem Reporter der *New York Times* in die Feder. »Nahrung hat religiöse Bedeutung, besonders an der Westküste. Viele Menschen gehen aufs Land, weil sie sich biologisch ernähren wollen und das in den Städten unmöglich ist. Deshalb gärtnern sie alle ausgiebig. Einige Kommunen halten auch eigenes Vieh.«

Von ihren Exkursionen in die Küchen der Kommunen brachte sie nicht nur viele, zumeist vegetarische Rezepte mit, sondern auch die Erkenntnis, dass die makrobiotische Ernährungsweise gerade durch die schleimfreie Heilkost von Arnold Ehret abgelöst werde. Ehret, bis heute ein bekannter Naturheiler in den Vereinigten Staaten, hatte dort bereits 1922 seine Schrift *Mucusless Diet Healing System* veröffentlicht. Sie entwickelte sich vom Best- zum Longseller und ist bis heute in mehreren Ausgaben erhältlich.

Ehrets Spuren führen wie auch die von Joseph Salomonson zurück auf den Monte Verità. Ehret ist zwar kein genuines Gewächs des Berges der Wahrheit, aber er hat dort eine Zeit lang eine wichtige Rolle gespielt, bevor er 1914 wie viele andere in die USA auswanderte, um nicht zum Kriegsdienst eingezogen zu werden. Ehret war damals keineswegs mehr jung, sondern schon Mitte vierzig. Im Jahr 1887 musste er als Zwanzigjähriger erstmals zum Militär, war aber wegen zahlreicher Krankheiten freigestellt worden. Nun war er fit, gesund und leistungsfähig, wie er nicht müde wurde zu behaupten. Und das hatte, so fügte er hinzu, einen einfachen Grund: Er fastete regelmäßig und verschmähte alle Nahrungsmittel, die seiner Ansicht nach den Körper verschleimten.

Fotos aus dem Jahr 1907 zeigen den ganz in Weiß gekleideten Vierzigjährigen inmitten der Gründer und von Gästen des Sanatoriums. Darunter ist auch Hermann Hesse, der sich zu dieser Zeit für drei Wochen auf dem Monte Verità aufhielt. Ehret war in diesem Jahr gleich zweimal Gast des Sanatoriums, im März und im Mai, jeweils mehrere Wochen. Die spektakuläre Fastenkur, die ihn weit über die Netzwerke der Vegetarier hinaus bekannt machen sollte, lag da noch in der Zukunft. Am Abend des 26. Juni 1909 ließ sich Arnold Ehret in einem Panoptikum in Köln in eine notariell versiegelte, drei Meter hohe Glaszelle einschließen. Bis auf einen Spalt, der eben genügte, eine Postkarte durchzustecken, und einem Einsatz aus Fliegengaze am oberen Ende, der die Zufuhr frischer Luft ermöglichte, war die Zelle völlig von der Außenwelt isoliert. Die einzige Nahrung, die ihm zur Verfügung stand, waren hundertfünfundzwanzig Liter Mineralwasser, mit denen er sich allerdings auch waschen musste.

Ehret hatte angekündigt, einundfünfzig Tage fasten zu wollen, das wären vier Tage mehr gewesen als der damalige Weltrekord. Nach neunundvierzig Tagen musste das Experiment schließlich abgebrochen werden, laut Ehret vor allem infolge eines Mangels an Licht und Luft sowie an Ruhe und Schlaf, beides verursacht durch den anhaltenden Zuschauerandrang.

1909 war auch das Jahr, in dem in unmittelbarer Nachbarschaft des Sanatoriums Monte Verità das Hotel Semiramis eröffnet und gleich wieder geschlossen wurde. Auftritt Arnold Ehret. Der mittlerweile berühmte Hungerkünstler übernahm das Gebäude von seiner Eigentümerin Marie Adler und richtete in ihm seine »Schule für leibliche und geistige Diätetik und Volksaufklärung« ein. Was dort gelehrt wurde, kann man seinen

Schriften entnehmen, die er nun fleißig publizierte, um sich auch als Naturheiler einen Namen zu machen. Für Ehret hatte jeder kranke Mensch, gleichgültig um welche Erkrankung es sich handelte – von Magenverstimmung und Erkältung bis hin zu Krebs und Syphilis –, einen mehr oder weniger »schleimverstopften Organismus«. Dieser Schleim, so behauptete er, stamme von unverdauten, nicht ausgeschiedenen Nahrungsbestandteilen, die sich von Kindheit an gesammelt hätten. Krankheit sei nichts anderes als der Versuch des Körpers, Abfall, Schleim und Gifte auszuscheiden. Nicht die Krankheit bedarf also der Heilung, sondern der Körper. Er muss befreit werden von den fremden, giftigen Stoffen, mit denen er nur noch dadurch zu Rande kommt, dass er Krankheitssymptome ausbildet. Wen das an die Psychoanalyse erinnert, nur dass hier nicht die Seele, sondern der Körper von den Schlacken der Vergangenheit befreit werden soll, liegt nicht falsch.

Laut Ehret muss das ganze Zeug raus, also ist erst einmal Fasten angesagt. Und danach muss anderes Zeug rein, nämlich Nahrung, die der Körper möglichst rückstandslos verdauen kann: alle Sorten Obst, stärkefreies Gemüse oder Salate. Dazu Luft und Wasser, Letzteres auch während der Fastenkuren. Fertig. Wem das zu einfach vorkommt, für den hat Ehret die passende Erkenntnislehre parat. »Dieser große Vorteil der Einfachheit und Klarheit ist einer der wesentlichen Gründe für meinen Erfolg«, verkündete er voller Stolz seinem amerikanischen Publikum. Alles, was sich nicht mit dem gesunden Menschenverstand erfassen lasse, sei Humbug, wie wissenschaftlich es auch klingen möge. »Außerdem enthalten meine Lehren die Wahrheit«, fügte er äußerst selbstbewusst hinzu.

In den USA angekommen, behauptete Ehret, diese Lehre bereits auf dem Monte Verità Hunderten, wenn nicht Tausenden nahegebracht und sie auf diesem Wege geheilt zu haben. Und da es besser klang, verlegte er das Geschehen von Ascona nach Nizza, wo auch die Winter nicht so kalt waren wie am Lago Maggiore. Von der Côte d'Azur hatten selbst die Amerikaner schon gehört. An anderer Stelle macht er sich sogar zum Gründer des Monte Verità. Die Wahrheit war, dass er nach einem Jahr pleite war wie schon seine Vorgängerin Marie Adler. Woraufhin Oedenkoven das Hotel Semiramis aus der Konkursmasse aufkaufte und der eigenen Anstalt angliederte, obwohl diese ökonomisch keineswegs gut dastand. Aber im Gegensatz zu Adler und Ehret hatte er Kapital im Hintergrund. Ehret machte dann noch einen weiteren Versuch, ein Sanatorium zu gründen, dieses Mal in Lugano. Als er auch damit scheiterte und der Einberufungsbefehl drohte, schiffte er sich nach Amerika ein, vorgeblich um die Panama-California-Ausstellung in San Diego zu besuchen, mit der die Eröffnung des Panamakanals gefeiert wurde, und dort kalifornische Früchte auf ihre Eignung für seine schleimfreie Diät zu prüfen.

Unter den Lesern Ehrets war Anfang der 1970er Jahre auch der Collegestudent Steve Jobs, der schon bald die Firma Apple gründete. Jobs hatte für sich bereits erkannt, »dass intuitives Verständnis und Bewusstsein bedeutungsvoller waren als abstraktes Denken und intellektuelle logische Analyse«. Er war bereits in jungen Jahren Vegetarier geworden und hatte die Angewohnheit, barfuß herumzulaufen. Ohne vom Monte Verità je gehört zu haben, hätte er sich auch seiner äußeren Erscheinung nach problemlos unter die dortigen »Naturmenschen« mischen können, wie sie seinerzeit genannt wurden. Jetzt hießen sie Hippies.

»Die Menschen, die das 21. Jahrhundert erfanden, waren Marihuana rauchende Hippies in Sandalen wie Steve, die von der Westküste kamen und einen anderen Blickwinkel hatten«, bilanzierte der Musiker Bono einmal. »Die hierarchischen Systeme der Ostküste, Englands, Deutschlands und Japans unterstützen dieses andere Denken nicht. In den 1960er Jahren entstand eine anarchische Denkweise, die sich gut dazu eignete, sich eine noch nicht existierende Welt vorzustellen.«

Inspiriert von der Lektüre Ehrets verschärfte Jobs den Nahrungsverzicht, aß etwa tagelang ausschließlich Äpfel oder fastete vollständig. »Nach einer Woche fühlt man sich fantastisch«, meinte er. »Da man das ganze Essen nicht verdauen muss, ist man viel vitaler.« Die Wochenenden verbrachte er auf der All One Farm, einer Kommune. Jobs war dort für das Beschneiden der Bäume verantwortlich, aus deren Früchten biologischer Apfelsaft hergestellt wurde. So kam die Firma Apple Computers zu ihrem Namen, geboren aus dem Geist biodynamischer Landwirtschaft und Ehrets schleimfreier Fastenkost. »Ich praktizierte mal wieder eine meiner Obstdiäten«, erzählte Steve Jobs seinem Biografen Walter Isaacson. »Ich war gerade von der Apfelplantage zurückgekehrt. Der Name klang freundlich, schwungvoll und nicht einschüchternd.« Auch im Design verpasste Apple den technologischen Wundergeräten eine Entschlackungskur, die dem »gastrosophischen« Minimalisten Ehret alle Ehre gemacht hätte.

Selbst in seinen letzten Lebensjahren legte der inzwischen schwer krebskranke Steve Jobs die Ehret'schen Essgewohnheiten nicht ab. Nicht einmal die Tatsache, dass sein Idol nicht alt geworden war, obwohl er das Fasten auch als Königsweg der Verjüngung und Lebensverlängerung angepriesen hatte, konnte daran etwas ändern. Nur wenige Wochen nach dem Erscheinen seines Buches über die Vorzüge von schleimfreier Kost war Ehret nach einem Vortrag in Los Angeles, bei dem sich die Menschen um einen Sitzplatz gedrängelt hatten, auf dem nassen Asphalt ausgeglitten und auf den Hinterkopf gefallen. Er war sofort tot gewesen. Über die Gründe seines plötzlichen Todes sind zahlreiche Mutmaßungen angestellt worden, darunter, wie sollte es anders sein, auch Verschwörungstheorien. Ehret wurde sechsundfünfzig Jahre alt. Selbst darin folgte ihm sein Jünger Steve Jobs nach.

Das Ich auf dem Teller

Blättert man Gesundheits- und Naturheilkundezeitschriften aus der Zeit des Jahrhundertanfangs durch, erkennt man, wie die Faszination am Fasten die am Vegetarismus zunehmend verdrängte. Aber vielleicht geht es bei beiden Ernährungsdisziplinen, allen Unterschieden zum Trotz, letztlich um das Gleiche: die Herstellung eines schlanken, dynamischen, leistungsfähigen Körpers. Eines der Hauptargumente Ehrets für regelmäßigen, auch längeren Nahrungsverzicht war stets, dass die Fastenkuren die Leistungsfähigkeit von Körper und Geist nicht schwächten, noch nicht einmal während der Kur selbst. In seinen eigenen Worten: »Ein unbeschreibliches, vorher nie gekanntes Glücksgefühl besserer Gesundheit, von mehr Lebenskraft, größerer Leistungsfähigkeit, von mehr Ausdauer und Stärke überkam mich.« Der Ehretismus hatte wie der Veganismus auf dem Monte Verità etwas von Aufsässigkeit, einer Aversion gegen jede Form der Autorität. Aber er war auch ein Mittel, um ein befreites Körpergefühl und eine Bewusstseinsintensität zu erreichen, wie sie sich sonst wohl nur durch die Einnahme von Rauschmitteln einstellt.

Und noch eins haben beide gemeinsam: Es sind Versuche, unser sehr kompliziert gewordenes Verhältnis zur Nahrung unter Kontrolle zu bekommen. Die Ursache dieser Störung ist seit Ende des 19. Jahrhunderts, als die Industrialisierung der Nahrungsmittel begann, eigentlich stets die gleiche geblieben: Selbstversorger sind zu Verbrauchern mutiert, die über die Produktion und die Herkunft der verzehrten Nahrungsmittel wenig wissen. Diese epochale Wende in der Geschichte unserer Ernährung haben auch die Gründer und Gäste des Monte Verità bereits gespürt. Mit der Industrialisierung der Landwirtschaft und der Expansion der Nahrungsmittelindustrie beginnt die Zubereitung der Nahrung in der Regel schon, bevor sie in unsere Küchen gelangt, und verlagert sich teilweise oder sogar vollständig in die Fabriken. Moderne Nahrungsmittel werden verarbeitet, verpackt und präsentiert, als handle es sich um immaterielle Produkte, bloße Zeichen. Mit den Augen der Verbraucher gesehen handelt es sich um mehr oder weniger unbekannte Essobjekte, ohne Vergangenheit und Identität. Ergebnis ist ein zunehmendes Misstrauen gegenüber industriell verfertigten Nahrungsmitteln. Denn nach wie vor gilt, dass der Mensch ist, was er isst. Wenn er sich aber nicht mehr Klarheit darüber verschaffen kann, was er da isst, weiß er dann überhaupt noch, wer er ist? Oder muss er nicht berechtigterweise Angst haben, über diesen elementaren Bestandteil seiner Identität die Kontrolle zu verlieren?

Dementsprechend sind Ernährungstrends wie der auf dem Monte Verità praktizierte Veganismus oder die zunehmend beliebten Entschlackungskuren durch temporäres Fasten eben auch Versuche, als Esser die Hoheit über ein Gebiet wiederzugewinnen, das einem zu entgleiten droht. Das Bekenntnis zu einer bestimmten Ernährungsdisziplin hat immer auch zum Ziel, eine gewisse Normativität in Sachen Nahrungsaufnahme zurückzuerlangen. Nicht ohne Grund wird die Entscheidung, die Ernährung umzustellen, häufig aus Lebenskrisen heraus getroffen.

In der Mulino del Brumo, eine gute halbe Stunde zu Fuß vom Monte Verità entfernt, hatten die Anarchisten ihren konspirativen Treffpunkt und zugleich einen Nacktbadeplatz; das Foto entstand um 1906.

6. Kapitel

Lebe anarchisch!

1911 setzt sich der schmächtige Bäckersohn aus Berg am Würmsee, wie der Starnberger See damals noch hieß, ins nahe gelegene München ab. Oskar Graf, er ist gerade sechzehn geworden und führt den zweiten Vornamen Maria noch nicht, schreibt und schreibt, die Nächte hindurch. »Tage voll Verzweiflung und Hunger. Und voll Verlassensein«, nennt er es im Rückblick. Das Essen wird immer knapper. Eine Zeitung bringt unerwartet einige lustige Geschichten von ihm und bezahlt dafür je fünf Mark. Es reicht nicht lange. Die wütende Verachtung des Geldes, zelebriert von Karl Gräser, bei Oskar Maria Graf wird sie zum existenziellen Aufschrei: »Schon wieder dieses Geld! Es war etwas Verruchtes damit. Es machte zum Dieb und zum Hund. Es richtete alles an einem zugrunde.«

Er liest *Die Sklaverei unserer Zeit*, eine Schrift, in der Tolstoi die radikale Ansicht vertritt, dass die Befreiung der Menschen nur durch die Vernichtung der Regierungen erreichbar sei. Oskar spürt seine Ohnmacht: Wer glaube heute schon an Tolstoi? Der könne doch nichts ausrichten »gegen eine ganze Welt«. Da erhält er eine Einladung zu einem Treffen von Anarchisten. Oskar muss sofort an Luigi Lucheni denken, der Elisabeth von Österreich 1898 am Genfer See erstochen hat, »an Bombenattentate und furchtbare Verbrecherverbindungen«. Seit Langem schon bestimmt die »Propaganda der Tat« das öffentliche Gesicht des Anarchismus – terroristische, von Einzelnen ausgeführte Attentate mit dem Ziel, die Bevölkerung zu mobilisieren. Oskars Fantasie ist entflammt. Schon Tage vor dem genannten Treffen streicht er in der Gegend umher, in der er den Versammlungsort vermutet. Naiv, wie er ist, fragt er einen Schutzmann, ob er ihm sagen könne, wo hier die Anarchisten zusammenkommen.

»Wie?«, sagt der, »die Artisten?«

»Nein, die Anarchisten«, erwidert der junge Mann und wird sofort auf die Wachstube mitgenommen. Dort rät man ihm, sich von dem »lichtscheuen Gesindel« fernzuhalten. »Das sind lauter Leute, die nichts arbeiten wollen und von allerhand unlauteren Geschichten leben.« Man gibt ihm die Adresse des nächsten Arbeitsamtes und lässt ihn wieder laufen.

Die Gruppe Tat um den Schriftsteller und Anarchisten Erich Mühsam wird schon bald Oskar Grafs Universität. Der Tat-Kreis ist der Münchner Ableger des Sozialistischen Bundes. Ihm gehören, wie sich Graf später erinnert, »syndikalistische Arbeiter, Studenten und Bohemiens, arbeitsscheue Vagabunden und absonderliche Vegetarier« an. Zum Erlebnis wird ihm, dass die Menschen in diesem Kreis für das, was sie vorbringen, auch persönlich einstehen. »Die Pazifisten hatten oft lange Gefängnisstrafen hinter sich, die Antimilitaristen entzogen sich dem Militärdienst und nahmen alle Konsequenzen auf sich. Sie führten ein unstetes Leben, waren dauernd vor der Polizei und den Behörden auf der Flucht, legten sich andere Namen zu, fretteten sich elend durch die Tage und konnten nie eine feste Bleibe haben.« Glaubt man Grafs Memoiren, die er 1927 unter dem Titel *Wir sind Gefangene* publiziert, wird er schon beim ersten Besuch in der Gruppe Tat eine Art Schriftführer. Doch bezahlt wird er für diese Tätigkeit nicht, wie er enttäuscht feststellen muss.

Aus akuter Geldnot gelangt er in die Tivoli-Mühle. Zwölf Stunden am Tag, von sechs bis sechs, muss er nun zwei Zentner schwere Mehlsäcke auffangen, die über eine Holzrinne vier Stockwerke herunterrutschen und unten in einem Affenzahn ankommen, und sie von da zum Verladen schleppen. Als eines Tages ein erst am Morgen eingetretener Müllerbursche tödlich verunglückt und vor seinen Augen stirbt, steht er schmerzgelähmt vor dem blutenden Körper. Da fährt ihn mit gellender Stimme der Aufseher an: »Aufladen, he, haben's noch nie einen Toten gesehen, Sie!« Am Abend klebt ihm das Hemd am wundgescheuerten, blutenden Rücken, und das Hirn ist leer. Keine Chance, nebenbei schreiben zu können, wie ihm das vorgeschwebt hat. Den murrenden Arbeitern, die mit ihm schuften, verkündet er, was er bei den Anarchisten gelernt hat: »Solange die Arbeiter nicht anfangen mit der Revolte, solange wird es nichts.«

Da erhält er zu allem Überdruss auch noch die Aufforderung, sich in die »Stammrolle« einzutragen, sich zum Militärdienst zu melden. Kurz darauf bekommt er Besuch von seinem Freund Georg Schrimpf, dem späterhin bekannten Maler der Neuen Sachlichkeit. Er hat ihn bei den Anarchisten kennengelernt.

»Los«, sagt Schorsch kurzweg, »wir fahren nach Italien, mach dich bereit. Wir brennen einfach durch.«

Am Abend sitzen sie bereits im Zug nach Locarno.

Der Anarchistenfürst

Seitdem die Gründer des Monte Verità sich dort niedergelassen hatten, ist die Gegend rund um Locarno und Ascona zunehmend ein Eldorado für Aussteiger geworden, ein Zufluchtsort für Unangepasste, Kriegsdienstverweigerer und politisch

Andersdenkende, ganz so, wie es sich Erich Mühsam gewünscht hat. Für viele bilden das Tessin und der Lago Maggiore dabei nur die erste Etappe auf einer langen Reise zu neuen Ufern, die sie etwa nach Brasilien, nach Samoa oder ins Bismarck-Archipel führen soll.

Erste Anlaufstelle für die beiden jungen Künstler ist Karl Gräser, mit dem sie jedoch bald in Streit geraten. So machen sich Oskar Graf und Georg Schrimpf zu einer Aussteigersiedlung in Brione oberhalb von Minusio auf, das heute ein Ortsteil von Locarno ist. Theo, ein Bekannter aus der Gruppe Tat, ist seinerzeit dorthin geflüchtet, als man ihn zum Militärdienst einziehen wollte, und führt seitdem ein anarchistisches Naturleben: »Jeder hatte sich eine Behausung zurechtgemacht und arbeitete nur zeitweilig, um die Mußestunden seiner freien Entwicklung widmen zu können. Es waren eigentlich alles Leute mit einem geheimen Hang, sogar mit einem leisen künstlerischen Einschlag. Das Innere war das Wesentliche, und die Aufgabe des echten Anarchisten hieß: Sein Äußeres nach dem Gesetz des innersten Dranges zu formen, in größter Freiheit, uneingeschränkt und möglichst unberührt von der ›Kultur‹.«

Noch einmal kommen Graf und Schrimpf während ihres Aufenthaltes im Tessin mit dem Monte Verità in Berührung. Auch dieses Mal ist ihre Erfahrung negativ. Mittlerweile hat Oedenkoven die Führung des Sanatoriums der auf die sechzig zugehenden Naturärztin Doktor Anna Fischer-Dückelmann überlassen, deren zweibändiges Werk *Die Frau als Hausärztin* in jedem fortschrittlichen Haushalt der Zeit steht. Sie soll neue Gäste auf den Monte Verità locken. Eine ihrer ersten Maßnahmen ist es gewesen, einen Restaurationsbetrieb an gedeckten Tischen und mit Bedienung einzuführen. Oskar und Georg begegnen ihr zufällig am Seeufer, wo sie gerade mit einer Schar älterer nackter Damen badet. Spontan lädt die neue Leiterin des Monte Verità die beiden offensichtlich am Hungertuch nagenden jungen Künstler ein. Die freuen sich darauf, endlich wieder etwas Ordentliches zu essen zu bekommen. Als dann die Flügeltüren aufgehen und weiß beschürzte Saaltöchter mit riesigen Platten eintreten, auf denen, kunstvoll hochgetürmt, nichts als eine bunte Fülle von Rohgemüse zu finden ist, holen die beiden frustriert ihre Zigaretten heraus und zünden sie ungeniert an. Was zu ihrem umgehenden Rausschmiss führt – »unter wildem Geschimpfe«, wie Oskar Graf sich später erinnert.

Wie viele junge Leute ist der angehende Schriftsteller auf der Suche nach einem Vorbild, an dem er sich orientieren kann. Selbst würde er das natürlich nie zugeben. Als Oskar eines Tages von Ascona aus den Autobus nach Locarno nimmt, kommt er neben einem kleinen älteren Herrn mit einem bis über die Brust reichenden gepflegten Bart zum Sitzen, der ihm sehr bekannt vorkommt. Zu seinem siebzigsten Geburtstag hat kürzlich das Leipziger Blatt *Der Anarchist* ein Porträt von ihm gebracht. Zusammen mit seinem Begleiter steigt der Mann mit den unruhigen Augen hinter den dicken Brillengläsern noch vor Locarno aus. Oskar folgt ihnen. Als er immer näher kommt, dreht sich der Graubart erschrocken um.

»Verzeihung, habe ich vielleicht mit dem Fürsten Peter Kropotkin die Ehre?«, fragt Oskar hastig. Kropotkin mustert den jungen Mann flüchtig, der nur Hose und Hemd am Leib hat, beides stark angeschmutzt, barfuß unterwegs ist und dessen Haare bis auf die Schultern fallen. »Verzeihung«, fährt Oskar fort, »mein Name ist Graf. Ich bin Sozialist und habe ihre Fotografie im *Anarchist* gesehen.«

Kaum ein Linker dieser Tage, der Pjotr Alexejewitsch Kropotkin nicht gekannt hätte. Den »Anarchistenfürsten« nennt man ihn – nicht nur wegen seiner Herkunft aus den höchsten Kreisen der russischen Aristokratie, sondern auch weil man

»our most distinguished refugee«, wie ihn eine Londoner Zeitung tituliert hat, allseits Respekt und Bewunderung entgegenbringt. Darin mischt sich höchstens ein klein wenig Ironie, wenn man seine Überzeugung, aus dem Anarchismus eine Wissenschaft zu machen, nicht teilt. Zweimal hat Kropotkin wegen seiner Ansichten und politischen Aktionen bereits im Gefängnis gesessen, nachdem sich der einstige Kammerpage des Zaren und Offizier der Amur-Kosaken von den Überzeugungen und der Lebensweise der Aristokratie abgewandt hatte. Beim ersten Mal ist er in spektakulärer Weise, von zwanzig Helfern unterstützt, aus dem Gefängnis des St. Petersburger Militärspitals ausgebrochen. Seitdem lebt er die meiste Zeit über in England. Doch mit zunehmendem Alter bekommt ihm das feuchte Klima auf der Insel immer weniger.

Oskar lässt einen wahren Redeschwall auf sein Idol niederprasseln, als habe er Angst, dass Kropotkin ansonsten mit seinem Begleiter rasch entschwinde. Es sei in der Tat so, wie vom Fürsten beschrieben, wir seien reich in unseren Gesellschaften, da brauche man sich hier doch nur umzusehen – Locarno mit seinem Grandhotel, der internationalen Gästeschar –, aber dieser Reichtum sei so ungleich verteilt, dass man aufschreien möge. Und Forderungen wie »das Recht auf Arbeit«, wie die Sozialdemokraten sie propagierten, vermöchten gar nichts, aber auch gar nichts dagegen auszurichten. Er habe, bevor er hierhin durchgebrannt sei, zwölf Stunden am Tag in einer Mühle geschuftet. Er stimme Kropotkin zu, wenn er das Recht auf Wohlstand für alle proklamiere, wie in seiner Schrift *Das Recht auf Brot* zu lesen sei. Kurzen Prozess sollten sie machen, habe er den anderen Arbeitern in der Mühle gesagt, einfach den Obermüller und den Direktor niederschlagen und die Mühle selber in die Hand nehmen. Alles müsste allen gehören, und auch der Staat, dieser Blutsauger, gehöre abgeschafft.

Erneut mustert Kropotkin sein Gegenüber. Er nehme an, sagt er mit entwaffnendem Lächeln, er – wie war doch gleich sein Name, ja, Graf –, er stehe im Alter zwischen achtzehn und zwanzig, seine Lehr- und Studienzeit sei vorbei, und er sei gerade im Begriffe, ins eigentliche Leben einzutreten. Was wolle er denn werden? »Schriftsteller«, antwortet Oskar wie aus der Pistole geschossen, vor allem aber ein individualistischer Mensch. Einer, der alles verneint, den Staat, die Gesellschaft, das Gesetz und die Familie, der sich über die Moralbegriffe hinwegsetzt und über alles, was die Bürger erfunden hätten.

Wieder lächelt Kropotkin, und wieder fühlt sich Oskar nicht richtig ernst genommen. Ein individualistischer Mensch? Die Ansicht, die Menschen könnten und müssten ihr eigenes Glück suchen, ohne sich um die Bedürfnisse anderer zu scheren, sei fürwahr die Religion des Tages. Habe er, Graf, der doch ganz am Anfang seines Lebensweges stehe, schon einmal darüber nachgedacht, ob das modische individualistische Glaubensbekenntnis auch richtig sei, das Wissenschaft, Geschichte und Nationalökonomie nicht müde würden zu verkünden? Er selbst habe das auf seine alten Tage getan und sogar ein ganzes Buch darüber geschrieben, in dem er zur gegenteiligen Auffassung gelange, dass nämlich gegenseitige Hilfe die Grundlage von allem sei, schon im Tierreich. Ohne sie könne die menschliche Gesellschaft nicht einmal für die Dauer einer einzigen Generation bestehen bleiben. Ganz zu schweigen davon, dass ohne sie niemals die Veränderung des menschlichen Zusammenlebens zu erreichen sei, die sie doch beide, ungeachtet ihres Altersunterschieds, herbeisehnten. Und was das Schreiben betreffe, so sei es auch stets sein Element gewesen, ein wahres Lebenselixier. Die einzig wahre Explosion sei ein schönes Buch, habe der französische Dichter Mallarmé gesagt. »Schreiben Sie auch für sozialistische Blätter?«

»Nein, nur für Witzblätter«, antwortet Graf, ohne sich zu besinnen. Vielleicht muss er an die lustigen Geschichten denken, die ihm etwas Geld eingebracht haben. Kropotkin, der ein äußerst liebenswürdiger Mensch ist, aber doch auch erfüllt von tiefer Ernsthaftigkeit, ist anzumerken, dass er mit dieser Auskunft nichts anzufangen weiß. So lächelt er wieder. Oskar hingegen irritiert dieser lächelnde Anarchismus. In seiner Vorstellung hat ein Anarchistenfürst Schrecken und Furcht zu verbreiten. Ihm wird unbehaglich zumute. Er erwähnt seine Genossen in Brione und verabschiedet sich. »Hoffentlich sehen wir uns jetzt öfter wieder«, sagt er beim Händedruck und rennt eilig weg.

Außer Atem und mit heißem Kopf kommt er in Brione an und berichtet von seiner Begegnung. Die anderen wollen sofort den Fürsten aufsuchen, um ihm zu huldigen. Doch Oskar wehrt ab: »Das ist deutscher Veteranenverein zu Bismarcks Todestag.«

Ein Streit entsteht. Hier gehe es nicht um anerzogenen Fürstenkult, der die Masse verdummt, verteidigen die anderen ihr Vorhaben. Es gehe um die Respektierung einer geistigen Leistung, die der ganzen Menschheit nützen kann. Ihr Wunsch, Kropotkin zu ehren, sei ganz spontan entstanden.

»Spontan handelt der deutsche Veteranenverein auch«, erwidert Oskar boshaft.

»Sophist«, schallt es ihm entgegen.

»Früher hat man seinen Kaiser oder sonst so ein Tier gehabt, jetzt habt ihr euch einen anderen Gott gebaut«, sagt Oskar, schon im Aufstehen begriffen. »Es ist eben immer das Gleiche, der Mensch braucht seine Autorität, sonst kommt er um.«

Direkte Aktion

»Wenn du dich für Anarchie interessierst, dann vergiss den Spanischen Bürgerkrieg und all die alten Männer mit ihren langen Bärten und ermüdenden Theorietraktaten«, heißt es in *Anarchy in the Age of Dinosaurs*, einem 2003 erschienenen Buch des anarchistischen Kollektivs Curious George Brigade aus dem New Yorker Stadtteil Queens. Ihre Botschaft: Die antiautoritäre Revolte, das Herzstück aller anarchischen Bewegungen, muss sich auch gegen den Anarchismus selbst richten, jedenfalls ab dem Moment, wo man ihn mit großem A zu schreiben beginnt und er zur Ideologie versteinert. Das war schon der Impuls des jungen Oskar Maria Graf. Beim Anarchismus, so sein Credo, geht es nicht um Theorie oder Vorbilder, nicht um Aufarbeitung der Vergangenheit oder die Eroberung der Macht, sondern erst einmal um Empörung, um Auflehnung gegen unhaltbare Zustände. Und in einem zweiten Schritt dann darum, den Alltag mit einer Utopie der Befreiung zu verbinden und einen gangbaren Weg zu ihrer Umsetzung zu finden, und zwar hier und jetzt. Direkte Aktion heißt das im anarchistischen Vokabular.

Direkte Aktion ist ein Schlüsselbegriff des Anarchismus; sie steht für die Vermittlung von Individuellem und Sozialem und damit für einen wesentlichen Unterschied der anarchistischen zu den historisch gleichzeitigen Bewegungen des Sozialismus und Kommunismus. Direkte Aktion meint, dass die Menschen unmittelbar zur Durchsetzung ihrer Interessen tätig werden – ohne die Angelegenheit an vermittelnde Instanzen wie Parteien oder Gerichte zu delegieren. »Selbst handeln, nur auf sich selbst vertrauen – das ist die direkte Aktion«, hat es Pierre Monatte, ein bekannter französischer Gewerkschafter der Jahrhundertwende, definiert. Beispiele dafür sind Blockaden, Sabotageakte, alle Arten von Besetzungen – von Häusern, die abgerissen,

Betrieben, die geschlossen, Bäumen, die gefällt werden sollen –, »Go-canny«, ein absichtlich langsameres Arbeiten, oder Obstruktionismus, so etwas wie Dienst nach Vorschrift, wirksam gerade angesichts enger Liefertermine. Im Rahmen der ökologischen Bewegung wären beispielsweise Guerilla Gardening oder Critical Mass zu nennen. Letzteres sind übers Internet organisierte Massentreffen von Fahrradfahrern, die für die Dauer der Aktion den öffentlichen Raum vom Autoverkehr »befreien«. Im Zentrum stehen dabei nicht Protest oder ziviler Ungehorsam. Im Zentrum steht die Demonstration, wie ungezwungen, gewaltfrei, fröhlich und sozial ein öffentliches Leben aussehen könnte, das nicht den Autoverkehr samt der dahinterstehenden Industrie privilegiert. Dieses utopische Moment – zu zeigen, dass es auch anders geht, und dabei zu Mitteln zu greifen, die schon das Ziel hervortreten lassen – macht die direkte Aktion zu einer so anspruchsvollen wie zugleich kreativen Form der Intervention.

Mit Ausnahme von Karl Gräser hatten die Gründer des Monte Verità zu anarchistischen Gedanken keinen tiefer gehenden Bezug. Trotzdem ist ihr Ausstieg aus den bürgerlichen Lebensverhältnissen ihrer Zeit ein geradezu exemplarischer Fall von direkter Aktion. Dass sie dafür Karrierewege abbrachen und ihr Leben umkrempelten, hatte natürlich auch mit Protest zu tun. Aber es ging doch darin nicht auf. Sie wollten damit nicht auf Regierungen Druck ausüben, um sie zu Reformen zu bewegen. Sie wollten auch nicht selbst zu staatlicher oder sonstiger Macht gelangen. Viel eher ging es ihnen darum, die Macht ganz abzuschaffen und so zu tun, als gäbe es den Staat und die vielfältigen, auch wirtschaftlichen Zwänge gar nicht. Das mag naiv erscheinen. Aber es war der konkrete Versuch, den Alltag mit einer Utopie zu verbinden. Der Monte Verità sollte eine autonome Zone sein, in der sich ein Leben führen ließ, wie es der Idee der Gründer vom richtigen Leben entsprach. Dabei haben sie

Fehler, vieles aber auch intuitiv richtig gemacht. Dass sie – wie bei direkten Aktionen kaum anders denkbar – keinen ausgefeilten Plan für alle möglichen Eventualfälle besaßen, sondern auf die Eingebung des Augenblicks vertrauten, dürfte ihnen sogar eher zum Vorteil gereicht sein. Letztlich war ihr Konzept offen und anpassungsfähig genug, um auch Rückschläge und Revisionen zu verkraften.

Raphael Friedeberg

Seinen höchsten Ausdruck fand das Prinzip der direkten Aktion nach damaliger anarchistischer Vorstellung im Generalstreik. Wie kein anderes Kampfmittel setzt ein Generalstreik auf die vollständige Umwälzung des Systems, indem die gesamte Produktion und das öffentliche Leben lahmgelegt werden. Von einer solchen radikalen Unterbrechung des Alltags erhoffte man sich eine sanfte Revolution: eine Entfesselung der Kreativität der Menschen und ihrer Autonomiewünsche, die durch die ausbeuterische Grundstruktur der Gesellschaft an ihrer Entfaltung gehindert werden. Skeptiker dieser Idee sahen vor allem die Gefahr eines Bürgerkriegs, sollten die Herrschenden die Arbeitsniederlegung mit Einsatz des Militärs beantworten. Deshalb schieden sich am Generalstreik die Geister. Anfang des 20. Jahrhunderts teilte die Frage danach die politische Linke in zwei Lager. Während die Sozialdemokratie den Generalstreik als revolutionäres Kampfmittel ablehnte, wurde er von den sogenannten Anarchosyndikalisten befürwortet.

Zu den Linken, die mit der Haltung der SPD in dieser Frage unzufrieden waren, gehörte der Berliner Arzt Raphael Friedeberg. Der Anfang Vierzigjährige war als Reha-Patient, wie wir heute sagen würden, auf den Monte Verità gelangt. Er litt unter

Abszessen, die operativ entfernt werden mussten, und hatte nun Probleme mit dem Herzen. Die Ruhe dort oben, das milde Klima, die fett- und reizstoffarme Ernährung, der Verzicht auf Alkohol bekamen ihm gut. Leidlich hatte er sich in den Sanatoriumsalltag integriert, nahm sogar an der Rhythmik teil, die neben der veganen Ernährung ein besonderes Anliegen des Anstaltsleiters war. Reformkleider hingegen trug er nicht.

In Berlin war Friedeberg Mitherausgeber der *Sozialistischen Monatshefte* gewesen, die den Sozialismus und die SPD für eine gebildete Leserschaft attraktiv zu machen versuchten. Zunehmend haderte er mit der Fixierung der SPD auf Parlamentsarbeit und der verordneten politischen Neutralität der Gewerkschaften. Zum Eklat kam es 1904, wenige Monate vor dem Streik der Bergarbeiter im Ruhrgebiet: Auf einer Versammlung des Berliner Gewerkschaftskartells, zu der an die viertausend Menschen gekommen waren, propagierte Friedeberg, der zum engeren Führungszirkel der Partei zählte, entgegen aller parteipolitischen Räson öffentlich den Generalstreik und setzte sogar durch, dass eine diesbezügliche Resolution von den Anwesenden einstimmig angenommen wurde. Für den sozialdemokratischen *Vorwärts* fasste er später noch einmal zusammen, wogegen und wofür er eintrat. Gegen den Parlamentarismus und eine Reduzierung des Streiks auf ein Mittel, der Arbeiterschaft parlamentarische Rechte zu sichern. »Ich trete dagegen nach wie vor ein: für die Gesetzlosigkeit, die Religionslosigkeit, die Vaterlandslosigkeit und den Antimilitarismus, für die direkte Aktion und den anarchosozialistischen Generalstreik, der, unter Verweigerung der Arbeitskraft des Proletariats als Klasse, die Zertrümmerung der kapitalistischen Ordnung und die Beseitigung des Klassenstaats zum Endzweck hat.« Der Ausschluss aus der SPD war die folgerichtige und von Friedeberg dann auch keineswegs mehr bedauerte Konsequenz.

»Während nach den Regeln der Kunst ein Vierzigjähriger angepasst ist, kriegte Friedeberg mit vierzig einen kräftigen Nichtanpassungsanfall«, hat dessen Züricher Kollege und Freund Fritz Brupbacher, ein gelernter Psychiater, diesen Sinneswandel analysiert. Von Midlife-Crisis sprach man damals noch nicht. Die Zeiträume, in denen Friedeberg Berlin fernblieb, wurden jedenfalls von Jahr zu Jahr länger, bis er schließlich ganz in Ascona ansässig wurde.

Friedeberg kaufte sich unweit des Sanatoriums ein schönes Haus mit einer grandiosen Aussicht auf den Lago Maggiore. Dazu gehörte ein Grundstück, das er im Laufe der Zeit urbar machte. »Columbarius« nannte er sich im Freundeskreis, Taubenwächter. Und in der Tat glich sein Haus häufig einem Taubenschlag; es wurde zu einem Anziehungspunkt vieler Linker der damaligen Zeit, die mit der Sozialdemokratie gebrochen hatten und nun zum Anarchismus überliefen. So kam es, dass der Monte Verità neben einem Kontakthof und Heilort für betuchte Alternative und einem Zufluchtsort für Kriegsdienstverweigerer und Flüchtlinge auch zu einem Treffpunkt der intellektuellen Anarchistenszene wurde, die bei Raphael Friedeberg ein und aus ging.

Erich Mühsam

Friedebergs Initiative war es auch zu verdanken, dass Kropotkin seit 1909 mehrere Monate des Jahres am Lago Maggiore verbrachte. Friedeberg hatte den von ihm bewunderten Anarchistenfürsten in London aufgesucht und ihm dabei als Arzt geraten, nach dem Süden zu gehen. Nur die Berner Regierung machte Schwierigkeiten und forderte die Tessiner stetig auf, Kropotkin auszuweisen – ein Verlangen, dem diese sich aber standhaft widersetzten.

Fünf Jahre zuvor hatte Friedeberg schon den Literaten und Anarchisten Erich Mühsam ins Tessin gelotst. Wahrscheinlich kannte er ihn bereits von Berlin her. Mühsam traf auf dem Monte Verità zusammen mit dem Professorensohn und verbummelten Studenten Johannes Nohl ein, mit dem ihn eine homoerotische Beziehung verband. Den beiden war auf ihrer Reise das Geld ausgegangen, und sie hatten eine abenteuerliche Odyssee durch halb Norditalien hinter sich. Mit den jungen Männern kam die Boheme nach Ascona und auf den Monte Verità und begann die Lebensreformer gehörig aufzumischen. Der gerade vier Jahre ältere Mühsam, der wie Fotos aus dieser Zeit nahelegen, der Onkel des jungen, alerten, sonnengebräunten Johannes Nohl hätte sein können, war bei seiner Ankunft in Ascona in einem schlechten gesundheitlichen Zustand. Also steckte Friedeberg ihn ins Sanatorium von Oedenkoven, in dem er selbst gute Erfahrungen gemacht hatte.

Mühsam war 1900 mit Anfang zwanzig als Apothekengehilfe nach Berlin gegangen und hatte sich dort schon bald der Neuen Gemeinschaft der Brüder Heinrich und Julius Hart angeschlossen, einer Wohngemeinschaft von Lebensreformern und Künstlern. Sie war aus dem Friedrichshagener Dichterkreis hervorgegangen, zu dem so unterschiedliche Geister zählten wie der Jugendstilmaler Hugo Höppener, der sich Fidus nannte, der Boheme-Literat Peter Hille, die deutsch-jüdische Dichterin Else Lasker-Schüler, der spätere Begründer der Anthroposophie Rudolf Steiner und der Sexualwissenschaftler Magnus Hirschfeld. Und mittendrin eine Zeit lang der freche Grünschnabel Erich Mühsam, der stets einen Schüttelreim im Munde führte, sich aber besonders von Gustav Landauer, dem Spiritus Rector des Zirkels, beeindruckt zeigte. Der wortgewaltige Landauer, der einzige deutsche Theoretiker des Anarchismus von Rang, hatte im Juni 1900 in Friedrichshagen eine Rede gehalten, die als

Gründungmanifest der Neuen Gemeinschaft gelten kann und deren Textfassung Erich Mühsam laut eigenen Angaben »fünf-, sechsmal hintereinander« las, die ihn »erschütterte, aufwühlte, überwältigte«. Sie trug den formelhaften Titel *Durch Absonderung zur Gemeinschaft* und propagierte den Ausstieg aus der bestehenden Gesellschaft durch die Gründung von alternativen Siedlungsgemeinschaften, vornehmlich auf dem Land. So sollte eine Alternativkultur entstehen, die sich mit der Zeit zur Gegenkultur auswuchs, vielleicht sogar zur Revolutionierung der Gesellschaft von innen heraus führte. Landauers Idee kehrt in der Alternativbewegung der 1960er und 1970er Jahre wieder, als in der westlichen Welt Kommunen, Alternativbetriebe und Stadtteilprojekte entstanden. Zu dieser Zeit wurden auch die inzwischen vergessenen Schriften Landauers wieder aufgelegt – von Alternativverlagen. »Anarchie ist nicht eine Sache der Forderungen, sondern des Lebens«, hat er geschrieben.

Sein Leben lang wird Mühsam jedenfalls der Idee die Treue halten, als Außenseiter (»durch Absonderung«) nach einer neuen Form menschlicher Gemeinschaft zu suchen, die eine höhere Verbindlichkeit hat als Zwangsgemeinschaften wie die Familie mit ihren autoritären Strukturen, die bürgerliche Gesellschaft mit ihrer Fixierung auf den monetären Erfolg oder den Staat seiner Zeit mit seinen Disziplinierungsmaßnahmen. Von der Neuen Gemeinschaft jedoch wandte er sich schon bald wieder ab und hatte nur noch Spott für sie übrig. Ihren Gründern warf er den illusionären Glauben vor, aus Weltanschauungen soziale Gebilde gestalten zu können. Gesinnungsethischer Überschuss, so seine Erfahrung, mündet in höchst unerfreuliche Gruppendynamik. Von einem »sozialen Angstprodukt« sprach Mühsam sogar. Häufig wird er mit dem Urteil über das Sanatorium Monte Verità zitiert, es habe sich dabei um eine »Pension mit ethischem Firmenschild« gehandelt. Zwar findet sich die einprägsame Formulierung tatsächlich in seiner Schrift über Ascona, ist dort aber ausdrücklich auf die Neue Gemeinschaft gemünzt. Vieles von dem, was er dort gegen den Monte Verità anführt, ist alten Rechnungen geschuldet, die mit den Brüdern Hart noch offen waren.

Statt weiter auf ein alternatives Gemeinschaftsleben zu setzen, verbunden mit dem hehren Anspruch, Vorbild und Wegbereiter zu sein, geht Erich Mühsam nach dieser Erfahrung eine Lebensgemeinschaft mit einem Homosexuellen ein – auch das eine Form der Absonderung. Nohl war ein außerordentlich hübscher Mann – »mit schönem Kopf und feiner Leidensmiene«, wie die strenge Ida spottete. »Il poeta bello« sollen ihn laut Mühsam die Asconeser gerufen haben. Der Schriftsteller Leonhard Frank nennt Johannes Nohl in seinem autobiografischen Roman *Links wo das Herz ist* einen »innerlich wohlig ausgeglichenen Oscar Wilde mit blauen Plüschaugen, der immer einen Strichjungen und einen Band Stefan George bei sich hatte«. Aber das war schon nach der Affäre mit dem stets bärtigen Erich Mühsam, der neben ihm »felsenbieder« wirkte, wie er selbst zugeben musste. Nohl hingegen war in seinen Augen der »befreiteste Mensch, der mir je über den Weg gelaufen ist«. Und die Beziehung zu ihm hat er nachträglich als »das stärkste Ereignis meines Lebens« bezeichnet.

Im Jahr vor seinem ersten Besuch in Ascona hatte Mühsam noch in Berlin eine Streitschrift zum Thema Homosexualität veröffentlicht, die gegen den §175 Front machte. (Der am 1. Januar 1872 in Kraft getretene Paragraf stellte sexuelle Handlungen zwischen Männern unter Strafe und wurde erst 1994 aus dem Strafgesetzbuch gestrichen.) Unter dem Einfluss von Nohl schwankte Mühsam wohl, ob er als Schwuler für die Rechte der Homosexuellen oder als Anarchist gegen die Ausgrenzung und Kriminalisierung bestimmter sexueller Ausdrucksformen eintreten sollte. Letztlich aber war auch die Beziehung zu Nohl eher ein weiteres Experimentierfeld, um sich von den gutbürgerlichen Vorstellungen, wie ein gelungenes Leben auszusehen habe, radikal zu lösen.

Boheme-Moral

Anfangs muss es Mühsam auf dem Monte Verità sehr gut gefallen haben. »Mit einem malerischen Leinenkostüm angetan, kurzhosig, barfüßig und nackthalsig« stelze er hier herum und lebe »vegetarisch – d. h. geruchs- und geschmacklos«, schreibt er reichlich gut gelaunt an seinen Berliner Freund Julius Bab. Doch lange hält er das gesunde Leben auf dem Hügel, getrennt von seinem Freund Johannes Nohl, nicht aus. Nach seiner Desertion vom Berg der Wahrheit finden die beiden Unterschlupf bei Lotte Hattemer. »Das Haus dient nur zur Aufnahme von Nahrungsmitteln. Gewohnt und geschlafen wird im Freien«, so Mühsam. Eine Zeit lang verfolgen er und Nohl sogar die Absicht, sich in der Umgebung dauerhaft niederzulassen, es Karl Gräser und Lotte Hattemer gleichzutun und eine Ruine mit Seeblick zu erwerben. »Wollen Sie nicht eine Aktie kaufen auf unser zu erwerbendes Grundstück?«, fragt er Bab am 25. Juli 1904. Einlagen in jeder Höhe würden angenommen. »Sammeln Sie bei Ihren Bekannten Aktiengelder für unsere Villa!«, fügt er ironisch hinzu. Dank finanzieller Unterstützung von Bekannten und Freunden kommt der Kauf tatsächlich zustande. Angesichts von Mühsams chronischer Geldnot muss das Grundstück jedoch mehrfach verpfändet werden, bis es schließlich abgestoßen wird.

Mühsam war ein Pumpgenie, und keineswegs alle Anarchisten, die ihn damals kennengelernt haben, brachten ihm Sympathie entgegen. Es konnte passieren, dass er um fünf Franken bat, mit der Begründung, er habe seit drei Tagen nichts Warmes mehr in den Bauch bekommen. Und gab man ihm dann von den eigenen letzten fünf Franken zwei ab, stoppte er kurze Zeit darauf vor dem teuersten Café und betrat es mit einem sardonischen Lächeln – allein. Der Anarchist Max Nacht, der diese Geschichte erzählt, nennt ihn einen antisozialen Zyniker, gar einen Parasiten, muss es sich aber im Gegenzug auch gefallen lassen, von Mühsam als Banause gescholten zu werden. Für Nachts Geschmack war dem Kropotkin, den Mühsam auf seinen Lippen trug, zu viel Max Stirner beigemischt, bei dem sich Anarchismus auf Egoismus reimte. Den individuellen Anarchismus Mühsams nennt Nacht den »Gipfel charmanter Naivität«.

Pjotr Alexejewitsch Kropotkin hatte 1902 mit dem zuerst auf Englisch erschienenen Buch *Mutual Aid: A Factor of Evolution* weit über anarchistische Kreise hinaus Aufmerksamkeit erregt. Als junger Mann hatte er sich einen Namen als Geograf gemacht und war auch als Anarchist Naturwissenschaftler geblieben. In seinem bis heute lesenswerten Buch erklärt er die gegenseitige Hilfe zum anarchistischen Prinzip schlechthin. Anders als der Sozialdarwinismus seiner Zeit behaupte, werde »das Leben nicht durch den Kampf ums Dasein, sondern durch gegenseitige Hilfe geschaffen«, schrieb er. Kein Geringerer als Gustav Landauer hatte Kropotkins Buch ins Deutsche übertragen und für »mutual aid« die Übersetzung »gegenseitige Hilfe« gewählt. Für Mühsam, aber auch für andere anarchosozialistische Linke wie Raphael Friedeberg hatte Kropotkin damit das Schlüsselprinzip benannt, mit dem die Gesellschaft ihrer Zeit überwunden werden konnte und das zugleich die Grundlage eines veränderten Zusammenlebens sein sollte: Kooperation, gegenseitige Hilfe – reziproker Altruismus, wie die Biologen heute sagen. *Eine Hand wäscht die andere. Gebt, so wird euch gegeben.* Man tut etwas, um einem anderen zu helfen, letztlich dessen Überleben zu sichern, und man tut es selbst dann, wenn man dadurch Nachteile in Kauf nehmen muss, in der Annahme, dass einem in Not gleichfalls geholfen wird. Eine der Pointen von Kropotkins Buch war, dass ein solches Verhalten weniger ethisch-moralische als vielmehr biologische Wurzeln hatte und vor allem, dass es schon den Tieren Spaß machte, anderen zu helfen und sich selbst helfen zu lassen. Erst der Mensch aber brachte es hierin zur wahren Könnerschaft.

Und er konnte sich entscheiden. Natürlich war es möglich, so zu leben, wie der Bürger es vormachte: stets den eigenen Erfolg und nur diesen im Blick, dessen sichtbarer Ausdruck das Geld war. Das war eine Gesellschaft, in der ein gnadenloser Konkurrenzkampf um Wohlstand, Lebensraum und Geschlechtspartner herrschte, den nur bestehen konnte, wer ausschließlich sein Eigeninteresse verfolgte. Aber es gab auch den Weg der Kooperation, und wie Untersuchungen etwa des mathematischen Biologen Martin Nowak inzwischen erwiesen haben, ist dieser Weg dem der kalkulierenden Logik des Eigeninteresses zumindest gleichwertig, in vielen Belangen sogar überlegen. Das betrifft insbesondere den Bereich der Kreativität, die wir fälschlich für eine rein individuelle Eigenschaft halten. Sie ist mindestens genauso ein soziales Phänomen, und es ist kein Zufall, dass gerade »die Künstler und künstlerisch empfindenden Menschen«, wie Mühsam sie nennt, die in einer bürgerlichen Erwerbs- und Konkurrenzgesellschaft per se Außenseiter sind, damals Gemeinschaften gegenseitiger Hilfe als Form eines alternativen Zusammenlebens und des Widerstandes entdeckten.

So verbindet sich in der Boheme, was ein Aktivist wie Max Nacht als Parasitentum verachtet mit gegenseitiger Hilfe zu einem äußerst labilen ethischen Konzept. Mühsam ist geradezu enttäuscht, wenn Menschen, die er ebenfalls für Bohemiens hält, sich plötzlich als Verfechter des Eigentumsprinzips entpuppen und nicht verstehen, wieso es in seinen Augen keineswegs Diebstahl ist, sich etwas anzueignen, was ihm nicht gehört, und es zu Geld zu machen, wenn er dadurch einem Freund aus der Patsche helfen kann (und gegebenenfalls auch sich selbst). Ganz krude begründet er sein Eintreten für den Kommunismus mit der Zuversicht, dass »in der kommunistischen Gesellschaft der Künstler im weitesten Sinn die Möglichkeit hat, der Parasit der ethisch gesinnten Gesellschaftsschichten« zu sein.

Mit vielen Kreativen seiner Zeit teilt Mühsam eine tief sitzende Aversion gegen die damals noch in den Anfangsgründen steckende Tendenz, alle Aspekte des menschlichen Lebens der Ökonomie zu unterwerfen, als könnten wir unser soziales Leben oder sogar unsere Kreativität in denselben Begriffen fassen wie ein Geschäft. Die Herrschaft des Geldes ist von Anfang an einer der Hauptangriffspunkte anarchistischer Ideenbildung und Praxis gewesen. Hellsichtig haben die Anarchisten gesehen, dass das zunehmende Vordringen des Geldes in alle Bereiche der Gesellschaft und in unsere Beziehungen Abhängigkeiten schafft, die noch schwerer wiegen können als die Übermacht von Staatsgewalt und Gesetz. Insbesondere der Züricher Arbeiterarzt und Anarchist Fritz Brupbacher, dem Erich Mühsams Buch über Ascona gewidmet ist, hat auf den Punkt gebracht, was er an der Herrschaft des Geldes so verachtete, ja für menschenunwürdig hielt: dass sie die Menschen auf Wesen reduziert, die in ihrem Handeln primär einem Rentabilitätskalkül folgen; dass der Erwerbszweck zum Hauptzweck des Lebens wird, dem sich sogar Freundschaft und Liebe unterordnen und für dessen Verfolgung beinahe jedes Mittel recht ist. Und er hat dieses Denken als die Ideologie seiner, der bürgerlichen Klasse ausgemacht. Die Proletarier, die seine Patienten waren, waren zwar auch hinter dem Geld her, aber doch nicht als Selbstzweck, sondern um ihr Leben zu fristen, es womöglich dann und wann auch genießen zu können, wenn an die dafür erforderlichen Dinge nur mit Geld heranzukommen war. Dass Geld aber in erster Linie dazu da war, um mehr Geld daraus zu machen, dass die Welt des Geldes und der Spekulation sich zunehmend von der Welt der Arbeit und des Genusses entkoppelt, war für sie nicht nachvollziehbar, bedeutete letztlich eine Entwertung des Lebens. Und das fand doch hier und jetzt statt, inmitten der sinnlichen Welt, wo man das, worum es im Leben ging, anfassen, bearbeiten, verzehren, streicheln, kurz genießen konnte.

Dieser ökonomischen Erdrosselung versuchen Mühsam und seine Boheme- und Anarchistenfreunde, ein alternatives, genussreiches, freizügiges, der Fantasie verpflichtetes Leben entgegenzustellen. Der Besitz von Geld macht für sie Sinn nur im spontanen Ausgeben, wenn es sich unmittelbar in Genuss verwandelt. Und wie man an das dafür notwendige Kleingeld gelangt, ob durch Pump, Vorschüsse ohne Gegenleistung oder durch hemmungsloses Schuldenmachen, ist fast schon gleichgültig, unterliegt jedenfalls keiner Moral. Dabei lassen sie sich von einer Lebensführung inspirieren, die sie bei sozialen Randexistenzen, bei Nichtsesshaften, Vagabunden, auch Kriminellen finden. In vielen Punkten berührt sich das durchaus mit dem, was die Gründer des Monte Verità wollen, etwa mit Karl Gräsers Verachtung des Geldes, Gusto Gräsers Leben auf Kosten anderer oder mit Idas und Henris Kritik an der Lebensfeindlichkeit und Enge der bürgerlichen Daseinsweise. In anderen Punkten unterscheidet es sich klar davon: Mit Kommunismus oder Anarchismus wollen Ida und Henri zumindest offiziell nichts zu tun haben, und politisches Engagement ist für die Monteveritaner generell keine Option – für die Freunde Friedebergs hingegen schon, und sie sind deswegen zahlreichen Repressalien ausgesetzt. Ein Aufenthalt am Lago Maggiore, verschrieben womöglich noch von einem dem Anarchismus nahestehenden Arzt, verbindet da das Angenehme mit dem Nützlichen: Erholung in stressigen Zeiten, verbunden mit einem zeitweiligen Verschwinden von der Bildfläche, weil man Bespitzelungen ausgesetzt ist oder sogar von der Polizei gesucht wird; verbunden aber genauso mit der Erweiterung des anarchistischen Netzwerks und sogar mit Aktionen, etwa um Mittel zu beschaffen, mit denen sich dann, wieder zu Hause zurück, der Kampf fortsetzen lässt.

Die Anarchistenmühle

Jeweils in den Sommermonaten kommen Erich Mühsam und Johannes Nohl nach Ascona zurück. Anfangs wohnen sie bei der Malerin Elly Lenz, die ebenfalls ins Aussteigerparadies gefunden hat und zu einer Vertrauten Lotte Hattemers geworden ist. Wie Lotte lebt sie in einer alten Steinhütte mitten in einem Kastanienwald oberhalb von Ascona, eine Mischung aus Viehstall und Wohnhaus, wie sie für diese Gegend einst typisch war: Im Parterre blökten die Kühe, während oben zumindest zeitweise der Bauer schlief. Eine Innentreppe gab es in der Regel nicht, der Eingang in den ersten Stock des an einen Hang gebauten Hauses erfolgte von hinten. Das flache Dach ist mit Gneisplatten belegt – einem Baustoff, den die Natur hier in reicher Fülle liefert. Elly Lenz hat das undichte Dach etwas repariert und den ehemaligen Stall zu einem niedrigen, aber gemütlichen Wohnraum umgebaut. Jetzt aber benötigt sie die Hütte nicht mehr, denn sie ist zu dem zehn Jahre älteren Friedeberg auf den Monte Verità gezogen, erwartet schon bald ein Kind von ihm und hilft ihm bei der Kultivierung des Grundstücks, wo sie – sehr deutsch und völlig untypisch für die Gegend – unter anderem Kartoffeln anbauen. Im Dezember 1907 wird der gemeinsame Sohn Harald geboren.

Stolz berichtet Erich Mühsam, dass er und Nohl sich mit den »Eingeborenen«, wie er sie nennt, abgeben, ja, mit ihnen fraternisieren – anders als die Gründergruppe des Monte Verità und die Sanatoriumsgäste, die sich weitgehend von den Einheimischen fernhalten. Die Tessiner gelten ihm trotz ihrer Schweizer Nationalität bereits als »urwüchsiges Italienervolk«, dem »ein wilder revolutionärer Hass gegen ihre Bedrücker« im Blut liegt – im Gegensatz zu dem deutschen Proletariat mit seinem Arbeitsethos, seiner Moralitätsduselei und seinem Attentismus. Abends sitzen sie mit besagtem Italienervolk dann bei Kaminfeuer und Nostrano zusammen, spielen Karten oder lauschen den anarchistischen Gesängen der Einheimischen.

Schon bald haben die nächtlichen Streifzüge insbesondere Johannes Nohls die Aufmerksamkeit der Behörden geweckt, die durch das Treiben auf dem Hügel sowieso schon in Alarmbereitschaft waren. Der in Locarno ansässige Regierungskommissar Rusca, der für derlei Ermittlungen zuständig war, ist den Spuren Johannes Nohls gefolgt und berichtet unter dem Datum des 18. Juni 1906 an die Zentralpolizeidirektion in Bellinzona, es seien einige angeblich deutsche Studenten hergekommen, um, wie sie sagen, die Ferien zu verbringen und sich auf das Schlussexamen vorzubereiten. »Was sie bis jetzt in Ascona getan und was sie überhaupt machen, weiß man nicht; eines nur ist gewiss, dass sie sich bei verschiedenen Familien einlogiert haben und sich täglich bald da, bald dort vereinigen und anarchistische Reden führen. Vor noch nicht ganz zwei Wochen versammelten sie sich eines Abends in der Wirtschaft des Pietro Poncini in einem separaten Zimmer …« Nur wenige Tage später dann um Mitternacht wurde eines dieser Individuen vom Wachtmeister Noseda angesprochen und befragt, was es so spät noch auf die Straße führe. Der zur Rede Gestellte, der nach Art der Vegetarianer gekleidet gewesen sei – kurze Hosen, ohne Hut, Sandalen, nackte Beine vom Knie abwärts, lange Haare –, habe »in schlechtem Italienisch« gesagt: Man müsse sich nicht abhängig machen von der Polizei, der Feindin der modernen Gesellschaft. Darauf habe der Wachtmeister erwidert, er sehe, dass er Sozialist sei, aber wenn jemand ihm etwas zuleide täte, so müsste doch die Polizei ihn verteidigen. Mit leiser Stimme habe der Vegetarianer gesagt: »Ich bin nicht Sozialist, sondern Anarchist, und wenn mich jemand beleidigt, so werden mich meine Genossen verteidigen, und wenn ich getötet werden sollte, so wird man mich rächen« – und daraufhin seinen Weg auf der Straße nach Ascona fortgesetzt. Aus von Rusca angestellten Nachforschungen soll hervorgegangen sein, »dass dieses Individuum ein gewisser Nohl, Giovanni, zweiundzwanzigjährig, von Berlin war, der nämliche, der die in der Wirtschaft Pietro Poncini in Ascona stattgefundene Versammlung präsidiert hat«.

Das klingt vorderhand alles reichlich harmlos. In einem fünf Tage später verfassten Bericht nennt Rusca dann noch andere Namen, die zu dem Kreis der Verdächtigen gehören, darunter Erich Mühsam, den Schriftsteller Leonhard Frank, Ernst Frick, den Redakteur der anarchistischen Zeitschrift *Der Weckruf*, der in den folgenden Jahren an zwei Sprengstoffattentaten beteiligt sein wird, und einen »Dr. Gross von Graz«, einen abtrünnigen Schüler Sigmund Freuds, von dem noch ausführlich die Rede sein wird.

Zu dieser Zeit entsteht auch ein Foto. Die Aufnahme hat etwas von einem Vexierbild. Nur zwei der fünf Gestalten sind deutlich auszumachen. Links im Vordergrund auf dem alten Mühlrad sitzt unverkennbar Erich Mühsam mit Vollbart und dunklen Haaren, das Geschlecht schamhaft hinter Beinen und Armen versteckt. Er schaut als Einziger in die Kamera. Direkt vor dem Wasserfall steht wahrscheinlich Raphael Friedeberg, dem Betrachter den Rücken zuwendend. Er blickt auf eine rechts unterhalb von ihm teils stehende, teils kniende Gestalt, die nicht nackt ist und mit einem langen Stock in die Höhe auf einen Punkt oberhalb des Wasserfalls zielt. Das dürfte Johannes Nohl sein. Folgt man der Richtung des Stocks, erkennt man plötzlich zwei weitere männliche Gestalten, die parallel zum alten Wasserlauf herumturnen beziehungsweise hocken. Ihre Identität ist nicht geklärt.

Die auf dem Foto abgebildete alte Mühle ist die Mulino del Brumo, abseits des Sanatoriums im Wald zwischen Arcégno und Ronco gelegen. Sie war das dunkle Gegenstück zum sonnigen Monte Verità – ein weiterer Treffpunkt der Anarchisten in Ascona, vor allem aber Basislager für ihre Schmuggelaktivitäten. Die italienische Grenze verlief nur wenige Kilometer entfernt. Tessiner Schmuggelware hatte einen guten Ruf, etwa Tabakprodukte mit dem Beinamen »di Lugano« und auch stärkere Genussgifte. Doch das begehrteste Schmuggelgut dieser Zeit hatte mit Rauschmitteln wie Morphium lediglich die weiße Farbe gemeinsam. Es handelte sich, so seltsam uns dies heute vorkommen mag, um Saccharin. Während der künstliche Süßstoff mit der über fünfhundertfachen Süßkraft von Rübenzucker in Deutschland, Frankreich, in Österreich-Ungarn, Russland und Belgien sowie dem nahe gelegenen Italien nur auf Rezept in Apotheken erhältlich war, wurde er in der Schweiz (und auch in Holland) frei verkauft und in großen Mengen hergestellt. Entdeckt hatte Saccharin im Jahr 1878 ein deutscher Chemiker – ausgerechnet in jenem Land, in dessen Außenhandelsbilanz stets der Rübenzucker auf einem der erste Plätze zu finden war und das deshalb auch spöttisch »preußisch-deutscher Zuckerrübenstaat« genannt wurde. »Weiß der Bürger, warum der Saccharinhandel in Deutschland verboten ist?«, fragt Erich Mühsam in einem Aufsatz seiner Zeitschrift *Kain.* »Es sei ihm mitgeteilt: Die Zuckeragrarier fühlten sich durch den künstlichen Süßstoff geschädigt. Das Volk sollte gezwungen werden, die Versüßung der Speisen so teuer zu bezahlen, dass die Magnaten, die die Elite der Nation darstellen, ihren ausgiebigen Nutzen davon hätten. Einen wichtigen landwirtschaftlichen Konsumartikel durch ein billiges Surrogat zu ersetzen heißt in Deutschland so ungefähr Landesverrat betreiben. Daher musste die Hygiene ran.« Offiziell wurde das Verbot damit begründet, Rübenzucker sei ein unentbehrliches Nahrungsmittel und sein Ersatz schädige die Volksgesundheit. Folge des Verbots war, dass der Schmuggel von Saccharin zu einem einträglichen Geschäft wurde.

Zentrum des illegalen Handels mit Saccharin vor dem Ersten Weltkrieg war Zürich. Amtlichen Angaben zufolge sollen dort an die tausend Personen ausschließlich vom Saccharinschmuggel gelebt haben. Die Hauptschmuggelrouten verliefen über Berlin und Prag oder über München und Wien weiter nach Galizien und Russland. Eine weniger bedeutende Route führte über Ascona in die Lombardei – vorbei an der Mulino del Brumo.

Aufgrund seines niedrigen Preises galt Saccharin seinerzeit als Zucker der kleinen Leute. Auch das prädestinierte den Saccharinschmuggel, der häufig von Frauen durchgeführt wurde, zu einer Form des Sozialprotests. Wer sich daran beteiligte, war zwar ein Bandit, aber einer vom edlen Stamme Robin Hoods. Zudem ließen sich auf diese Weise Gelder beschaffen, um politische Propaganda zu finanzieren, etwa Zeitschriften wie den in Zürich erscheinenden militanten *Weckruf*. Der trug den schönen Untertitel: »Erscheint, wenn er kann«. Zu den Redakteuren zählten die Brüder Max und Siegfried Nacht, die bereits zuvor einschlägige Erfahrungen nicht nur mit der Herausgabe anarchistischer Zeitschriften, sondern auch mit dem Schmuggeln gewonnen hatten, zuerst von Zigaretten, später von Saccharin. Als Siegfried Nacht im Sommer 1905 verhaftet und des Landes verwiesen wurde und sein Bruder Max untertauchen musste, standen mit dem Metallgießer Ernst Frick, dem Kunstmaler Robert Scheidegger, dem Schreiner Othmar Zorn und dem Schlosser Albert Reitze, der ein Freund Erich Mühsams war, schon Nachfolger bereit – nicht nur für eine Fortführung des *Weckruf*, sondern auch für den einträglichen Saccharinschmuggel. Fast alle kamen früher oder später nach Ascona und zur Mulino del Brumo, 1905 auch Franz Blazek, ein Wiener Schneider, der seinen Lebensunterhalt hauptsächlich mit Schmuggel bestritt, sich gut mit Dynamit und Bombenbau auskannte und ebenfalls ein Freund Raphael Friedebergs war.

Back to Bakunin

In Ascona sei augenblicklich wieder wie jedes Jahr um diese Zeit »eine echte russische Seuche« ausgebrochen, schreibt Raphael Friedeberg 1906 an den Züricher Kollegen Fritz Brupbacher, kein einziges Plätzchen sei mehr zu haben. »Das dauert, bis in Bern und Genf wieder das Semester anfängt, früher ziehen diese Studenten, Männlein und Weiblein nicht ab.« Es ist die Zeit nach der gescheiterten russischen Revolution von 1905, eine Zeit der abnehmenden revolutionären Hoffnungen. Man beginnt sich auf eine längere Stabilisierung einzurichten, auch ermüdet und erschöpft von der starken politischen Erregung der letzten Zeit, und unternimmt Versuche, in der Gegenwart zu leben.

Russen haben früh auf den Monte Verità gefunden. Eine der Ersten war die Studentin Rebekka Efross, die »den Befreiungsbewegungen der russischen Studentenschaft schwärmerisch« anhing, wie Ida betont nüchtern feststellt. Sie kam, half einige Zeit lang beim Aufbau der Heilanstalt mit, ging dann wieder, wohl genauso unvermittelt, wie sie aufgetaucht war. Adolf Grohmann weiß von anderen jungen Russinnen zu berichten, die nach dem Studium in ihre Heimat zurückkehrten, wenn sie nicht irgendwo in der Schweiz hängen blieben, und die die Suche nach alternativen Lebensformen auf den Hügel oberhalb von Ascona führte. Maria Adler, die das Hotel Semiramis bauen lässt, versucht dann, das Interesse der Russen am Monte Verità in Gästezahlen umzumünzen, indem sie in russischen vegetarischen Zeitschriften publiziert und inseriert. Mehr als zehn Prozent der gemeldeten Sanatoriumsgäste sind immerhin Russen, wobei kaum alle direkt aus Russland anreisen. Eine Lichtlufthütte auf dem Monte Verità trägt bis heute den Namen Russenhäuschen; hier sollen vor allem russische Studentinnen und Studenten Zuflucht gefunden haben.

Die Legende will es, dass auch Lenin unter den Besuchern war. Doch das ist wenig wahrscheinlich. Während der ersten russischen Revolution, und auch nach ihrer Niederschlagung, hielt er sich in St. Petersburg und danach in Finnland auf. Und auf seiner großen Wanderung in den Schweizer Bergen im Sommer 1904 dürfte er kaum das Tessin berührt haben; da war er zusammen mit seiner Frau und Maria Essen zwischen Genf und Bern unterwegs. Sollte er wider aller Wahrscheinlichkeit dennoch hier vorbeigekommen sein, wird er das Häuflein von Lebensreformern kaum eines Blickes gewürdigt haben; deren zur Schau getragener Individualismus lag allzu weit ab von seinen machtpolitischen Ambitionen, verbunden mit dem Aufbau einer zentralisierten Partei mit einer Kommandostruktur, die die Massen mobilisiert.

Es ist eine andere Gestalt, auch aus einer anderen Zeit, die der geistigen Landschaft rund um den Monte Verità ihr eigentümliches Relief verleiht: Michail Alexandrowitsch Bakunin, der wie Kropotkin aus einer russischen Adelsfamilie stammt, an den revolutionären Erhebungen der Jahre 1848/49 in Paris, Prag und Dresden teilgenommen hat und wie kein anderer Revolutionär eine Synthese aus Anarchist und Bohemien verkörpert. Bakunin hat dem Anarchismus revolutionäre Züge verliehen, er hat die Zerstörung jeglicher politischen Macht, die Gleichheit aller und Parteiungebundenheit propagiert. Nur aus der Pulverisierung der bestehenden könne die neue Gesellschaft hervorgehen, verkündete er so unerschrocken wie unverfroren. Bakunin gibt dem lockereren anarchistischen Zirkel, der sich hier herausbildet, eine historische Tiefe, die zu seiner Genese und seiner Attraktivität wesentlich beigetragen hat.

Im Sommer 1907 kommt Fritz Brupbacher zusammen mit seiner Frau Lydia Petrowna zu Besuch auf den Monte Verità. Lydia ist Russin; Brupbacher hat sie bereits als Medizinstudentin in Zürich kennengelernt, wo sie zu der dreihundert Studentinnen und Studenten umfassenden russischen Kolonie zählte, deren Mitglieder sich in Aussehen, Benehmen und Selbstbewusstsein sehr stark von den biederen, karrierebewussten Schweizer Kommilitonen unterschieden. Selbst die Tatsache, dass Lydia nach Abschluss ihres Studiums vorhatte, nach Russland zurückzukehren und dort nicht nur als Ärztin, sondern auch als Berufsrevolutionärin zu arbeiten, hat ihn nicht davon abhalten können, sie 1901 zu heiraten. Brupbacher nennt seine Ehe mit Lydia Petrowna dementsprechend »eigentlich eine Ehe mit der russischen Revolution«. Das Eheleben beschränkt sich auf die Arbeitsferien, die 1907 eben auf dem Monte Verità stattfinden.

An einem der Tage ihres Aufenthaltes macht sich Fritz Brupbacher nach Minusio bei Locarno auf, um die Villa Baronata, Bakunins einstiger Wohnsitz im Tessin, zu besuchen. Gut möglich, dass nicht nur seine Frau ihn dorthin begleitet, sondern dass sich auch Erich Mühsam, der zu dieser Zeit in Ascona ist, sein Freund Johannes Nohl und Raphael Friedeberg anschließen. Auf der Veranda treffen sie eine fromme Dame an, die in einer Bibel liest. Auf die Frage, ob sie wisse, dass das Haus einst einem großen Revolutionär gehört habe, antwortet sie, ja, sie habe gehört, dass er ein sehr guter Mensch gewesen sei.

Der »riesige Bakunin«, wie der Zweimetermann mit den stechend blauen Augen zu Lebzeiten genannt wurde, ist für Brupbacher und seine anarchosozialistischen Freunde ein Idol, viel mehr als Marx, in dem Bakunin bereits verkörpert sah, was Lenin dann installieren wird: eine autoritäre rote Bürokratie. »Ich verabscheue den Kommunismus, weil er die Negation der Freiheit ist und weil ich mir nichts Menschliches ohne Freiheit vorstellen kann«, hat der legendäre Gründer der antiautoritären Internationale 1868 geschrieben und hinzugefügt: »Ich bin kein Kommunist, weil der Kommunismus alle Kräfte der Gesellschaft auf den Staat lenkt und in diesem absorbiert; weil er notwendig zur Zentralisierung des Eigentums in den Händen des Staates führt, während ich die Abschaffung des Staates will – die radikale Auslöschung des Prinzips der Autorität und Vormundschaft des Staates, das die Menschen unter dem Vorwand, sie moralischer und zivilisierter zu machen, immer nur versklavt, unterdrückt, ausgebeutet und verdorben hat.«

Im Jahr darauf ist der stets von Geldnöten geplagte Bakunin aus Genf ins vergleichsweise provinzielle Tessin gekommen – des milden Klimas wegen, aber auch weil die Lebenshaltungskosten hier extrem günstig waren. Die drastische Einschränkung seiner Ausgaben ist für den hoch verschuldeten Sohn eines adeligen russischen Großgrundbesitzers, der immer auf Pump lebte, in der Hoffnung auf die zukünftige großartige Erbschaft, und nie in der Lage war, seinen Lebensunterhalt durch eigene Arbeit zu bestreiten, zu dieser Zeit eine Frage auf Leben und Tod. Um das Ergebnis gleich vorwegzunehmen – es wird ihm nicht gelingen.

Schuld daran ist nicht zuletzt, dass sich immer wieder jemand findet, der Geld hat oder doch weiß, wie man es auftreibt, und der zugleich aus Bakunins Berühmtheit und seiner umwerfenden Persönlichkeit, in der sich durchtriebene Intelligenz mit gutmütiger Naivität, überbordende Selbstsicherheit mit wohlwollender Einfachheit, revolutionärer Elan mit unwiderstehlichem Charme mischen, Kapital für die Revolution und auch für sich selbst schlagen möchten. So einer ist auch Carlo Cafiero, Spross einer reichen adligen Familie, Jurist und Vertreter der Internationalen in Italien. Wie viele Südländer hält er es eher mit dem impulsiven Anarchisten Bakunin als mit dem dogmatischen deutschen Kommunisten Marx. Cafiero möchte unweit der italienischen Grenze auf Schweizer Territorium eine revolutionäre Basis aufbauen, eine Mischung aus Zufluchtsort und Waffenlager, und zugleich möchte er dem Not leidenden Bakunin helfen und ihm ein Altersdomizil verschaffen. Da trifft es sich gut, dass er gerade ein riesiges Erbe antritt. Auch ein Haus ist mit der Villa Baronata schnell gefunden, als deren Käufer Bakunin eingetragen wird, um die Spuren zu verwischen.

So nimmt das Unheil seinen Lauf. Doch zuerst einmal lebt man wie in einer kommunistischen Idylle, als sei die von allen ersehnte revolutionäre Umwälzung der gesellschaftlichen Verhältnisse im Kleinen hier bereits vorweggenommen. »Das Leben in der Baronata hatte sich scheinbar von selbst nach kommunistischen Prinzipien organisiert«, erinnert sich Olimpija Kutusowa, Cafieros Lebensgefährtin, die zusammen mit ihm, Bakunin und anderen italienischen Revolutionären Zimmer in der Villa bezogen hat. »Wir ernährten uns fast ausschließlich von den Erzeugnissen der Baronata: Kastanien, allerlei Gemüse, Früchte, Beeren; Fleisch kam selten auf den Tisch.« Aber auch die revolutionären Belange kamen nicht zu kurz: Von der Polizei verfolgte Revolutionäre fanden hier, zwei Schiffsstunden von der italienischen Grenze entfernt, einen provisorischen Unterschlupf, und Kutusowa schmuggelte in der Schweiz erstandenes Dynamit über die Grenze, »eingenäht in ein Handtuch, das ich mir um die Taille band«.

Einen Großteil des Erbes verschlingen insbesondere die Umbaumaßnahmen: Auf dem Grundstück entsteht eine weitere Villa, in dem zum See hin steil abfallenden Hang wird eine Straße angelegt. Die verschwenderischen Geldausgaben setzen sich in noch gesteigertem Ausmaß fort, als Olimpija Kutusowa nach Russland fährt und Carlo Cafiero ihr bald nachreist. Bakunin lebt, als gäbe es kein Morgen; als hätte er das väterliche Erbe, wegen dessen Verteilung sich seine Frau mit den beiden Kindern in Russland aufhält, längst angetreten. Ungeduldig ihrer Rückkehr entgegensehend, versichert er ihr, alles sei zu ihrer Annehmlichkeit vorbereitet und plant sogar ein großes Feuerwerk zu ihrer Begrüßung.

Die Enttäuschung könnte größer nicht sein. Als seine Frau Antonia dann kommt, mit nunmehr drei Kindern, ist das anfangs riesig erscheinende Erbe aufgezehrt. Auch Cafiero wird wütend, wirft Bakunin unter Herbeiziehung eines Freundes vor, Geld, das für die Revolution gebraucht werde, für die eigenen Belange zu verwenden. Bakunin hingegen pocht darauf, dass er der juristische Besitzer der Villa sei. »Acht Tage soll er«, erzählt Fritz Brupbacher, »verblendet durch die Liebe zu Antonia auf seinem Standpunkt beharrt haben, dann brach er zusammen und fand, er dürfe nach einem solchen grenzenlosen Fehltritt nicht weiterleben. Seine Freunde waren gerade daran, einen Aufstandsversuch in Italien zu organisieren. Er bat sie an diesem Versuch teilnehmen zu dürfen, um auf diese Weise ehrenvoll zugrundezugehen und seinen Fehltritt zu büßen.«

Für die Besucher der Baronata büßt Bakunin durch diese Geschichte nichts von seiner Faszination ein. Gerade in seiner »Liebe zum Fantastischen, zu ungewöhnlichen und unerhörten Abenteuern, zu Unternehmungen, die einen grenzenlosen

Horizont eröffnen und deren Ende niemand voraussehen kann« – so Bakunin über sich selbst –, bleibt dieser exemplarische Anarchist, der dem Bohemeleben verfallen war und für den alles Gute aus der Empörung kam, das leuchtende Beispiel eines freien Menschen, der für die Unterordnung des Menschengeistes unter eine Idee oder eine Theorie, sie möge noch so viel Wahrheit beanspruchen, keinen Sinn hat. »Marx dachte die Entwicklungsgesetze zu kennen«, so Brupbacher. »Er meinte mit Bestimmtheit zu wissen, wie man jeweils zu handeln habe. Das Zutrauen von Bakunin zu allen solchen Gesetzen war äußerst minimal. Er glaubte an den Satan im Leibe des Menschen, an eine wilde Kraft, die er selbst fühlte und in die ganze Natur hineinlegte.«

Der Anarchismus ist tot, es lebe der Anarchismus

Die Anarchisten, die sich zwischen 1904 und 1912 auf dem und rund um den Monte Verità ansiedelten, sich dort vor allem aber regelmäßig trafen, Schmuggel betrieben und Pläne schmiedeten, verfügten mit Ausnahme von Kropotkin über keine ausgearbeitete Theorie des Anarchismus. Sie verstanden sich, jeder auf seine Weise, als Aussteiger aus der bestehenden Gesellschaft, die sie weniger pulverisieren als von innen her aushöhlen wollten. Sie waren Libertäre, die das Leben zu genießen wussten, auch unter Bedingungen, die dem eigentlich entgegenstanden. Hier, auf dem Tessiner Balkon zum Süden, in einer Landschaft, die ihren Wünschen nach Licht und Schutz, nach Weite und Geborgenheit entgegenkam, fanden sie die Voraussetzungen dazu. An den »Vegetariern« oben auf dem Hügel leuchtete ihnen weniger die propagierte Lebensweise ein, die ihnen engstirnig und dogmatisch vorkam. Imponierend fanden sie hingegen das

Selbstvertrauen und die Beharrlichkeit, mit der die Monteveritaner, was sie für richtig hielten und was sie in scharfen Widerspruch zum Establishment brachte, umzusetzen und zu leben versuchten. Die Idee war, dass es gar nicht genug Monte Veritàs geben kann: blühende Alternativen zum Bestehenden – attraktiv genug, um immer mehr Menschen dazu zu bewegen, sich von dem Regime der Ausübung und des Erleidens von Herrschaft frei zu machen.

In der Gestalt Bakunins, der entscheidende Jahre in unmittelbarer Nähe Asconas verbracht hatte, sahen sie ihre eigene Idee der Revolution verkörpert, zugleich aber auch deren Scheitern. Der große Empörer Bakunin war 1876 in Bern als ein physisch und psychisch gebrochener Mann gestorben, nachdem er sich zuvor in Lugano allein noch mit Gemüse- und Obstanbau beschäftigt hatte. Mit seinem Tod war der Traum vom revolutionären Aufstand, der Traum von 1848, für die anarchistische Bewegung erst einmal ausgeträumt. Seitdem wird der anarchistische Aktionismus den langen Schatten der Melancholie nicht mehr los, und daran kann auch die »Propaganda der Tat« nichts ändern, im Gegenteil. Die Attentate Einzelner waren kaum mehr als verzweifelte Versuche, die Isolierung, in die die anarchistische Bewegung zunehmend geriet, aufzuheben – und sie führten doch mit jedem Anschlag und mit jeder staatlichen Repressions- und Verfolgungsmaßnahme als Antwort darauf nur tiefer in die Isolierung hinein. Irgendwie wurden viele Anarchisten den Verdacht nicht los, dass die Mittel und Ziele ihrer Bewegung einer Zeit entstammten, deren Stunde unwiderruflich geschlagen hatte, seitdem der Industriekapitalismus Bauern und Handwerker immer mehr zu Menschen von gestern degradierte.

Da begannen auf einmal Bürgersöhne und einige wenige Bürgertöchter den Anarchismus für sich zu entdecken. Sie rebellierten gegen den autoritären Staat und die Herrschaft des

Geldes, gegen das auf Wohlstand und Rendite fixierte Bürgertum, dem sie selbst entstammten, samt der unendlichen Langeweile, die dessen Saturiertheit verbreitete. Manche von ihnen feierten sogar die anarchistischen Attentäter, darunter auch Erich Mühsam und Johannes Nohl, die in den Kneipen Asconas in die Gesänge der Einheimischen einstimmten, etwa den *Canto a Caserio* von Pietro Gori: »Lavoratori a voi diretto è il canto / di questa mia canzon che sa di pianto / e che ricorda un baldo giovin forte / che per amor di voi sfidò la morte« (Arbeiter, für euch ist der Gesang / dieses meines Liedes voll von Tränen / das an einen kühnen jungen Mann erinnert / der um eurer Liebe willen den Tod herausgefordert hat). Der einundzwanzigjährige Italiener Santo Geronimo Caserio hatte am 24. Juni 1894 Marie François Sadi Carnot, den Präsidenten der französischen Republik, auf der Kolonialausstellung in Lyon erstochen – wie man sagte, um Rache zu nehmen für die Hinrichtung anderer anarchistischer Attentäter wie Ravachol, Auguste Vaillant und Émile Henry, die schon damals in einem Atemzug genannt wurden.

Doch das Bekenntnis dieser entlaufenen Bürgerkinder zum Anarchismus war weit mehr als Romantik. Sie übertrugen das Kampfmittel der direkten Aktion auf ihren Wunsch, sich aus Verhältnissen zu befreien, die sie zu ersticken drohten. Den Weg dorthin wies ihnen Emma Goldman, eine der wenigen weiblichen Führungsfiguren des Anarchismus. Ihren Vortrag auf dem Amsterdamer Anarchistenkongress im Jahr 1907 besuchten einige der jungen Anhänger, die damals zwischen Schwabing und Ascona pendelten. Die direkte Aktion, die sich schon auf ökonomischem Gebiet als erfolgreich erwiesen habe, sei im Bereich des Individuums gleichermaßen wirksam, lautete Goldmans Botschaft. »Hunderte von Zwängen beeinträchtigen das Dasein, und nur hartnäckiger Widerstand dagegen wird es endlich befreien. Direkte Aktion gegen die Betriebsführung, direkte

Aktion gegen die Autorität des Gesetzes, direkte Aktion gegen den zudringlichen, lästigen Einfluss unseres Moralkodexes ist die folgerichtige, konsequente Vorgehensweise des Anarchismus.« Vor allem Letzteres war es, was die Gemüter der jungen Leute, die sich den Anarchismus als Lebensprinzip zu eigen machten, erhitzte und nachhaltig beschäftigte. Emma Goldman trat für die freie Liebe ein, weil sie wie Ida Hofmann die Institution der Ehe für ein Instrument zur Unterdrückung der Frau hielt und anarchistische, sprich herrschaftsfreie, Beziehungen zwischen den Geschlechtern herbeiführen wollte. Die rebellierenden Bürgersöhne verstanden unter freier Liebe hingegen im Zweifelsfall etwas anderes – die Lizenz, so viel sexuelle Beute zu machen wie möglich. Daraus ergaben sich für die Frauen neue Abhängigkeiten, die womöglich noch schwerer abzuschütteln waren als das Joch der Ehe.

Die Verbürgerlichung des Anarchismus – die Aneignung seiner Ideen und Prinzipien durch eine junge Boheme – ist oft beklagt und verächtlich gemacht worden. Die Anarcho-Individualisten in den kulturellen Gettos des Fin de Siècle hätten ihre Opposition ausschließlich in persönlicher Form zum Ausdruck gebracht, indem sie sich mit flammenden Traktaten, wildem Benehmen und einem abwegigen Lebensstil hervortaten, hieß es etwa. Dabei ist genau das die Zukunft des Anarchismus gewesen, wie sich über 1968 hinaus bis heute zeigt. Überall dort, wo junge Frauen und Männer die vorgefundenen Spielregeln der Generation ihrer Eltern und deren Lebensstil aufkündigen, waren und sind anarchistische Prinzipien und Aktionsformen populär. Das zeigen die Hippies und Linken der 1960er Jahre, die Punks der 1970er und 1980er Jahre, die digitale Boheme der 1990er und 2000er und die Globalisierungskritiker unserer Zeit mit ihrem Slogan: »Wir sind die 99 Prozent.« Und allen voran zeigt es die Bewegung des Feminismus, die seit den 1960er Jahren bis in die

Gegenwart immer wieder für Überraschungen gut war, um ihre von mehr und mehr Menschen geteilten Ziele durchzusetzen. Sie alle versuchen, einen zum Teil extremen Individualismus mit Formen der gegenseitigen Hilfe, des Widerstands und der Erfahrung von Gemeinschaft zu verbinden. Nach und nach sickere die Erkenntnis in die Köpfe, »dass von der Taktik der Hippies mehr zu lernen ist als von der Saalschlacht-Taktik der Weimarer Republik«, fasste Uwe Nettelbeck vor nun fünfzig Jahren seine Erfahrungen mit der Studentenbewegung zusammen. Die »Kinder von Sergeant Pepper und Mary Jane« – ein Slangwort für Haschisch – nannte Nettelbeck diejenigen, die direkte Aktion mit Lebensfreude, Fantasie und Genuss verbanden. Es waren zugleich die Kindeskinder des Monte Verità und seiner Boheme.

Hermann Hesse als Nacktkletterer auf einer Bergtour in der Nähe von Amden, fotografiert 1910 von seiner Frau Mia, einer der ersten Schweizer Berufsfotografinnen.

7. Kapitel

Werde, der du bist!

Wer sich befreien will, trifft schnell nicht nur auf äußere, sondern ebenso auf innere Widerstände. Der Moralkodex, von dem die Anarchistin Emma Goldman sprach, ist keine Einrichtung, die sich mit Streik- oder Boykottmaßnahmen aushebeln lässt. Um 1900 wird zunehmend mehr Menschen bewusst, dass die Veränderung der Verhältnisse, von der sie träumen, auch eine seelische Dimension hat. Raphael Friedeberg sprach mit einem unglücklich gewählten Begriff von »Psychismus« und meinte, »die ökonomische Befreiung der Menschheit« könne nur erreicht werden »durch die psychologische Befreiung«. »In euch sitzt es, es ist nicht draußen; ihr selbst seid es«, verkündete auch Landauer. Ein Drang der Menschen zur Unterwerfung begründe Staat, Herrschaft und Zwang; es gehe darum, diesen Drang abzuschütteln. Die Menschen müssen sich ändern, wenn die Welt eine andere werden soll.

Die Aufgabe wird dadurch kaum weniger anspruchsvoll. Wo die Bürger von Moral oder von Werten sprachen, begann die Psychologie der Jahrhundertwende, allen voran die Psychoanalyse, Hemmungen und Neurosen zu entdecken. Die Neurasthenie, die damals in aller Munde war, so wie heute Burn-out, wurde von Sigmund Freud als »sexuelle Neurose« enttarnt. Überhaupt schienen die vom Gründer der Psychoanalyse unternommenen

Expeditionen ins Unbewusste nahezulegen, dass hinter allen seelischen Störungen letztlich Sexualpathologie steckt. Da war der Gedanke nicht weit, dass die Befreiung der Sexualität aus den Blockaden und Fixierungen, wie die bürgerliche Moral und die Familie sie mit sich brachten, der Königsweg sei zur Revolution. Der von seinen sexuellen Hemmungen befreite Mensch würde jene innerliche Freiheit und Unabhängigkeit besitzen, die ihn auch für die Revolution qualifizierten.

Derjenige, der mit solchen Gedanken ernst machte, war der Psychiater Otto Gross, ein abtrünniger Freud-Schüler. Auf der Flucht vor dem übermächtigen Vater und dessen langem Schatten traf er 1905 in Ascona ein. Ob er sich dabei auch auf dem Monte Verità aufgehalten hat, ob es sogar dessen Ruf als lebensreformerische Naturheilanstalt war, der ihn hierherführte, ist nicht bekannt. Abwegig ist es aber nicht. Immerhin war Gross Vegetarier, laut seinem Vater war sein Vegetarismus sogar angeboren. Schon als Kleinkind soll er erbrochen haben, wenn ihm Fleisch vorgesetzt wurde.

Jahrelang pendelte Gross daraufhin zwischen Ascona und Schwabing. An beiden Orten fand er schnell Kontakt zum Kreis der Anarcho-Boheme rund um Erich Mühsam und vermittelte seinen Mitgliedern die Psychoanalyse in einer kulturrevolutionären Version. Was die Menschen krank mache, so seine mit Leidenschaft vertretene Überzeugung, seien psychische Konflikte, die mit dem Eindringen der elterlichen und gesellschaftlichen Autorität »ins eigene Innere« entstehen. Die meisten davon seien sexueller Natur, aber nicht, weil die Sexualität selbst das Problem ist, sondern weil eine rigide Sexualmoral im Widerspruch zu den natürlichen Bedürfnissen des Menschen steht.

Es sei, so Gross, geradezu die Tragödie der Kindheit, das Eigene durch das Fremde, das Angeborene durch das Suggerierte zu ersetzen; dem Heranwachsenden werde systematisch abtrainiert, sich auf die eigene Natur zu verlassen. Stattdessen orientiere er sich in seinem Verhalten und Denken am »Anerzogenen und Aufgezwungenen«. Erst allmählich erkenne man, dass in der Familie »der Herd aller Autorität« liege, dass generell die Verbindung von Sexualität und Autorität jede Individualität in Ketten schlage. Nur Naturen, deren Individualität schwach entwickelt sei, so seine Auffassung, bleiben von den krank machenden inneren Konflikten verschont; stattdessen passen sie sich bis zur Unkenntlichkeit an. Die anderen hingegen seien »unter den bestehenden Verhältnissen außer Stande, am krankheitsschaffenden Konflikt vorbeizukommen«.

Eine seelische Störung, gar eine Psychose, aber auch kriminelle Energie, überhaupt jedes Außenseitertum waren nach dieser Auffassung kein Defekt, sondern eine Auszeichnung, die aus dem psychisch Gestörten einen potenziellen Revolutionär machte. Die Psychoanalyse hingegen war in den Augen von Otto Gross zur Philosophie der Revolution berufen. Indem sie die krank machenden inneren Konflikte analysierte und auflöste, verschaffte sie den Menschen überhaupt erst die innerliche Befähigung zur Freiheit und damit zu einem Umsturz, der nicht gleich wieder auf die Inthronisierung neuer Autoritäten hinauslief. Gross nannte das »eine Annullierung der Erziehungsresultate zu Gunsten einer individuellen Selbstregulierung«, zu der für ihn gehörte, sich in »einer offenen und reinen Sinnlichkeit« abzureagieren. Der umfassenden, der politischen Revolution musste eine sexuelle Revolution vorausgehen, wenn sie nicht sogar mit ersterer identisch war.

»Psychoanalyse« war von Anfang an der Name nicht nur für die neue Wissenschaft von der menschlichen Seele, sondern auch für die Kur, die Therapie, die die erforschten Störungen beseitigen, in der Gross'schen Lesart von den durch Erziehung aufgezwungenen Komplexen befreien sollte. Dabei kristallisierte sich erst langsam heraus, wie eine solche Analyse auszusehen habe. Freud selbst war mit der Zeit von der Hypnose zur kathartischen Redekur übergegangen. In deren Zentrum stand ein Möbel, das ihm eine dankbare Patientin geschenkt hatte: die berühmte analytische Couch. Recht besehen war sie eigentlich ein Überbleibsel aus der Zeit, als Freud noch die Hypnose favorisiert hatte. Sie machte aus der Analyse einen zumindest nach außen hin reichlich statischen Vorgang und fügte sie darüber hinaus in einen festen zeitlichen Rahmen ein: Sie begann in dem Moment, da der Patient sich auf der Couch ausstreckte, und endete, wenn er sich von dort wieder erhob.

Otto Gross ging einen anderen Weg. Er war dafür bekannt, Menschen, die ihn interessierten, bei jeder sich bietenden Gelegenheit und sogar in der Öffentlichkeit zu analysieren, keineswegs nur im Liegen oder Sitzen, sondern genauso im Gehen, unterwegs, auf Reisen, in Eisenbahnabteilen und Droschken, bei Tag und bei Nacht, ohne zeitliche Vorgaben und Begrenzungen. Eigentlich analysierte er in Permanenz, und seine Hartnäckigkeit und Zudringlichkeit ging in dieser Hinsicht so weit, dass seine Frau, die davon keineswegs ausgenommen war, teilweise mit Kopfschmerz und Erbrechen reagierte, schließlich sich von ihm abwandte. Für Gross war das alles nur Ausdruck eines Widerstandes, der auf verborgene Komplexe hinwies.

Seine »Sprechstunde« hielt Gross vornehmlich im Schwabinger Boheme-Café Stefanie ab, wo es für gewöhnlich voll, laut und stickig war. Zu Frauen knüpfte er dabei unter Missachtung der ärztlichen Grenzen regelmäßig auch sexuelle Kontakte. Die im Café begonnene Analyse mit enthemmender Wirkung fand ihre Fortsetzung im Bett, wo es nach dem Sex dann gleich wieder analytisch zur Sache ging. »Der wahrhaft gesunde Zustand für den Neurotiker sei die sexuelle Immoralität«, lautete sein Credo. Auch war es bei Gross durchaus üblich, die Rollen zu vertauschen, sodass Arzt und Patient sich gegenseitig analysierten, wie sich der Schriftsteller Karl Otten erinnert: »Durch gegenseitige Analysen wollten sie (der Arzt sowie seine Helfer und Mitverschworenen) alle Hemmungen in ihren Beziehungen zueinander und zur Umwelt eliminieren, um so zur radikalen, anarchistischen Empörung zu gelangen.«

Die Gross'sche Form der Analyse war danach so etwas wie die psychotherapeutische Version der anarchistischen direkten Aktion. Ihr Herzstück war die Sabotage der Herkunft und des Schicksals: all jener durch Erziehung und Gesellschaft bewirkten Verformungen der Psyche, die aus den Menschen ängstliche, gehemmte und unterwürfige Wesen machten, sodass ihnen die Widerstandskraft und das Selbstbewusstsein fehlten, sich gegen die Zumutungen der Gesellschaft und des Staates zu wehren. Auf diese Weise entsprach sie mehr oder weniger den Angstvorstellungen, die sich ein braver Bürger der damaligen Zeit von der Psychoanalyse insgesamt machte: exzessive Triebenthemmung, Missachtung von Sitte und Anstand, Zerstörung der Familie, Absacken in die Anarchie.

Das konnte man natürlich auch ganz anders sehen: Otto Gross verdanke sie viel, schrieb etwa Frieda Lawrence, geborene von Richthofen, die spätere Frau von D. H. Lawrence, dem englischen Autor von so skandalösen Romanen wie *Lady Chatterleys Liebhaber*. Bis zu ihrer Begegnung mit ihm habe sie »wie eine Nachtwandlerin in einem konventionellen Leben gelebt, er erweckte mich zum Bewusstsein meines wirklichen Ich«. Auch sie wurde eine Zeit lang seine Geliebte, bekam jedoch kein Kind von ihm, im Gegensatz zu ihrer älteren Schwester Else, der Ehefrau des Nationalökonomen Edgar Jaffé, die später erst mit Alfred und dann dessen Bruder Max Weber ein Verhältnis hatte. Der mit Else gezeugte Sohn wurde auf denselben Namen getauft wie der einige Monate zuvor auf die Welt gekommene eheliche Sohn: Peter. Beide Richthofen-Schwestern wandten sich indes bald wieder von Otto Gross ab.

Ob es unter dessen Anführung tatsächlich zu regelrechten Orgien gekommen ist, etwa in der Mulino del Brumo, wie das Gerücht besagte, lässt sich heute nicht mehr endgültig klären. Gänzlich unwahrscheinlich ist es aber nicht. Denn Gross hatte, wie viele bezeugten, auch etwas von einem Zeremonienmeister, der neue Paarungen nach Belieben arrangierte. Erklärte Absicht war es, Liebesbeziehungen jeglichen Zwang auszutreiben, insbesondere den Ehe- und Familienzwang. So verkuppelte er etwa Erich Mühsam mit Frieda Gross, seiner eigenen Frau, und wandte sich währenddessen nicht nur anderen Frauen zu, so den beiden von Richthofen-Schwestern, sondern analysierte den Liebhaber seiner Frau auch gleich noch. Mühsam schwärmte zwar gegenüber Gustav Landauer vom Freiwerden des Sexus von aufgeschichteten Erziehungs- und Gewohnheitskomplexen, die den ganzen Menschen versklaven. Aber das hatte wohl vor allem damit zu tun, dass Frieda Gross es verstand, nach langen Jahren der unbefriedigenden homoerotischen Tändelei mit Johannes Nohl seine heterosexuelle Libido zu wecken. Zugleich aber gehörte er auch zu jenen, die sich von Gross wie Schachfiguren herumgeschoben fühlten, und beklagte bei den »Grossisten«, wie er sie nannte, einen »gewissenlosen Egozentralismus« und den Verlust jedes sozialen Gefühls.

Doch mit Otto Gross kam nicht nur die sexuelle Revolution

nach Ascona, es kamen auch die Drogen. Und mit ihnen Tote. Frauenleichen pflastern den Weg des Frauenverstehers Gross, der angetreten war, den Sexus aus dem Korsett zu befreien, in das ihn die Bürger gesperrt hatten.

Sex, Drugs and Psychoanalysis

Die Drogenkarriere des in Graz aufgewachsenen Otto Gross begann im achtzehnten Lebensjahr mit dem Konsum von Arsenik. Das war eine steirische Spezialität, ein traditioneller Initiationsritus für junge Männer mit dem Wunsch, ihre körperliche Leistungsfähigkeit und sexuelle Potenz zu steigern sowie sich ein gesundes Aussehen zu verschaffen. Alles das scheint dem jungen Otto gefehlt zu haben. Einziges Kind eines übermächtigen Vaters und einer Mutter ohne Durchsetzungsvermögen war er verschüchtert, gehemmt, grübelsüchtig, »neigte zu Zwangsvorstellungen depressiven und ängstlichen Charakters«, wie es in seiner Krankenakte heißt – Eigenschaften, die Außenstehende später kaum mehr an ihm vermutet hätten. Wahrscheinlich unterstützte der Vater, ein bekannter Strafrechtler und Kriminologe, den Konsum solcher Stimulantien bei seinem Sohn, der doch mit seinem Umfeld mithalten und ein potenter Mann wie er selbst werden sollte.

Arsenik, das mit Brot oder Schnaps eingenommen wurde, ist exemplarisch für die Wirkungsdynamik von Drogen. Der gewohnheitsmäßige Arsenikesser verträgt bald schon das Drei- bis Vierfache einer Dosis, die für den Anfänger bereits tödlich wäre. Und er benötigt auch mehr, um die aufpeitschende, ungeahnte Kräfte freisetzende Wirkung des Stoffes herbeizuführen. Bei Absetzen hingegen stellen sich Müdigkeit, Konzentrationsstörungen, Depressionen, wenn nicht Schlimmeres ein.

Wenige Jahre später kommt beim jungen Gross Morphium hinzu, ein Stoff, der aus Opium gewonnen wird und bis heute als Schmerzmittel Verwendung findet. Otto nimmt es durch die Nase. »Wir brauchen etwas, das die Hemmung bricht«, kommentierte er später seine Drogensucht. Zuvor hatte er mit Alkohol probiert, seine Ängste und Verstimmungen loszuwerden, war in seiner Trunkenheit aber gewalttätig geworden und musste mit einer Alkoholvergiftung in eine Klinik eingewiesen werden. Da war er etwa zwanzig und Student, litt weiterhin unter starken Hemmungen, unter dem »Druckgefühl der Elternautorität, des Nicht-aus-sich-heraus-treten-Könnens«, wie er es nannte, lebte noch asexuell und verspürte in sich zwar eine Fähigkeit zur Produktivität, ohne sie aber ausleben zu können.

Das sollte sich erst legen, als er anfing, zusätzlich Kokain zu schnupfen. »Seit dem ersten Male, dass ich Cocain zu mir genommen, entdeckte ich mit größter Überraschung, dass mir das Cocain die Hemmung weg nimmt«, erinnerte er sich. Die europäische Karriere von Kokain war damals noch jung; begonnen hatte sie mit der Verwendung der Droge durch einen deutschen Militärarzt, um die Ausdauer der Soldaten zu steigern. Kokain hatte zu dieser Zeit etwas von einer Party- und Entspannungsdroge, beliebt war es besonders bei Ärzten. Auch Freud hat eine Zeit lang Kokain genommen, um depressive Verstimmungen zu kurieren und in Gesellschaft an Selbstsicherheit zuzulegen – um sich wie »ein großer wilder Mann, der Cocain im Leib hat«, zu fühlen, wie er seiner Verlobten schrieb.

Dank des Kokains legt Otto Gross zumindest äußerlich die Hemmungen seiner jungen Jahre mit der Zeit fast vollständig ab. Aus dem sozial zurückgezogenen, schüchternen Adoleszenten wird ein selbstsicher auftretender, charmanter, gut aussehender Mann, dessen ununterbrochener, schneller Redefluss kaum zu stoppen ist und der die weltrettenden Gedanken auf seiner

Seite weiß. In Verbindung mit einer jungenhaften Verletzlichkeit und einer sanften Melancholie, die von Zeit zu Zeit seine porzellanenen Züge umspielen, trägt ihm das die spontane Zuneigung vieler Frauen ein. Allerdings schleicht sich mit der Zeit eine habituelle Unruhe in sein Verhalten ein, die sich in ständigem Bewegungsdrang äußert – ebenso wie seine Logorrhö und seine Hemmungslosigkeit Kennzeichen des Kokainisten. Sieht man genau hin, entdeckt man Spuren weißen Staubs auf seinem Anzug, die beim stündlich wiederholten Schnupfen des Pulvers dort haften bleiben.

Gross hat nie in dem Ausmaß wie dann in den 1960er Jahren der LSD-Papst Timothy Leary den Gebrauch von Drogen als Mittel der Befreiung propagiert. In seinen oft akademisch formulierten Schriften finden sich kaum Hinweise auf diesen Zusammenhang. Er hat ihn aber vorgelebt und auf andere übertragen. Von seinem charismatischen Auftreten beeindruckt, haben sich viele, insbesondere Frauen, von ihm analysieren lassen. Er habe auf jedes Leiden sofort eine Lüge gesetzt, »in der Form von Opium oder in schlimmerer Form«, meinte seine Frau, die zunehmend kritischer gegenüber seiner Person und seinen Behandlungsmethoden wurde. Letztlich war eine psychotherapeutische Behandlung bei Dr. Gross eine Synthese aus Analyse, Sex sowie Drogen und in dieser explosiven Mischung ein beinahe »unwiderstehliches« Mittel nicht nur zur Enthemmung der Patienten, sondern auch zur Schaffung neuer Zwänge und Abhängigkeiten. Eine Zeitlang hat Otto Gross sogar den Plan verfolgt, in Ascona eine Anarchistenschule zu gründen. Unter der Sonne des Südens, in greifbarer Nähe zu den Naturmenschen des Monte Verità und der Boheme-Clique sollte hier der Menschheit die Befreiung gelehrt werden. Fritz Brupbacher hat in Kenntnis dieser Zusammenhänge in seinen Memoiren Ascona »die Hauptstadt der psychopathischen Internationale« genannt.

Ohne Drogen, so wird Otto Gross immer wieder klagen, könne er nicht konzentriert und kreativ arbeiten. Fast alles, was er publizierte, habe er stets in der Nacht »im Doppelrausch durch Cocain und Morphium oder Opium« zustande gebracht. Die Drogen verhelfen ihm dazu, neben der Sexualität auch das Denken zu befreien. Immer wieder unternimmt er aber auch Versuche, von seiner Sucht loszukommen, sie jedenfalls einzuschränken. Das könnte auch der Grund für Ottos ersten Aufenthalt auf dem Monte Verità gewesen sein.

Bei dieser Gelegenheit schließt er Freundschaft mit Raphael Friedeberg, vor allem aber mit Erich Mühsam und Johannes Nohl. Im Jahr darauf kommt er bereits wieder, dieses Mal sogar schon im Frühjahr, und wird Teil des anarchistischen Kreises, über dessen Treiben Polizeikommissar Rusca ausführlich Bericht erstattet. Die Einnahmen aus dem Saccharinschmuggel verwendet er dafür, seine Drogenkasse aufzubessern; denn sein steigender Konsum von Kokain und Morphium verschlingt zunehmend mehr Geld, sodass die durchaus generösen väterlichen Zuwendungen nicht ausreichen.

Im Frühjahr 1906, vielleicht aber schon während seines ersten Aufenthaltes im Jahr zuvor, lernt Otto Gross Lotte Hattemer kennen – jene Mitgründerin des Monte Verità, die sich von den anderen abgewandt hat und hinter den Kulissen der Lebensreformszenerie, in der Waldeinsamkeit, ihrer ganz eigenen Wege geht.

Lottes Rückzug hat religiöse Züge, darin sind sich alle Beobachter einig. Sie ist Theosophin, trachtet danach, das Göttliche in unmittelbarer Schau zu erfahren. Wenn er sie in ihrem »primitiv-fantastischen« Aufzug daherschweben sehe, möchte er immer das schöne Lied singen: *Vom Himmel hoch, da komm ich her*, so

Mühsam. Allerdings sind sich die meisten nicht einig, ob das, was sie an ihr beobachten, mehr einer seelischen Störung oder einem sich immer stärker ausprägenden Hang zum Mystizismus zuzurechnen ist. Womöglich beidem. Die Magersucht, die sie entwickelt, ist bei Mystikerinnen ein durchaus bekanntes Phänomen. Häufig nimmt Lotte am Tag nicht mehr als ein bisschen Obst zu sich. Von ihrer üppigen Gesundheit und Jugendkraft, von der noch Adolf Grohmann schwärmte, ist jedenfalls kaum etwas übrig geblieben. Die Puppenmacherin Käthe Kruse, die zu dieser Zeit am Monte Verità wohnt, begegnet ihr häufig. »Haltlos, verloren, zerstört starrte sie mich an. Mit Schrecken sah ich, dass ihr Weg zum sichern Hungertode führen würde. Ich sprach mit ihr, sie wurde weich, dankbar und glücklich.« Käthe Kruse gelingt es, Lotte zu einer Fahrt nach Domodossola zu überreden, wo sich gerade der Vater aufhält – ein vermögender Mann und tief unglücklich über das Schicksal seiner Tochter, wie sie berichtet.

Später dann, auf die Nachricht hin, seine Tochter wolle sich das Leben nehmen, kommt der Vater nach Ascona. Doch Lotte »floh, als sie ihn den Berg hinaufkeuchen sah, in eine Höhle oberhalb der Wasserfälle, hielt sich versteckt, wurde am Ende doch gefunden, zwangsweise nach Hause und dort in ein Sanatorium gebracht, wo man sie auffütterte, bis sie aufs Neue entfloh«. Das wiederum berichtet der Schriftsteller Emil Ludwig, der zusammen mit seiner Frau die Steinhütte von Elly Lenz übernommen hat, als diese zu Raphael Friedberg zog.

Ludwig hat uns auch einen Bericht über Lottes letzten Lebenstag hinterlassen. Danach saß sie eines frühen Morgens, es war noch dunkel, »verfroren, in Hemd und Rock, mit Augen wie ein flüchtendes Reh« auf der Treppe seines Hauses. Obwohl Ludwig und seine Frau die Einsiedlerin nur vom Sehen kannten, gewährten sie ihr Einlass. Als es dämmerte, »erschien ein schöner junger Mensch mit schmelzender Stimme und verlangte sie zu sehen; er war es, vor dem sie, nach ein paar Andeutungen, sich fürchtete«. Die Ludwigs hielten das Ganze für eine Liebesgeschichte und suchten nach Ausflüchten. Doch als der junge Mann dann Lottes Namen zu rufen begann, zeigte sie sich sofort, und die Besitzer des Hauses zogen sich diskret zurück, damit die beiden ungestört reden konnten. Erst auf ihre flehentliche Bitte hin tauchten sie wieder auf und boten ihr an zu bleiben. Doch der junge Mann, der schon im Gehen begriffen war, wendete sich noch einmal um und rief mit seiner schmelzenden Stimme wiederum ihren Namen. »Kein Halten, sie folgte ihm. – Am andern Morgen wurde sie in einem Haus im Dorfe, dort, wo der junge Mann wohnte, tot aufgefunden.«

Wer war der schöne junge Mann, der Lottes Namen rief – der *poetà bello* Johannes Nohl oder Otto Gross selbst? Johannes Nohl begann zu dieser Zeit Otto Gross nachzueifern, betätigte sich später auch als Laienanalytiker. Davon wird noch zu berichten sein. Die Ärzte aus dem Ort gingen jedenfalls davon aus, dass es sich um Suizid handelte, zumal Lotte als eine exzentrische Person galt und sie schon einige Male zuvor Selbstmordabsichten geäußert hatte. Trotzdem liefen über den Tod der jungen Lotte Hattemer schon bald die wildesten Gerüchte um. Laut eines 1909 vernommenen, allerdings zwielichtigen Zeugen soll sich Johannes Nohl damit gebrüstet haben, er habe die junge Frau aus dem Weg geräumt. Sie sei Mitwisserin einer anarchistischen Unternehmung gewesen und habe beabsichtigt, diese zu verraten. Das ihr vorgesetzte Getränk, in das Kokain und Opium hineingemischt gewesen seien, sei von Dr. Gross präpariert worden.

Letzteres immerhin stimmte, wie Gross selbst 1914, also wieder Jahre später, in einem offenen Brief einräumte, der aus der Privatirrenanstalt Tulln bei Wien herausgeschmuggelt werden konnte und in der Berliner Zeitschrift *Die Zukunft* erschien. Auf Veranlassung seines einflussreichen Vaters war Otto Gross zu dieser Zeit in Tulln interniert, nachdem man ihn in Berlin verhaftet und als »geisteskranken Anarchisten« aus Deutschland ausgewiesen hatte. Mit dem Brief, der ein großes Echo unter den Intellektuellen der Zeit fand, wollte er sich als Analytiker rehabilitieren:

»Ich habe im Anfang des Jahres 1906 dem Fräulein Lotte Hattemer in Ascona auf ihr Verlangen das Gift gegeben, mit welchem sie Selbstmord begangen hat«, schreibt Gross dort. »Ich habe das getan, um ihr den Tod, zu dem sie absolut entschlossen war, so leicht wie möglich zu machen. Ich habe Alles, was in meiner Macht war, getan, um sie von ihrem Entschluss, zu sterben, abzubringen …«

Lotte passte perfekt in Otto Gross' Analysanden-Schema: eine junge Frau, die zeitlebens auf der Flucht vor dem autoritären Vater war, die durch innere Konflikte daran gehindert war, ihre Individualität auszuleben, die, um die Worte Frieda von Richthofens aufzugreifen, einer Nachtwandlerin glich, die ihr wirkliches Ich noch nicht gefunden, offensichtlich schon den Glauben daran verloren hatte, dass ihr das jemals gelänge.

Gegenüber den Ärzten in Tulln hat sich Otto Gross dann zu einer relativ klaren Schilderung des Geschehens bewegen lassen, das dem Suizid Lottes vorausging. Er habe erkannt, »dass sie schwer unter einem Komplexe leide« und in einer »eingehenden dreitägigen Untersuchung« festgestellt, »dass sie an Dementia praecox erkranken und der Verblödung anheimfallen werde, dass sie sich aber in ihrer traurigen Verstimmung von einem Felsen herunterstürzen« könne; damit rechtfertigte er sein Verhalten nachträglich. Mit Dementia praecox, vorzeitiger Demenz, bezeichnete man damals bestimmte Formen schizophrener Störungen, etwa den zunehmenden Rückzug junger Menschen, die dabei in einen demenzartigen Zustand verfielen. Die Diagnose war gefürchtet; denn die mysteriöse Erkrankung galt als unaufhaltsam und unbehandelbar.

Der Gedanke, dass Lotte »vielleicht nicht sofort tot sein werde, sondern verstümmelt daliegen könnte«, sei ihm »grässlich« gewesen, so Gross weiter. »Da wollte ich sie vor eine entscheidende Tat stellen. Ich erklärte ihr – um ihr Vertrauen zu gewinnen – meine Liebe, händigte ihr meine Schachteln mit Gift (5 g Kokain und 10 g Morphium) ein (sic!), sagte ihr, dass ich nach Graz abreise, sie möge mir dahin nachkommen oder das Gift nehmen; doch dürfe sie dies erst nehmen, wenn ich abgereist sei.« In Graz sei er dann durch Lottes Vater von deren Tod benachrichtigt worden. Beim Lesen habe er das freudige Gefühl verspürt, eine »erlösende Tat« begangen zu haben. Und Gross fügte laut des Berichts des Tullner Arztes hinzu: »Von diesem wirklichen Vorgange, so wie er sich tatsächlich abgespielt hat, wissen nur meine Freunde, die Anarchisten, die mich nicht verraten haben und nicht verraten werden und Sie.«

Lotte Hattemer war nach Fritz Röhl die zweite Tote, die die Monteveritaner in ihren Reihen zu beklagen hatten.

Ein zweiter Suizid

Man würde, was 1906 in Ascona passiert ist, womöglich noch als eine Verkettung unglücklicher Umstände bezeichnen können, hätte sich am selben Ort fünf Jahre später nicht ein durchaus ähnlich gelagerter Fall ereignet. Wieder handelte es sich um den Suizid einer seelisch gestörten jungen Frau, und wieder war Dr. Gross involviert, nicht zuletzt als Lieferant des Giftes.

Die Rede ist von Sofie Benz, einer jungen Kunststudentin, die Gross 1907 in Schwabing kennenlernte. Sie war ursprünglich die Freundin des Schriftstellers Leonhard Frank, der dieselbe

Kunstschule besuchte und ebenfalls im Café Stefanie ein und aus ging. Gross hat wohl, wie in anderen Fällen auch, sein Charisma und seine Verführungskraft dazu genutzt, die junge Frau von einer Analyse durch ihn zu überzeugen. Die Beziehung Sofies zu Leonhard Frank sei eine »Komplexbeziehung«, soll er behauptet haben; »zu ihrem Seelenheil« müsse sie »radikal abgebrochen werden«. Für die Dauer der Analyse wurde ihr ein anderer Mann aus dem Kreis von Gross als Sexualpartner zugeteilt, der ihm »auf Grund der Ergebnisse der Analyse« als der brauchbarste für Sofie erschien.

Schon bald jedoch macht Gross als analytischer Zuchtmeister von seinem »Vorrecht« Gebrauch und beansprucht Sofie für sich. Es beginnt eine längere, reichlich asymmetrische Beziehung der beiden, die zeitweise den Charakter einer *amour fou* gehabt haben muss. Mit der Zeit verstärken sich jedoch die psychotischen Züge der jungen Frau, ohne dass Gross auf den Gedanken kommt, dass die eigene Sucht und Gestörtheit, womöglich auch der Umstand, dass Sofie nun selbst Drogen nimmt, dafür verantwortlich sein könnten. Vielmehr trifft ihn das Unglück laut eigener Aussage »völlig überraschend – ganz plötzlich fing sie an, verwirrt zu sprechen«. Und wieder hat er schnell, dieses Mal nur »ein paar Stunden später«, die Diagnose parat: Dementia praecox – wie schon im Fall von Lotte Hattemer.

Wie von einer ungnädigen Zauberhand geführt, kommt das ungleiche Paar nach einer längeren Phase des Umherreisens, die mit einer stetigen Verschlechterung von Sofies Gesundheitszustand einhergeht, schließlich nach Ascona, muss am Ort sogar dasselbe Zimmer bewohnt haben, in dem seinerzeit Lotte Hattemer sich vergiftet hatte. Dieses Mal scheint jedoch die Frau die Stärkere zu sein, trotz oder gerade wegen ihrer Störung: Sie hat nichts zu verlieren. Augenzeugen berichten, dass die beiden sich nicht nur häufig in der Öffentlichkeit stritten, sondern Sofie

Otto Gross auch damit drohte, ihn definitiv zu verlassen. Sein Bericht über die Tage in Ascona erweckt jedenfalls den Eindruck, als habe er wie gelähmt, beinahe ohnmächtig über sich ergehen lassen, was sich nun zutrug. Die Möglichkeit eines Suizids habe er gar nicht erwogen – angesichts dessen, was vor fünf Jahren hier passiert ist, kann man es kaum glauben. Allerdings, so räumt er im Nachhinein ein, hätte ihm das als Psychiater nicht passieren dürfen. »Allein: ich war nicht nur ihr Psychiater …«

Bis zum letzten Augenblick hält Gross an dem Gedanken fest, dass es noch möglich sei, analytisch auf die kranke Sophie einzuwirken. Sofie hingegen wendet sich von ihm ab, Gross erreicht sie mit seiner »Analyse« nicht mehr. In einem unbemerkten Moment macht sie in tödlicher Dosis von den Giften Gebrauch, die er selbst täglich nimmt – »drei Schritte hinter mir, als ich gerade am Kamin saß und ins Feuer schaute«. »Sofie starb wohl, weil sie viel mehr Ehrlichkeit und Mut hatte als Otto und wusste, sie könne aus der unsäglichen Zerrissenheit ihrer Psyche nicht mehr herausfinden an ein klares Licht«, hat Frieda Gross das Geschehen in einem Brief an Else von Richthofen kommentiert.

Dieser zweite Suizid einer jungen Frau in Ascona mit dem Gift von Otto Gross wiederholt nicht nur beinahe zwanghaft den ersten. Durch ihn entpuppt sich das gesamte therapeutische Konzept, erkennbar auch für seinen Begründer selbst, als Desaster. Danach muss sich Gross nicht nur mit dem Verdacht der fahrlässigen Tötung auseinandersetzen, er ist auch als Arzt und als Liebhaber endgültig erledigt, kein Befreier der Menschheit mehr, sondern nur noch ein erbarmungswürdiger Suchtkranker. »Sofie Benz' Tod frisst furchtbar an dem armen Menschen«, notiert Mühsam, der Gross bald danach trifft, in sein Tagebuch, »er hat alles verloren mit ihr, was ein Mensch überhaupt verlieren kann, und oft sah ich ihn in diesen Tagen um die Geliebte weinen. Schrecklich ist auch seine Kokainsüchtigkeit bei ihm. Ewig auf dem Sprung zur Apotheke, ewig mit der Schachtel in der Hand und mit dem Kiel in der Nase, die immer verletzt und mit Salbe verschmiert ist. Dabei halluziniert er neuerdings viel, hört Beschimpfungen gegen sich, er sei ein Feigling …«

Im Winter 1920 stirbt Otto Gross an einer Lungenentzündung in einem Krankenhaus in Berlin-Pankow, nachdem er zwei Tage zuvor von Freunden halb verhungert und erfroren in einem Hausdurchgang aufgefunden wurde. Er hatte sie im Streit verlassen, nachdem sie sich geweigert hatten, ihm bei der Beschaffung von Drogen zu helfen.

Hermann Hesse coming

Es gibt nicht nur eine Pathologie der unterdrückten Triebe, es gibt auch eine Pathologie derjenigen, die sich berufen fühlen, die unterdrückten Triebe zu befreien. Sie hat mit dem Anspruch zu tun, mit dem die selbst ernannten Befreier auftreten: Sie sprechen nie nur für sich und sorgen sich um das eigene Seelenheil, sie wissen stets auch genau, was für die anderen gut ist. Und im Ernstfall kennen sie dann keine Hemmungen, genau das auch durchzusetzen, ohne Rücksicht auf Verluste. Otto Gross ist ein Prototyp für dieses pathologische Verhalten von Befreiern.

So betrachtet hat er, ohne ihm je persönlich begegnet zu sein, einen Gegenspieler, der gleichfalls auf den Monte Verità fand, um sein Leben zu ändern: Hermann Hesse.

Hesse kommt nach Ascona auf der Flucht vor Ehefrau, Familie und einem bürgerlichen Lebensstil. Sein Aufenthalt dort ist einer der zahlreichen Ausbruchsversuche, die er in dieser Phase seines Lebens unternimmt. Geradezu notorisch kümmert er sich nur um sich selbst, nimmt die anderen allenfalls als Staffagen,

Stichwortgeber oder in der Regel Hindernisse auf dem Weg seiner Selbstbefreiung wahr. Dabei kommt seine Familie unter die Räder, aber nicht nur wegen der Selbstherrlichkeit dieses Ehemanns und Vaters, sondern auch weil ein weiterer Analytiker vom Schlage Otto Gross' ein Befreiungswerk in Szene setzen will und dabei ebenfalls kläglich scheitert. Doch der Reihe nach.

Hesse hatte 1904 nach dem literarischen Durchbruch mit dem Roman *Peter Camenzind* die Basler Fotografin Maria Bernoulli geheiratet. Die fast zehn Jahre ältere Frau aus der bekannten Gelehrten- und Anwaltsfamilie betrieb gemeinsam mit ihrer Schwester Mathilde in Basel ein Atelier für Kunstfotografie. Als die beiden ersten Berufsfotografinnen der Schweiz waren die Schwestern Vorreiterinnen der weiblichen Emanzipation. Dazu passte, dass Maria die Ideale der Lebensreform vertrat: die Liebe zur Natur, die Sehnsucht nach dem Leben auf dem Land, ein natürlicher, den Körper nicht einschnürender Kleidungsstil, ein neues Selbstbewusstsein, das sich nicht aus Einkommen und Status speiste, sondern aus dem Streben nach einem besseren, passenderen, alternativen Leben.

Maria Bernoulli trägt nicht nur fast den gleichen Vornamen wie Hesses 1902 verstorbene Mutter (lediglich das A statt des E am Ende markiert den Unterschied: Maria statt Marie), sie gleicht ihr auch äußerlich: dasselbe breite Gesicht, die dunklen Haare, die kompakte Statur einer Landfrau. Zumal in ihrem Eigensinn steht sie ihrem zukünftigen Ehemann in nichts nach – nur dass dieser Zug ihrer Persönlichkeit sich nach und nach als Disposition einer psychischen Gestörtheit erweisen wird, die wohl noch über das hinausgeht, was Hesse in dieser Hinsicht »zu bieten« hat.

Kaum haben sie geheiratet, ziehen sie sich aufs Land zur Familiengründung zurück: Das Haus in Gaienhofen am Bodensee, das sie nur zum Teil bewohnen – der Rest dient dem Vermieter als Stall und Scheune –, hat weder fließendes Wasser noch Strom, kein Bad und nur ein Plumpsklo. Sie säubern und renovieren den Wohnbereich, stopfen die klaffenden Ritzen im Obergeschoss aus, überstreichen das Holzwerk mit dunkelroter Farbe, versuchen, auf dem kargen Boden Rabatten anzulegen, Hesse schleppt mehrmals am Tag Wasser vom Brunnen herbei – alles, was Stadtmenschen so tun, wenn sie den Versuch unternehmen, ein einfaches, ländliches, gesundes und möglichst bedürfnisloses Leben zu führen. Ohne Frage: Der siebenundzwanzigjährige Hesse lässt sich auf den »hübschen Traum« ein, wie er es rückblickend nennt, »mir an einem Orte eigener Wahl etwas wie Heimat schaffen und erwerben zu können«.

Drei Jahre später, der erste Sohn ist bereits geboren und Maria zum zweiten Mal schwanger, gehen sie noch einen Schritt weiter. Mit dem Geld des Schwiegervaters wird der Bau eines eigenen Hauses in Angriff genommen, ein großzügiges, helles Haus im Schweizer Landhaus-Reformstil, lange nicht so avantgardistisch wie die Casa Anatta auf dem Monte Verità, aber doch auf die Bedürfnisse der darin Lebenden zugeschnitten: mit einer Dunkelkammer für Maria, Kinderzimmern mit höher gelegtem Fußboden, um den Kleinen denselben Blick nach draußen zu bieten wie den Großen, und einer Bibliothek und einem Weinkeller für den Hausherrn. Das Grundstück liegt oberhalb des Dorfes mit Blick über den See bis zu der Insel Reichenau, dem Konstanzer Münsterturm und den Bergen dahinter.

Doch weist die ländliche Idylle, in die sich Hesse mit seiner Familie zurückzieht, bald schon Risse auf, die weniger den äußeren Umständen als den Persönlichkeiten der Eheleute geschuldet sind. Mia, wie sie genannt wird, macht immer wieder längere depressive Phasen durch und hält sich dann in Sanatorien auf, während Hesse in Gaienhofen allein ist. Und umgekehrt: Auch er ist häufig beruflich unterwegs und dehnt die Phasen seiner

Abwesenheit mit Vorliebe länger als unbedingt notwendig aus, obwohl er weiß, dass seine Frau unter der Einsamkeit sehr leidet und ihre Depressionen nicht zuletzt damit zusammenhängen. Irgendwie passt das alles nicht zusammen: Die beiden mit ihren unterschiedlichen seelischen Nöten und Bedürfnissen passen nicht in die ländliche Abgeschiedenheit und letztlich passen sie auch als Paar nicht zusammen.

Eine Auswirkung der anschwellenden Dissonanzen in der selbst gewählten Idylle ist, dass Hesse zunehmend stärker dem Wein zuspricht, mehr, als ihm bekommt und seinem Schreiben zuträglich ist. Als dann im Frühjahr 1907 »vier wunderliche Gestalten durchs Dorf mit langen Haaren, Sandalen und nackten Waden« stapfen, »Sonnenbrüder aus Ascona«, reist er kurzentschlossen ins Tessin, mietet sich aber erst einmal, gutbürgerlich, im Kurhaus Monti von Dr. Betz in Locarno ein. Erst als ihm dort die Diät nicht bekommt und ihn die Halbherzigkeit seines Entschlusses schon reut, beschließt er die Kur auf dem Monte Verità fortzusetzen und das Vernünftige mit dem Existenziellen zu verbinden: die Entwöhnung vom Trinken mit einer Erforschung dessen, was im Leben wirklich zählt.

In den Felsen

»Hierher solltest Du auch kommen«, schreibt Hesse am 16. April 1907 vom Monte Verità an einen Malerfreund in Gaienhofen, »da wäre eine Ernte für Dich: Alpen, See, Inseln, ein wilder Felsenberg, Akte im Freien etc.« Er preist den »Luft- und Sonnenbadeplatz, wo man nackt geht«, und die eigene Holzhütte, die er allein »ganz im Grünen« bewohnt und wo er genug Ruhe und Freiheit habe. »Dabei lebe ich streng abstinent und vegetarisch, was mir hier ganz leicht fällt. Ich hatte den unentbehrlichen

Glauben an die Willensfreiheit nahezu verloren und genese nun hier langsam und recht wohlig in einen sanskülottischen Urzustand zurück.«

Der Hesse, der in diesem Frühsommer vier Wochen auf dem Monte Verità weilt, geht stracks auf die dreißig zu. Es ist ihm so wie dem Mann aus Ingeborg Bachmanns berühmter Erzählung *Das dreißigste Jahr* zumute: Als Schriftsteller arriviert, mit Familie und eigenem Haus, entdeckt er, dass die Zukunft für ihn nicht mehr in alle Richtungen offensteht. Die bereits getroffenen Entscheidungen, das schon gelebte Leben fordern ihren Tribut, indem sie den Zukunftshorizont verengen. Bachmanns namenloser Er sieht sich in einem »Gefängnis«, in einem »Netz« und beschließt, »aus Gleichgültigkeit, Erschöpfung und weil er nichts mehr Besseres weiß«, sich in der gesellschaftlichen »Falle« zu etablieren. Hesse sucht einen Ausweg daraus, bevor die Falle zuschnappt.

»Das dreißigste Jahr, in dem ich stehe«, schreibt er, als er vom Monte Verità zurück in Gaienhofen ist und die gefürchtete Schwelle passiert hat, »hat mir eine heftige Krise gebracht, zunächst körperlich mit Kranksein, Kur und langsamer Heilung, dann aber auch innerlich. Wenn ein bis dahin sinnenfroher junger Mensch auf Tafel und Becher, Zigarren und Kaffee verzichtet, will er es nicht gezwungen tun, sondern macht sich eine entsprechende Philosophie dazu. Damit bin ich seit Monaten beschäftigt.«

Das kurze Gastspiel dort oben hat bei Hesse Spuren hinterlassen. Noch in Erzählungen, die Jahre danach entstehen, reflektiert er die Eindrücke, die er auf dem Monte Verità gewonnen hat. Geselliger Natur kann sein Aufenthalt allerdings nicht gewesen sein. Keinen der zu dieser Zeit anwesenden Gäste, noch die anderen Siedler auf dem Hügel oder die in der Gegend sich tummelnden Vegetarier und Anarchisten erwähnt er irgendwo in seinen Werken und Briefen. Weder von Karl Gräser noch von Raphael Friedeberg, dem russischen Baron von Wrangel oder Otto Gross ist die Rede. Nicht einmal Gusto Gräser, von dem gemutmaßt wird, Hesse habe sich längere Zeit in seiner Höhle oberhalb von Arcégno aufgehalten und von ihm dabei entscheidende Anregungen für sein zukünftiges Leben empfangen, findet an irgendeiner Stelle Erwähnung.

Hat hier einer geschickt die Spuren verwischt, um das Geheimnis nicht auszuplaudern? Oder war ihm, dem arrivierten Schriftsteller, das alternative Milieu der »Spinner« auf dem Monte Verità letztlich doch nicht fein und gebildet genug, um zuzugeben, dass ausgerechnet hier sein Leben eine entscheidende Wende genommen hat? Naheliegender ist, dass ihn die anderen, inklusive Ida und Henri, allenfalls am Rande interessiert haben, weil es Hesse nicht das erste und auch nicht das letzte Mal in seinem Leben um sich selbst ging. »Ich war allein mit mir selbst beschäftigt«, heißt es dann auch in dem einzigen Text, in dem er seine auf dem Berg der Wahrheit gemachten Erfahrungen in unmittelbarer zeitlicher Nähe verarbeitet hat.

In den Felsen, so der Titel dieser in Ichform geschriebenen *Notizen eines Naturmenschen*, schildert ein mehrwöchiges Fastenexerzitium und wildes Nomadenleben in einer Natur, in der man die Wälder und Felskuppen rund um den Monte Verità bis nach Arcégno und Ruino wiedererkennt. »Ich lebe nackt und aufmerksam wie ein Hirsch in meinem Geklüfte«, heißt es dort, »bin dunkel rotbraun, schlank, zäh, flink, habe verfeinerte Sinne. Ich rieche reife Erdbeeren von Weitem, kenne die Winde, Stürme, Wolkenformen und Wetterzeichen des Landes. Seit drei Wochen kenne ich kein Bett, kein Feuer, kein Brot, kein Fleisch, kein Gemüse, kein Gewürz, nicht Löffel noch Gabel, nicht Schüssel noch Becher.« Selbst die Bretterhütte, in der er anfangs noch nächtigte, auf einem selbst bereiteten Lager aus Laub, hat er sich inzwischen abgewöhnt, sie dient allein seinem Rucksack noch zur Unterkunft, »denn ich schlafe immer im Freien, in dem weichen, kurzen, silbrig behaarten Berggras«.

Kein Zweifel: Was Hesse dort schildert, ist weitgehend Fiktion. Die Lichtlufthütten auf dem Monte Verità waren zwar recht primitiv, auf dem steinigen Boden zu schlafen und sich von wild wachsenden Früchten zu ernähren gehörte aber zur dort praktizierten Kur keineswegs dazu. Hesse beginnt seine *Notizen* mit einem Spaziergang, den er am Nachmittag seiner Ankunft auf dem Gelände des Monte Verità unternimmt, »nur mit Sandalen und einem Hut« bekleidet. »Die Sonne brannte mir fleißig auf die verwöhnte Haut, die Dornen zeichneten mir ein Netz von roten Schrammen auf die Beine«, schreibt er. Plötzlich verliert er im Wind seinen Hut. »Ich lief ihm nach, fiel mehrmals ins Gestrüpp und Gestein, lief mich heiß und holte den Hut doch nimmer ein.« Der segelt fort – »über die letzten steilen Klippen hinaus meerwärts zu den Schwalben und Möwen«, wie es bezeichnenderweise abgehoben von der realen Szenerie am Lago Maggiore heißt –, und mit dem Hut erhebt sich auch die Wirklichkeit der Kurverhältnisse auf dem Monte Verità in die Lüfte der Fantasie. Auf den Fotos, die wir von Hesses Aufenthalt besitzen, hat er zwar keinen Hut auf dem Kopf, trägt aber Anzug mit Weste und Schlips – in auffälligem Kontrast zu den anderen Bewohnern und Gästen, die in Reformkleidern stecken. Das berühmte Nacktfoto von ihm in den Felsen hingegen ist erst einige Jahre später entstanden, als Hesse mit Mia, der Fotografin, in der Gegend von Amden Bergtouren unternahm.

Dennoch ist nicht alles ausgedacht, was Hesse uns über seinen Aufenthalt auf dem Monte Verità berichtet. Gut möglich etwa, dass er so unvorsichtig und seine Haut so empfindlich war, dass er sich dort trotz der frühen Jahreszeit tatsächlich einen Sonnenbrand zugezogen hat, wie in den *Notizen* geschildert wird:

»Als ich betäubt und schlaff mich gegen Abend erhob, war meine Haut vom Nacken bis zu den Fersen verbrannt, tiefrot und voll von Blasen.« Gut möglich auch, dass er sich dort wie der Naturmensch seines Textes einer Fastenkur unterzogen hat: »Die Hungerqual dauerte zwei Tage und zwei Nächte. Nachdem ich vier Tage ohne Speise gewesen war, hörte das Hungergefühl völlig auf, nur der Durst blieb stetig. Im Ganzen blieb ich sieben Tage ohne Essen.« Das sind Erfahrungen, wie sie auch der Fastenkünstler Arnold Ehret berichtet, der zeitgleich mit Hesse 1907 auf dem Monte Verità weilte. Kaum denkbar, dass Ehret den berühmten Schriftsteller mit seinen Theorien übers Fasten und schleimfreie Nahrung verschont haben sollte. Und gut möglich auch, dass Hesse, der doch nach Ascona gekommen war, um seinen Alkoholkonsum zu reduzieren, direkt die Probe machte auf die ans Wunderbare grenzenden Verheißungen, die Ehret mit dem Verzicht auf Nahrung verband.

Unabhängig davon aber, was Hesse in seiner Zeit auf dem Monte Verità im Einzelnen angestellt haben mag – es ist vor allem eine Erfahrung, von der *In den Felsen* berichtet: die der Gleichgültigkeit, ja, Bedrohlichkeit der Natur. »Ich hatte mir das, was ich die ›Natur‹ nannte, gar freundlich und mütterlich und gütig gedacht, und nun hatte diese Natur nichts als Dornen, Qualen und Verhöhnung für mich«, lässt er seinen Naturmenschen reflektieren. Und beinahe schon resümierend: »Die wilde Natur hatte mir keinerlei Gastlichkeit geboten, sie schien mir eher Feind als Freund zu sein und sah mit großer Gleichgültigkeit zu, wie es mir übel ging.« Das ist der größtmögliche Gegensatz zu dem, was die Monteveritaner, ob nun Henri, Karl oder Gusto, dachten, für die das richtige Leben eines war, das Fühlung mit der Natur aufnahm und in ihr Geborgenheit und Heilung fand.

Hesse geht auch auf dem Monte Verità seinen eigenen Weg.

Kein Guru hat ihm dort gezeigt, wie zu leben und was im Leben wichtig ist. Satirische Erzählungen wie *Dr. Knölges Ende* oder *Der Weltverbesserer*, die die dort gemachten Erfahrungen mit der Lebensreform später weiterverarbeiten, decken geradezu genüsslich die »offenkundigen Untiefen« von solchen Leuten wie Naturaposteln, Weltverbesserern und den Verkündern einer neuen Zeit auf. Vordergründig üben sie eine starke Faszination aus, zumal auf einen, der seiner Sache letztlich so wenig sicher ist wie Hesse. Doch rasch stellt sich das Gefühl ein, dass ihre Selbstsicherheit und Überzeugungskraft aus einer Sicht auf die Probleme der Zeit erwächst, die viel zu schematisch und dogmatisch ist, als dass sie die vielschichtige, hochkomplexe Seelenlage auch nur eines einzelnen Menschen zu erfassen vermag. Beinahe trotzig stellt Hesse den Gurus seiner Zeit die eigene Individualität als Maßstab entgegen. Im Roman *Demian*, in den seine Überlegungen dieser Jahre letztlich münden, heißt es dann: »Ich lebe in meinen Träumen. Die anderen Leute leben auch in Träumen, aber nicht in ihren eigenen. Das ist der Unterschied.«

Rückkehr nach Ascona

Seit 1916 dann fährt Hesse wieder regelmäßig in die Gegend von Ascona, jedoch nicht mehr auf den Monte Verità, sondern nach Locarno-Monti in die Villa Neugeboren. Die wird so nach ihren Besitzerinnen genannt, Mutter Albine und Tochter Hilde Neugeboren, und doch ist der Name zugleich Programm der vegetarischen Villa. Unbehelligt vom Pensionsbetrieb, der so namhafte Gäste wie Lou Andreas-Salomé, Franziska zu Reventlow, Hugo Ball oder auch den jungen Ernst Bloch hier hinführt, bewohnt Hesse dort das Gartenhäuschen. Seit zwei Jahren ist Krieg.

Von der Villa Neugeboren aus hat man einen guten Blick auf den Hausberg von Ascona, und schon bald werden die beiden Frauen und ihr prominenter Gast ihre Erfahrungen mit dem Monte Verità ausgetauscht haben. Albine Neugeboren war wohl eine Jüngerin von Gusto Gräser; sie soll mit ihm als Quartiermacherin umhergezogen und durch eine von ihm verordnete Diät von einer schweren Krankheit geheilt worden sein. So kam es, dass sie ihre Tochter Hilde zu Karl Gräser in die Lehre gab, wo diese ständig hungerte und fror, bis sie im Alter von zwölf schließlich abhaute. Das war noch in den ersten Jahren des Monte Verità. Karl Gräser habe an die Heilkraft der Erde geglaubt und darum kranke Menschen, die Hilfe suchend zu ihm kamen, manchmal bis zum Hals in den Boden eingegraben, erzählte Hilde. Hesse kannte diese »Therapie« von seinem eigenen Aufenthalt; gut möglich, dass er sie sogar selbst praktiziert hat. Der Naturmensch seiner *Notizen* tut es jedenfalls, um seinen starken Sonnenbrand zu lindern. Zwei Tage und Nächte verbringt er »im halbschlafenden Hindämmern« in einem selbst gegrabenen Erdloch, Kopf und Gesicht mit Laub und Zweigen bedeckt, »vom Hunger belagert wie eine Stadt im Krieg« und von »törichten Träumen« heimgesucht. Danach geht es ihm besser, er hat an Robustheit zugelegt. Hilde hingegen verbindet mit dieser Methode eines ihrer schrecklichsten Kindheitserlebnisse. Einmal habe Gräser eine schwer kranke Frau abends im Garten eingebuddelt. Am anderen Morgen bot sich ihr ein furchtbarer Anblick: Wie aus einem Grab gewachsen, starrte ihr mit offenen Augen der Kopf einer Toten entgegen. Die Erinnerung daran habe sie noch lange in ihren Träumen verfolgt.

Hilde Neugeboren erzählte später auch, eines Tages habe sie mit Hesse eine Osteria besucht, als unvermutet Gusto Gräser den Raum betrat. Hesse habe daraufhin sogleich zum Aufbruch gedrängt mit der Bemerkung, sonst müsse er ja noch dessen Zeche bezahlen. So viel zu der immer wieder kolportierten Ansicht, Gusto Gräser sei ein Freund, gar ein Seelenführer Hesses gewesen.

Ein wirklicher Freund von Hesse war hingegen der ehemalige Wandervogel Jakob Flach, der seit 1915 in Ascona lebt und dort später ein bekanntes Marionettentheater gründet, das er bis 1960 leiten wird. Mit unserem »Köbi«, wie sein Spitzname lautet, sei es eine böse Sache, meinte Hesse gegenüber Hilde Neugeboren. »Vom Standpunkt der Welt aus betrachtet, ist er krank, und zwar ist sein Leiden, wie das jedes eigenen und zarten Menschen, ein Mangel an Anpassungsfähigkeit.« Hesse nennt das eine Neurose und räumt ein, darunter leide er auch. Heilungswege dafür gebe es drei. Einmal die Gewaltkur: Der Betreffende rafft sich zu einem Entschluss auf, bringt ein Opfer und vollzieht eine gewaltsame Anpassung. Jede Art von Heroismus und Askese gehöre dazu. »Hilft selten und ist gefährlich.« Um die beiden anderen Wege zu begehen, müsse der Neurotiker sich selbst als krank empfinden und den Ärzten ausliefern. Der eine Weg sei die »Polsterung mit Tröstungen und kleinen Erleichterungen«, wir würden heute sagen, irgendetwas zwischen Bachblüten und transpersonaler Therapie. »Hilft nie etwas, kostet viel und verdirbt jeden.« Der letzte Weg, zu dem freilich ein großer Entschluss gehöre, sei der einer Psychotherapie oder Analyse. »Je nach dem System (es gibt mehrere) ist diese Kur leicht oder schwerer, einschneidend ist sie auf jeden Fall und fordert viele Opfer, dafür bietet sie die Möglichkeit der Heilung und ist gefahrlos.«

Hesse spricht hier aus Erfahrung. Bereits 1909 und 1912 ist er jeweils für einige Wochen in der Kuranstalt Villa Hedwig in Badenweiler von dem Psychiater Prof. Albert Fraenkel wegen »Störungen des Nerven- und Stimmungslebens« behandelt worden. Im Frühjahr 1916 dann hat er sich wegen unerträglicher

Kopfschmerzen und Angstzuständen ins Kurhaus Sonnmatt bei Luzern zur Behandlung begeben. Dort ist er dem Psychoanalytiker Josef Bernhard Lang begegnet, der zum Kreis von Carl Gustav Jung gehört und bei dem er nun eine psychoanalytische Kur in Form einer Traumanalyse macht: Er schreibt seine Träume auf, die dann in gemeinsamen Sitzungen unter Anleitung des Arztes analysiert werden. Sein Eindruck jedoch, dass dieser dritte Weg gefahrlos sei, wird durch das, was er nun in Ascona erlebt, Lügen gestraft.

Ende einer Ehe

Im März 1918 nimmt Hesse erstmals seinen ältesten Sohn, den zwölfjährigen Bruno, in Hilde Neugeborens Gartenhaus in Locarno-Monti mit. Vater und Sohn unternehmen gemeinsam mit Jakob Flach Wanderungen, das Malzeug im Rucksack. Malen ist Hesses neue Leidenschaft, angeregt durch seinen Analytiker Josef Bernhard Lang.

Der kommt nur wenige Tage nach Brunos Abreise zu Hesse ins Tessin. Während Lang von den fünf gemeinsam verbrachten Tagen ins Schwärmen gerät, scheinen sie für Hesse unbefriedigend zu verlaufen. Jedenfalls entschließt er sich zu einer weiteren Analyse. In Ascona wohnt seit Kurzem wieder Johannes Nohl. Als klar war, dass seine langjährige Freundin, die Polin Iza-Gustava Prussak, ein Kind von ihm zur Welt bringen würde, heirateten die beiden. Wie Mühsam auch hat Nohl die homosexuelle Selbstfindungsphase als Bohemien längst hinter sich gelassen. Nicht aber die Auffassung von Psychoanalyse als vorrangig sexueller Befreiung aus familiären und gesellschaftlichen Zwängen, die ihn Otto Gross gelehrt hat. Nohl praktiziert seit einiger Zeit als Laienanalytiker, in Ascona wächst er in die

Rolle eines psychoanalytischen Gurus hinein. Dort hinten, beim Castello, wohnen die Analytiker, spottet der Schriftsteller Friedrich Glauser, der im Jahr darauf nach Ascona kommt. »Ihr Anführer nennt sich Nohl, und er hat einige Freunde und ihre Frauen um sich versammelt. Jeden Morgen zwischen Kaffee und Butterbrot werden die Träume der Nacht auf Komplexe untersucht, Hemmungen festgestellt und die Richtung der Libido kontrolliert.«

Im April 1918 sind Hesses Hemmungen, seine Komplexe und seine Libido Gegenstand von Nohls Analyse. Hesse imponiert anfangs mächtig, dass Nohl ihn schärfer rannimmt, als er das vom Traumanalytiker Lang gewohnt ist – dieses »viel stärkere Drängen auf direkte Assoziationen, das mehr ›bei der Stange bleiben‹«. Laut seiner Wirtin Hilde Neugeboren kommt er nach den Sitzungen mit Nohl immer ganz erledigt heim. Angespornt durch Nohls Hervorhebung des Sexuellen beichtet er seiner Frau sogar ein schon länger zurückliegendes Verhältnis. Anders als erwartet reagiert Mia jedoch nicht mit mütterlicher Duldung – ihrem gewöhnlichen Verhaltensmuster angesichts der andauernden Reizbarkeit ihres Ehemanns, seiner ständigen Fluchtbereitschaft und häufigen Abwesenheit –, sondern mit »pathologischer Exaltation«, wie Hesse nun wiederum Lang zu verstehen gibt.

Und Mias Reaktion erschöpft sich nicht in Vorwürfen und Szenen. Ohne ihren Mann vorher davon auch nur zu unterrichten nimmt sie einen Obdachlosen in die Hausgemeinschaft auf, der an ihre Tür klopft und nach Arbeit fragt. Hesse macht das rasend eifersüchtig. Während sie sich um den fremden Mann kümmert, immer ein offenes Ohr für seine Nöte hat, überhaupt »für alles und jedes wie in einer neuen, schönen Liebe aufgeschlossen« ist, wendet sie sich von ihrem Ehemann ab, der sich wie weggeworfen fühlt. Will sie ihn bekehren, sich an ihm rächen, ihn gar vertreiben und loswerden? »Mich hat die Sache völlig auf den Hund gebracht«, schreibt Hesse an Lang, nachdem der Mann einige Wochen später endlich das Haus wieder verlassen hat, »ich bin nicht nur völlig erschöpft und nervös, sondern habe auch Familie, Haus, Frau und alles tiefer satt als je.«

Seine Strategie: Er bittet erst Lang und dann Nohl ins Berner Haus zu gemeinsamen Sitzungen mit seiner Frau. Gut möglich, dass Nohl das angeregt hat, der schon bei den Sitzungen mit Hesse in Ascona den Eindruck hatte, dass der einzige Erfolg versprechende Weg angesichts der verfahrenen Beziehung der beiden Eheleute eine Paartherapie ist, statt – wie der Kollege Lang, ein erklärter Ehefeind – noch in der Analyse den Ehemann in seinen Eigenheiten und Allüren zu bestätigen. Aus Hesses Sicht hingegen führt das Verständnis, das Nohl nicht nur für seine, sondern auch für Mias Nöte an den Tag legt, zu einer einseitigen Parteinahme für seine Frau und gegen ihn. Nohl gibt ihm zu bedenken: Wollte Ihre Frau mit der Aufnahme des Obdachlosen Ihnen nicht auch sagen, was sie an Ihnen liebt, nämlich den Nichtsesshaften, den Menschen der Sehnsucht? Mia und Nohl sind sich wohl einig: Die tiefere Ursache der Ehekonflikte ist Hesses ambivalentes Mutterverhältnis. Als die Situation schließlich zu eskalieren droht, reist Nohl Hals über Kopf ab. Hesse stellt fest, dass Zeitschriften fehlen, auch sein Rasierzeug, und ruft Nohl Verwünschungen nach. Er hat den Gang der Dinge nicht mehr im Griff.

Seine schlimme Ahnung bestätigt sich, als Mia nun ihrerseits die Koffer packt und eine Auszeit nimmt, wie er selbst das Dutzende Male zuvor praktiziert hat. Sie macht sich nach Ascona auf und nimmt einen der Söhne mit, Martin, den jüngsten. Seit einer Meningitis gilt der Siebenjährige als Problemkind der Familie und bringt durch sein ungezogenes Verhalten vor allem den Vater gegen sich auf. Mias Weg führt zu Nohl, um die Familienanalyse fortzusetzen. Der kommt zu der Erkenntnis, dass sich Martin, »beeinflusst durch die Äußerungen der Erwachsenen krank glaubt und sich dann daraufhin oft Ausbrüche und Unarten gestattet, wo er sich gut beherrschen könnte«. Nohl teilt das dem Vater mit und empfiehlt eine »nicht strenge, aber volle konsequente Erziehung«. Das hört sich ganz vernünftig an. Martin seinerseits genießt die Tage in Ascona, das Zusammensein mit der Mutter. Nach einer Weile ziehen die beiden sogar bei den mittellosen Nohls ein, kommen dort für Kost und Logis auf, und die Trennung von analytischer und privater Beziehung wird zunehmend aufgehoben. »Wir leben jetzt mit den Nohls wie eine Familie«, berichtet Mia ihrem Mann, »teilen das ganze Leben zusammen wie Geschwister.«

Der in Bern zusammen mit den anderen beiden Kindern zurückgebliebene Hesse ist durch die unerwarteten Entwicklungen indes bereits jenseits aller Vernunft angelangt. Eifersüchtig und wütend schreibt er an Mia: »Dass Du für uns seit der Analyse kein Interesse mehr hast und Dich nur noch für Deine eigenen Sensationen interessierst, weiß ich ja schon. Also verfüge ruhig. Ich mache hier, so lange es geht.« Nur wenige Zeilen später spricht er von seinem Plan, »eine gute Weile ganz für mich zu leben«. Mia versteht das als Aufkündigung der Beziehung, als ausgesprochene Trennung.

Aufgewühlt von dem Brief und zugleich von der Analyse bei Nohl reagiert sie panisch, ja, psychotisch, zumal Hesse sich weiterhin beharrlich sträubt, nach Ascona zu kommen – trotz ihrer inständig vorgetragenen Bitten und eines Telegramms von Nohl. Mia schikaniert die Nohls, rennt, wie sich Hilde Neugeboren später erinnert, nur mit einem Nachthemd bekleidet durch die Gegend, geht gar Martin an die Gurgel und versucht, ihn zu erdrosseln. Nohl berichtet, sie habe ausgestreckt über dem Jungen gelegen, dessen Gesicht blutüberströmt gewesen sei, und sich nur mit Gewalt von ihm fortreißen lassen. Die Vermischung von

Analyse und Privatleben fordert wie schon bei Gross ihren Tribut. Hastig packt Mia ihre Sachen zusammen und tritt unter Panikattacken die Rückreise an, einen sich sträubenden Sohn hinter sich herziehend. In Bellinzona wirft sie das gesamte Gepäck aus dem Zugfenster. »In großer Verwirrtheit und Alteration«, so Hesse, wird sie von Lang in eine Klinik gebracht. Nohl versteht Mias Verhalten als Flucht in den Wahn, dem Zweifel geschuldet, ob sie angesichts ihres Alters und der beginnenden Wechseljahre ihren Mann noch erotisch an sich zu fesseln vermag. »Klimakterielle Psychose« nennt er das. Mias älterer Bruder, der Weinhändler Adolf Bernoulli, hingegen meint gegenüber Hesse: »Was Nohl mit seiner Psychoanalyse getan, ist geradezu verbrecherisch oder zumindest sträfliche Fahrlässigkeit.« Selbst der Psychoanalytiker Carl Gustav Jung, der Mia Anfang November untersucht, schließt sein Gutachten mit dem Satz: »Analyse ist auf lange Zeit hinaus gänzlich zu widerraten.«

Der »Psychismus« und seine Opfer

Im Jahr darauf trennt sich Hesse endgültig von seiner Familie. »Der *Vogel* kämpft sich aus dem *Ei*. Das *Ei* ist die Welt. Wer geboren werden will, muss eine Welt zerstören«, heißt es im *Demian*. Mia hingegen zieht mit den Kindern nach Ascona, wie zuvor schon Frieda Gross, die seit Jahren von ihrem Mann getrennt lebende Ehefrau von Otto Gross. Zeitweise mit der Unterstützung Max Webers hat sie hier um das Sorgerecht des Sohnes Peter gekämpft, das ihr der Vater von Otto Gross auf dem Gerichtsweg streitig machen wollte.

Ascona ist nicht nur das Dorf der Alternativszene des Monte Verità, das sich erst zu einem Treffpunkt von Anarchisten und später zu einem Eldorado für Avantgardekünstler entwickelt,

Ascona ist auch ein Dorf der Frauen – eine Stätte weiblicher Suizide und ein Zufluchtsort verlassener Ehefrauen, die dort ihre Kinder durchzubringen versuchen. Der Psychismus, für den Friedeberg als Befreiungsweg warb, fordert viele Opfer, in erster Linie Frauen wie Lotte, Sofie, Frieda und Mia, die ein Stück weit die Konventionen und Zwänge ablegen, die ihrem Geschlecht zugemutet werden. Mia erleidet in den Folgejahren weitere psychische Zusammenbrüche, an die sich jeweils längere Sanatoriumsaufenthalte anschließen. Hesses Analytiker Lang organisiert dann die Unterbringung der Kinder in Heimen. Hesse selbst erklärt sich außerstande, seine Berufung zum Künstler mit der Betreuung der Kinder zu vereinbaren. Als in seinem neuen Wohnort Montagnola im Sommer 1919 die Nachricht eines neuerlichen Krankheitsschubes von Mia eintrifft, greift auch er zum Gift und nimmt eine hohe Dosis Opium. Er selbst bezeichnet die Einnahme als »Experiment«; vollkommen ernst war es ihm wohl nicht. Aber er verleiht damit dem Gefühl, dass ihm die Verantwortung für die Existenz seiner Kinder unerträglich ist, auf unmissverständliche Weise Ausdruck. In dem ersten größeren Text, den er in Montagnola schreibt, der Novelle *Klein und Wagner,* lässt er sogar – geschützt durch die Fiktion – der Phantasie freien Lauf, die Familie durch ein Blutbad auszulöschen.

Zumindest eines wird man feststellen müssen: Die Anarchisten unter den Analytikern haben sich das mit der Selbstbefreiung zu einfach vorgestellt. Als müsste man nur das Über-Ich unter Drogen setzen und dem Sexus Zucker geben, und dann würde sich der Rest von allein regeln. Der schwärmerische Hesse war da um einiges realistischer. Er hat zumindest geahnt, dass es sich um einen lebenslangen, sehr mühseligen Prozess handelt. Beide, der Bürger auf der Flucht wie die anarchistischen Bohemiens, aber waren sich darin einig, die Opfer zu übersehen, die ihr selbstbezogenes Verhalten forderte.

Derjenige, der das schon damals erkannt und auch kritisiert hat, ist der Soziologe Max Weber, der in den Jahren 1913 und 1914, jeweils im Frühjahr, nach Ascona kommt, um sich zu erholen und Diät zu halten – in unmittelbarer Nähe zum Monte Verità und inspiriert von dessen Agenda, aber ohne mit den Vegetariern Tuchfühlung aufzunehmen. Ebenso wie die Psychoanalytiker verdächtigt er sie der »Sektenwirtschaft«. Sein feines Sensorium für alle Formen charismatischer Herrschaft hat ihn schon früh zum Gegner von Otto Gross werden lassen, den er seit 1907 persönlich kennt. Er hält ihn zwar für eine faszinierende Persönlichkeit, aber zugleich für einen wissenschaftlichen Scharlatan. Vor allem irritiert ihn, in welchem Ausmaß hier ein angeblich autoritätsfeindlicher Mentor in einem angeblich autoritätsfeindlichen Milieu als Führer und Guru akzeptiert wird.

Weber ist fasziniert von der »Welt voll Zauberweiber, Anmut, Tücke und Glücksbegier«, als die ihm Ascona mit dem Monte Verità vorkommt. Dennoch warnt er davor, Ausleben als den neuen Weg zum Heil zu betrachten, »weil andernfalls meine lieben Nerven Schaden nehmen könnten«. Das sei lediglich eine neue Form von »Spießbürgerei« im Gewand revolutionärer Gesinnung, meint er, und das dahinter stehende Ideal »der ganz banale gesunde Nervenprotz«, wie er ihn spöttisch nennt. Überhaupt hält Weber die Glücksmoral der Selbstverwirklichung für fadenscheinig. »Ob nicht hier einer Schrulle zu Liebe eine wahnsinnige seelische Kraftverschwendung betrieben werde«, fragt er sich. Es sei doch »ein mächtiges Netz ganz gröblicher Selbsttäuschungen, in welches all diese Leute eingesponnen sind«. Und irgendwann fällt der Satz: »Es geht so was eben immer auf Kosten der Kinder.«

Teil 3
Die Verwandlung

Die bekleideten und unbekleideten Tänzerinnen und Tänzer rund um Rudolf von Laban, den Schöpfer des deutschen Ausdruckstanzes, prägen das Image des Monte Verità bis heute. Johann Adam Meisenbach fotografierte im Jahr 1914 Totimo, Maja Lederer, Suzanne Perrottet, Isabelle Adderley, Betty Baaron Samoa sowie den Meister selbst.

8. Kapitel

Tanze!

Die Kultur auf dem Monte Verità war keine literarische oder intellektuelle, sie war eine nonverbale Kultur. Vor allem eine Kultur des Körpers und seiner Erfahrungen: im naturnahen Wohnen, im Sonnen- und Lichtluftbaden, in der richtigen Ernährung, später im Tanz und in der Malerei. Als Hesse 1907 auf den Hügel kam, hat ihn genau das beeindruckt und – Mann des Wortes, der er war – zugleich auch befremdet. Zwar habe er dort die Überzeugung gewonnen, »dass eine Regeneration unserer Völker und ihres gesamten Lebens möglich wäre, durch Früchtenahrung und Annäherung an das Nacktleben«, resümiert er in den *Notizen eines Naturmenschen*. »Doch hatte ich solche Erkenntnisse nicht gesucht und rechne sie zu den leiblichen Erfahrungen. Geistige habe ich nicht gemacht.«

Die Aufwertung des Körpers, seine Bedeutung für eine nicht nur gesunde, sondern auch dem Menschen gemäße Lebensführung war ein zentrales Anliegen der Lebensreformbewegung um die Jahrhundertwende. Zum Ende des 19. Jahrhunderts hin hatten sich die warnenden Stimmen jener vermehrt, die glaubten, dass angesichts der verstärkten Industrialisierung und Mechanisierung der meisten Lebensbereiche der menschliche Organismus sein Gleichgewicht verlieren könnte. Dieser von vielen als Angriff auf die persönliche Integrität erlebte Prozess betraf nicht nur das Arbeitsleben und dort neben der Fabrik auch das Handwerk und die Landwirtschaft, er erstreckte sich ebenso auf die Bereiche der Ernährung, des Haushalts, des Wohnens, der Freizeitbeschäftigungen. Etliche der als Modernisierung daherkommenden Neuerungen führten durchaus wahrnehmbar zu einer Steigerung des Wohlbefindens und des Komforts. Dennoch kam es auch dort zu einem Rückzug körperlicher Tätigkeit: Statt dass die Menschen selbst Hand anlegten und dabei ins Schwitzen gerieten, übernahmen nun Maschinen die Arbeit, während sich die menschliche Funktion aufs Einschalten und die Wartung reduzierte. Dieser Prozess dauert bis heute an: Nur vollzieht er sich gegenwärtig nicht mehr wie im 19. und 20. Jahrhundert als Mechanisierung von Arbeitsprozessen und ganzen Lebensbereichen, sondern seit der Entwicklung der elektronischen Datenverarbeitung als sogenannte Digitalisierung.

Wo aber bleibt in diesem Prozess unser Körper mit seinem Bedürfnis nach Ausdruck, Bewegung, Kontakt, Berührung? Diese Frage wurde mit der Lebensreformbewegung erstmals in aller Radikalität gestellt und hat sich auch mit deren Ende keineswegs erledigt, im Gegenteil. Historisch überholt sind allenfalls die ideologischen Antworten, die Teile der Bewegung seinerzeit gefunden haben, wenn sie den Prozess der Zurückdrängung des Körpers etwa als »Degeneration« auffassten und wie die Zeitschrift *Kraft und Schönheit* 1907 – im Jahr des Besuches von Hermann Hesse auf dem Monte Verità – öffentlich bekundeten: »Wir wollen dem körperlichen Verfall eines großen Teils unseres Volkes dadurch entgegenarbeiten, dass wir lernen und zeigen, wie der menschliche Körper kräftig, schön und widerstandsfähig gemacht werden muss.« Kräftig und widerstandsfähig, so möchte man hinzufügen, doch wohl vor allem, um den Forderungen nach Militärtauglichkeit und Gebärfähigkeit zu genügen.

Bewegung

Als die Menschen das Gefühl bekamen, durch den technischen und gesellschaftlichen Fortschritt aus dem körperlichen Gleichgewicht gebracht, ja, um den Körper betrogen zu werden, erfanden sie den Sport. 1896 wurden die ersten Olympischen Spiele unserer Zeit in Athen ausgetragen, nachdem sie im Jahr 393 wegen der Verehrung heidnischer Götter verboten worden waren. 1903 feierte die Tour de France ihre Premiere, 1904 kam es als Antwort auf die überbordende Popularisierung des Fußballs zur Gründung der FIFA, des Weltfußballverbands. »Sport ist definitiv zu einer neuen Religion geworden«, schrieb die im Herbst 1900 gegründete französische Sporttageszeitung *L'Auto-Vélo* in einer ihrer ersten Ausgaben. Alle Ideologien des 20. Jahrhunderts – Faschismus, Nationalsozialismus, Kommunismus – haben den Sport ideologisiert, und doch hat er sie alle überlebt, indem er zu seiner eigenen Ideologie geworden ist.

Die neue Körperbewegtheit hatte etwas Ansteckendes: Menschen, die noch in der Tradition der Körperfeindlichkeit erzogen worden waren, verspürten plötzlich den unwiderstehlichen Drang, die Kleidung abzulegen und sich zu bewegen, sie machten Gymnastik am offenen Fenster und bewiesen ihre Fitness in gewaltigen Fußmärschen. Sie hatte aber auch etwas von Kompensation: Dieselben Menschen verbrachten ihren Berufsalltag sitzend in muffigen Büros oder übten mehr und mehr Tätigkeiten aus, die nur wenige Handgriffe erforderten. Die Kultur des Körpers sei für die Massen zu einer »Hauptform ihrer Existenz« geworden, schrieb dann 1929 Siegfried Kracauer, der Vorreiter einer neuen kritischen Gesellschaftstheorie, in seiner wegweisenden Studie über einen neuen Menschentypus, der in wachsendem Ausmaß das Berufsleben bestimmte – den Angestellten.

Auf dem Monte Verità als einem Hort der sich entwickelnden Alternativkultur sah die Sache einmal mehr anders aus. Auch hier gab es Sport: Von dem Tennisplatz war bereits die Rede; für gymnastische Übungen standen Geräte zur Verfügung. Berühmt geworden ist er aber nicht dafür, sondern für seine Tänzer. Zwischen 1913 und 1919 verlegte Rudolf von Laban, der einflussreiche Choreograf und Theoretiker des modernen Tanzes in Deutschland, seine Schule für Bewegung für die Sommermonate auf den Monte Verità. Aus Labans Umfeld gingen so bedeutende Tänzerinnen hervor wie Mary Wigman, Suzanne Perrottet, Gertrud Leistikow und Katja Wulff.

Tanzen kann man als eine Sportart begreifen, aber damit erfasst man nur einen kleinen Aspekt dieser elementaren und universalen menschlichen Ausdrucksform, die weit in die Vorgeschichte zurückreicht und deren Bedeutung durch die gesamte Kulturentwicklung hindurch eigentlich nie nachgelassen hat. Es ist uns keine Gesellschaft und keine Epoche bekannt, in der Tanzen nicht eine Rolle gespielt hätte. Der Mensch tanzte schon, bevor er andere Möglichkeiten des Ausdrucks seiner selbst wie Höhlenzeichnungen, Musik oder gar Schrift fand, schreibt Walter Sorell in seiner Weltgeschichte des Tanzes *The Dance through the Ages*. Und er tanzt auch heute noch, und dies seit den 1960er Jahren vermehrt in einer Weise, die viele an primitive Bewegungsformen erinnert – mit »krampfhaften Zuckungen und Verrenkungen, versenkt in ohrenzerreißende, technisch vervielfältigte Trommelorgien, der Welt entrückt und wie hypnotisiert«, wie Sorell das im kulturkritischen Tonfall der 1960er Jahre beschreibt.

Doch die Auflösung traditioneller Formen etwa des Gesellschaftstanzes zugunsten der freien rhythmischen Bewegung ist älter als der Siegeszug der Beat- und Rockmusik in den 1960er Jahren, älter auch als der Aufstieg des Jazz. Verbunden mit der

Rehabilitierung wilder Urformen erfolgte sie erstmals Anfang des 20. Jahrhunderts, insbesondere in dessen zweitem Jahrzehnt. Ausdruckstanz oder auch freier, expressionistischer, moderner Tanz hieß das damals. Sicher ist es überzogen zu sagen, dass diese Art des Tanzens auf dem Monte Verità erfunden wurde; sie ist auch an anderen Orten entstanden, und seine Entwicklung ist stärker von Menschen – Tänzern und Choreografen – beeinflusst gewesen als von den Schauplätzen, wo die Bewegungsformen des Ausdruckstanzes erarbeitet, erprobt und zur Aufführung gebracht wurden. Aus diesen Schauplätzen ragt der Monte Verità aber in besonderer Weise heraus, weil er sich dort mit einer Alternativkultur verband, die selbst Antwort auf die Körpervergessenheit des heraufziehenden modernen Zeitalters sein wollte.

Eine Begegnung

Ida und Henri haben sich schon früh für den neuen Tanz interessiert. Als sie 1904 nach Bayreuth fahren und dort neben dem *Parsifal* auch eine Aufführung des *Tannhäuser* sehen, begegnen sie Isadora Duncan. Sie hat für die Bayreuther Inszenierung das Bacchanal choreografiert – eine Balletteinlage, die Wagner ursprünglich für die Pariser Aufführung des *Tannhäuser* im Jahr 1860 geschrieben hat – und tanzt selbst eine der dort auftretenden drei Grazien, »in durchsichtigem Gewand und barfuß«, wie Ida bemerkt. Dieser Auftritt gehört zur Corporate Identity der Amerikanerin in Europa; mit ihm hat sie von Anfang an Furore gemacht und Menschen wie Ida und Henri für sich gewonnen. »Warum tanzt sie mit so wenig an?«, soll die Fürstin Metternich bei einem der ersten europäischen Auftritte der Duncan in Wien gefragt haben. »Die Koffer unserer Künstlerin sind leider nicht angekommen; um Ihnen aber trotzdem den Genuss ihres Tanzes zu geben, ist sie im Trainingsanzug vor Ihnen erschienen«, hatte man ihr geantwortet. Doch die Koffer kamen nie an.

Isadora Duncans Familie war aus Irland nach Kalifornien ausgewandert. Als ihre Eltern sich in der neuen Heimat scheiden ließen, wuchs sie mit ihren Geschwistern in ärmlichen Verhältnissen bei der Mutter auf, die sich als Musiklehrerin durchschlug. Deren Schicksal vor Augen soll sie bereits als Jugendliche die Entscheidung getroffen haben, niemals zu heiraten und sich die Männer nach Gutdünken auszuwählen, was sie dann auch konsequent realisierte. Auch ihre tänzerischen Ambitionen entwickelte sie früh und als Autodidaktin: freie und unverbildete, dabei aber stets graziöse und harmonische Tanzbewegungen, von denen sie meinte, dass sie antiken Vorbildern entsprachen. Auch aus diesem Grund hüllte sie ihren mädchenhaften Körper in griechische Gewänder.

1899 kehrte sie, gerade Anfang zwanzig, mit ihrer Familie nach Europa zurück und erlebte dort einen kometenhaften Aufstieg zum gefeierten Bühnenstar. Das hatte weniger mit ihrer Begabung als Tänzerin als mit ihrer Bühnenpräsenz zu tun. Sie verband die zur Schau getragene Natürlichkeit der jungen Frau aus der Neuen Welt mit einer Art unschuldigem Rebellentum gegen alles Einengende, Konventionelle, Überlebte. Charakteristisch war ihre demonstrative Verachtung des klassischen Balletts, dem sie vorwarf, sterile Bewegungen und Posen zu kultivieren, die im Widerspruch zu den Gesetzen der Natur und dem natürlichen Willen des Individuums stehen. Zugleich aber, und das war ihre geniale Strategie, suchte sie für ihr Vorhaben, die Welt des Tanzes zu revolutionieren, Zuflucht bei den Künsten und den Künstlern. In Paris tanzte sie vor Rodin und ließ sich von ihm nackt zeichnen, in München vor den Matadoren der Kunstszene Franz von Lenbach, Franz von Stuck und Wilhelm von Kaulbach, die sie ebenfalls zum Modell nahmen. Die

Malerei der italienischen Renaissance, die sie in der Münchner Pinakothek sah, begeisterte sie derart, dass sie stante pede nach Florenz reiste und vor Botticellis *Primavera* beschloss, künftig »die Botschaft der Liebe, des Frühlings, des Lebens« dieses Bildes zur Grundlage ihres Tanzens zu machen. In München und Berlin endeten ihre Auftritte regelmäßig mit tumulthaften Ovationen, Gewand und Schal wurden ihr als Trophäen förmlich vom Leib gerissen.

Isadora Duncans choreografische Einrichtung von Wagners expressiv-romantischer Musik, aus der ein französischer Kritiker »wilde Schreie fleischlicher Lust, die Trunkenheit heidnischer Begierde, das Delirium des Saturnals« heraushören wollte, blieb dabei durchaus züchtig. In den eigenen Worten der Choreografin: »Die Tänzer werden zu Massen, die sich in Orkanen losstürzen, im Rhythmus der wilden Wogen dieser Musik, in höchster Ekstase und toller Sinnlichkeit … Und wenn ihre furchtbare Begierde zum höchsten gesteigert ist, wenn sie den Punkt erreicht, wo jede Schranke fällt, dann bedecke ich diese Szene mit einem Nebel, sodass jeder – ohne etwas zu sehen – nach seiner Art sich eine Lösung vorstellen kann, die das reale Bild nicht zu geben vermag.« Aus dem wabernden Bühnennebel heraus dann Auftritt der drei Friedensgrazien, darunter Isadora. Das schien für damalige Verhältnisse das Äußerste zu sein, was einem Publikum wie dem in Bayreuth an Orgie, auch an bloß gespielter Orgie, zuzumuten war.

Wie Ida und Henri auch gehört die Duncan zu einer neuen Generation von Wagner-Fans. Vielfach bezeugt ist, dass die Wagner'sche Musik, im Wesentlichen in den drei Jahrzehnten zwischen 1850 und 1880 komponiert, noch ein Vierteljahrhundert später einen Bruch der Generationen verursachte. »Vater und Sohn, die sonst unzertrennlich waren, wurden Feinde, sobald die Rede auf Richard Wagner kam«, schreibt etwa der

1873 geborene Schriftsteller Georg Hirschfeld im Rückblick. Die jungen Leute hörten Wagner anders. »Was uns vielleicht das Wesentlichste an ihm war, ließ die Alten kalt oder machte sie feindselig.« Und was war dieses Wesentlichste? »Menschen von unserem Leid und unserer Lust erschienen, Ideale wurden verkündet, Sehnsüchte geweckt, Zukunftsdunkel aufgehellt«, so Hirschfeld weiter. »Kein einfältiges Glauben an kleine Traditionswerte« habe sich mehr gegen »den großen Geist« behauptet, »der alle Revolutionäre an sich zog und mitriss und ihre Berechtigung anerkannte«. Die Fin-de-Siècle-Generation der Monte-Verità-Gründer mag keine eigene Musik gekannt haben wie die Hippie- und Rebellengeneration der 1960er Jahre. Aber sie hatte in Wagner eine Musik, deren bewusstseinsverändernde Kraft sie in der Rebellion gegen das Establishment in den ersten Jahren des neuen Jahrhunderts bestärkte. Wagner-Abende wurden auf dem Monte Verità eine ständige Einrichtung, mit der Pianistin Ida am Klavier, der alle große Könnerschaft und Passion bescheinigen.

Am Tag nach der Aufführung suchen Ida und Henri die Duncan in der ihr zur Verfügung gestellten Villa auf. Sie treffen auf eine mädchenhafte Erscheinung im Reitkleid, die sich angesichts der in Reformkleider gehüllten Besucher wegen ihres unpassenden Aufzugs entschuldigt und kurz verschwindet, um sich ihre Berufskleidung – eine Art Tunika – überzuwerfen. Professionell erläutert sie den beiden ihre Ziele: »eine Renaissance der Tanzkunst wie der kindlichen Körperform«, wie Ida notiert. Isadora Duncan, auch das ein Bestandteil ihres Erfolgs, verkörpert einen neuen Frauentyp: Er ist nicht mütterlich, mit auslandenden Hüften und üppiger Oberweite, sondern mädchenhaft sportlich, mit schlanker Linie. Störend wirke die Leibesfülle der meisten Sänger in Bayreuth, beklagt sich Ida ganz in diesem Sinne – »besonders in der Darstellung jugendlicher Helden oder von Liebespaaren«. Die Zukunft des Tanzes mag in der Vergangenheit liegen, wie Isadora Duncan sagt, sie gehört aber den Jungen, die leichtfüßig und vital nach vorne schauen. Sie strebe die Gründung einer Tanzschule an, in Athen oder Berlin, sagt sie noch, gewollt beiläufig. Dann ist der Termin beendet.

Lange nicht so gekonnt beiläufig wie ihr Idol ergänzt Ida: »Wir streben eine Renaissance des Menschengeschlechtes an« und fügt hinzu: »Es war, als ob wir einander zu ähnlichem Zweck begegnen und vielleicht gegenseitig auf unserem Arbeitsfeld ergänzen sollten.« Doch bis es so weit war, sollte noch beinahe ein Jahrzehnt vergehen, und es war dann auch nicht »die göttliche, heilige Isadora«, wie sie in Deutschland hieß, mit der diese Ergänzung gelang.

Balla balla

»Balabiòtt« wurden die Fremden auf dem Hügel von den Einheimischen genannt, wobei laut des schon erwähnten Asconeser Chronisten Giorgio Vacchini das »biòtt« für nackt stand. Doch wie erklärt sich der andere Bestandteil ihres Spitznamens – das »bala«? Darauf fand der Tessiner Liedermacher Enrico Hugel die naheliegende Antwort. Die Balabiòtt, so äußerte er sich gegenüber Giorgio Vacchini, »waren Menschen, denen die Meinung anderer völlig egal war. Sie gingen halbnackt durch die Straßen. Nein, nein, gehen ist nicht richtig, nicht exakt. Auch nackt gehen ist nicht richtig: Sie tanz-ten. Ja, das ist besser.« Im Italienischen heißt tanzen »ballare«; «balla balla« meint: »Tanz, Brüderchen, tanz!« Von da sei der Ausdruck gekommen: nacktes Tanzen. Wie sich Enrico Hugel erinnern will, passierte das vor allem des Nachts, rund um ein Feuer: »Auf dem Monte Verità organisierten sie private Feste und in der Nacht tanzten sie nackt … Dort oben kreisten sie um das Feuer, tanzten wie die Araber, ganz nackt …« Diese »Nackt-Ballette« seien die beliebtesten männlichen Unterhaltungen jener Zeit gewesen, gab Hugel zu Protokoll und betonte ausdrücklich, dass auch Dorfbewohner, jedenfalls die Männer, teilgenommen hätten.

Hugels Erinnerungen beziehen sich vermutlich auf die Verhältnisse auf dem Berg bereits nach dem Weggang Ida Hofmanns und Henri Oedenkovens Anfang der 1920er Jahre, als das Terrain noch nicht verkauft, sondern übergangsweise an einen Geschäftsmann verpachtet war. Der machte nach dem Zeugnis von Robert Landmann aus dem Anwesen ein besseres »Bumslokal«, das von den Einheimischen stark frequentiert wurde. In den großzügigen Räumen der Casa Anatta wurde ein Orchestrion aufgestellt, und da ging dann, vom Dorf fußläufig zu erreichen, aber zugleich in gehöriger Distanz, unter den jungen Leuten am Wochenende die Post ab. »Da die Frauen und Mädchen sehr fromm und zurückgezogen lebten und nur in ganz seltenen Ausnahmefällen Vergnügungsstätten besuchten, war es von jeher Sitte, dass die jungen Männer unter sich zusammen tanzten«, berichtet Landmann in seiner Geschichte des Monte Verità. »Sie brachten es dabei zu einer erstaunlichen Kunstfertigkeit, die häufig an Akrobatik grenzte.«

Getanzt aber wurde auf dem Monte Verità bereits in den Gründerjahren, und auch Jahre bevor Rudolf Steiner die anthroposophische Bewegungskunst der Eurythmie propagierte, mit der die Gruppentänze der Aussteiger fälschlicherweise zusammengebracht werden. Cornelis Gouma, einer der vielen Holländer, die in der Anfangsphase eine Zeit lang blieben und begeistert mithalfen, berichtet in seinem Tagebuch von dem Weihnachtsfest 1904. Es gab sogar einen Tannenbaum – für diese Gegend absolut ungewöhnlich. Gouma, der mit Henri und Ida die Vorliebe für ausgedehnte Wanderungen teilte, hatte ihn bei Mondlicht geschlagen und zusammen mit Henri, Karl Vester und Raphael Friedeberg im Esszimmer aufgestellt. »Das Fest begann mit dem Entzünden eines riesigen Holzhaufens vor dem Zentralgebäude auf dem Felsen«, notierte Gouma: »ein Gruß an die Sonne, die für Licht und Wärme sorgt. Was für ein beeindruckendes Feuer. Gigantische Flammen zischten und loderten mehrere Meter empor und zerstoben in einem Funkenregen. Die Frauen stimmten dazu mehrstimmige Gesänge an.« Man beschenkte sich gegenseitig, Frau Vester hatte ein Festessen zubereitet, Ida setzte sich ans Klavier, ein Gast trug etwas von Goethe vor, und schließlich begannen alle um das Feuer zu tanzen. Das mag eine der Gelegenheiten gewesen sein, bei denen die junge Katharina Simon, die Geliebte des Berliner Bildhauers Max Kruse, nach dem Zeugnis von Ida »in anmutiger Weise« Tänze improvisierte. Ein berühmtes Bild aus dieser Zeit zeigt Henri, Ida, Friedeberg, Gouma sowie zwei junge Frauen aus Mainburg, Anita Bracht und Mimi Sohr, bei einem Gruppentanz im Freien vor einer der Lichtlufthütten. Alle außer Friedeberg, der sogar einen Hut aufhat, tragen Reformkleider und sind barfuß.

Aber nackt? Der ehemalige Erzherzog Leopold Wölfling, der zusammen mit seiner Frau 1906 Karl Gräser auf dem Monte Verità besuchte, erzählt in seiner ein Vierteljahrhundert später in einem New Yorker Verlag erschienenen Autobiografie *From Archduke to Grocer* (Vom Erzherzog zum Krämer) von nächtlichen Feiern bei Mondschein. Gräser heißt dort Vögel, und es gibt – wie im echten Leben auch – gleich drei davon: »Vögel the First«, den ehemaligen Leutnant in seinem Regiment, »Vögel the Second«, dessen jüngeren Bruder Gusto, sowie »Vögel the Third«, den wiederum jüngeren Maler-Bruder Ernst. Wölfling stilisiert ihn zum Intellektuellen, dessen Theorien über Sex er unglaubhaft findet: unter anderem die, dass Schamhaftigkeit nicht angeboren, sondern anerzogen sei und sich gar nicht erst entwickeln würde, wenn man nur die Menschen von Kindesbeinen an daran gewöhne, einander nackt zu begegnen. Angesichts der angekündigten nächtlichen Feiern auf einer Waldwiese sollte sich nun erweisen, ob etwas daran war. Wölfling hatte sich ausdrücklich ausbedungen, Beobachter bleiben und Hemd und Hose anbehalten zu dürfen. Was er sah, waren völlig nackte, in seinen Augen aber zu dünne Männer und krummbeinige Frauen, die zu den Klängen ungarischer Zigeunermusik theatralische Verrenkungen vollführten, die wohl dazu dienen sollte, die eigenen Gefühle auszudrücken. Jeder aber »tanzte« für sich, ohne auf die anderen einzugehen, geschweige denn sie anzufassen. Dabei gaben sie, ein Menschenalter vor der Einführung der Urschrei-Therapie durch Arthur Janov, bellende Laute von sich. »Man stelle sich eine Gruppe prüder Professoren und spröder Gouvernanten vor, denen plötzlich der Teufel das Verlangen nach Nacktheit eingibt, wenn sie ihre erste Jugend schon hinter sich haben«, schreibt Wölfling. Dann bekomme man eine ungefähre Vorstellung davon, wie diese tanzenden Derwische ausgesehen hätten. Was der junge Vögel für sexuelle Unschuld halte, sei in Wahrheit Sexapathie.

Wölfling hatte persönliche Gründe, die Lebensreform auf dem Monte Verità noch im Nachhinein ins Zwielicht zu rücken, und das war neben Voyeurismus und Sensationsgier, die immer schon für Aufmerksamkeit gut waren, schlicht Eifersucht. Denn anders als er selbst entwickelte Wölflings ehemalige Geliebte Wilhelmine, die er inzwischen geheiratet hatte und die mit nach Ascona gekommen war, dort eine tiefe Zuneigung zum Vegetarismus und den »Naturmenschen«. Das führte schließlich zum Zerwürfnis der beiden, letztendlich gar zur Scheidung und bewirkte einen handfesten Gesellschaftsskandal, der von der Boulevardpresse begierig breitgetreten wurde. Trotzdem hat Wölfling die nächtlichen Nackttänze wohl kaum erfunden, ihre Schilderung höchstens genüsslich ins Monströse verschoben. So bleibt festzuhalten, dass viele Jahre, bevor Rudolf von Laban auf dem Monte Verità die Schule für Kunst gründete, dort bereits spontane Vorformen dieser neuen Gestalt des Gefühls- und Körperausdrucks existiert haben – bemerkenswerterweise zu den Klängen ungarischer Zigeunermusik. Sollte der gebürtige Ungar von Laban, der sich in jungen Jahren einer Csárdás-Tanzgruppe angeschlossen hatte, da bereits die Hand mit im Spiel gehabt haben? Nach dem plötzlichen Tod seiner ersten Frau und seines vermögenden Vaters und damit dem Versiegen der finanziellen Zuwendungen, die ihm bislang ein sorgloses Studium der Kunst und der Architektur, erst in München und später in Paris, erlaubt hatten, begannen für Laban 1906 Jahre eines unsteten Wanderlebens, in denen er sich als Illustrator und Karikaturist, zeitweise sogar als Buchhalter durchschlug, bis er dann aus seiner Leidenschaft für den Tanz eine Profession machte. Nicht auszuschließen, dass ihn die verschlungenen Wege dieser Lebensphase für eine Zeit lang auch auf den Monte Verità geführt haben. Wie er in seinen Lebenserinnerungen schreibt, war eine Festkultur im Freien, bei der der Mensch zur Steigerung seiner Persönlichkeitskräfte findet, eine seiner ganz frühen Ideen, noch bevor er zu einem bekannten Choreografen des freien Tanzes wurde.

1909 dann, drei Jahre nach den von Wölfling beobachteten Mondscheintänzen, war der Genfer Komponist und Musikpädagoge Émile Jaques-Dalcroze für mehrere Wochen Gast des Sanatoriums, noch bevor er in Hellerau bei Dresden, einer der ersten deutschen Gartenstädte, die Bildungsanstalt für Musik und Rhythmus gründete und ihr dort Weltgeltung verschaffte. Dalcroze hatte den Rhythmus als Quelle menschlicher Kraft und Ausdruckslust entdeckt; sein Interesse galt den Möglichkeiten der plastischen Darstellung von Musik durch den menschlichen Körper. Dafür griff er etwa auch auf Modelle arabischer

Rhythmik zurück, die er bei einem Engagement als Kapellmeister in Algier kennengelernt hatte. Gemeinsam mit seiner Mitarbeiterin Nina Gorter entwickelte er die Methode Jaques-Dalcroze (MJD), die in Deutschland als rhythmische Gymnastik bekannt wurde. Dalcroze war ein leidenschaftlicher Lehrer. Naheliegend, dass er in den Wochen seines Aufenthaltes auf dem Gelände des Monte Verità Kurse arrangierte, um aufgeschlossene Gäste mit seiner Arbeitsweise bekannt zu machen, die auf das Wechselspiel musikalischer, körperlicher und emotionaler Erfahrungen abzielte.

Sommerschule

Vier Jahre später kommt mit Mary Wigman, die damals noch Marie Wiegmann heißt, jene deutsche Tänzerin auf den Monte Verità, die den Ausdruckstanz als New German Dance international bekannt machen wird. In ihrem wunderbar schnoddrigen Ton schildert sie später ihren Aufbruch im Sommer 1913 ins Ungewisse: »Ich fuhr also unten runter, in den Süden, dritter Klasse, Köfferchen als Koppkissen, schmerzende Glieder nach der langen Fahrt, stieg in Locarno aus bei glühender Sommerhitze, mittags. Köfferchen in die rechte Hand und zu Fuß den staubigen Weg von Locarno nach Ascona. Mindestens 'ne Stunde zu Fuß. Dort angekommen: ›Wo ist der Monte Verità?‹ ›Da oben!‹ Allmächtiger! dacht' ich, jetzt sollst du da noch rauf! Und was das für Stufen waren. Nur so Bergstufen, Ziegenstufen, wo man immer stolperte …« Schließlich landet sie da oben: »eine verzauberte Gegend, bildschön! Verwahrlost, verwilderte Parks, kleine Häuschen da drin verstreut, wo scheinbar Sommergäste wohnten.«

Sie fragt nach dem Weg zum Sommerkurs von Herrn Laban.

Da müsse sie zum Damenluftbad, gleich hinter dem kleinen Waldstück, lautet die Antwort. Schon von Weitem hört sie eine Trommel: »Am anderen Ende der Wiese stand also ein Mann mit kurzen Hosen und einem weißen Hemd, eine Trommel in der Hand, und ein paar Mädchen und ein kleiner Zwerg, die sich da bewegten. Ich war fasziniert, stand und starrte, und Laban guckte mal um die Ecke und sagte: ›Was woll'n Sie denn da?‹ ›Ich möchte mitmachen.‹ ›Na ja, da zieh'n Sie sich da hinterm Busch aus und kommen Sie her!‹ Tat ich. Und es war, als käme ich nach Hause! Ist mir unvergesslich geblieben, dies wunderbare Gefühl, mit dem ich da stand und plötzlich unter der Diktatur eines Trommelrhythmus glücklich und selig war.«

Gelehrt wird hier gerade »Bewegungskunst«, einer von vier Kursen in Labans Sommerschule. Die Übungen werden in der Regel von rhythmischen Geräuschen begleitet, die von Handtrommeln, Tamburins, Kastagnetten, Schellen, Klappern oder Gongs erzeugt werden. Zur Not tun es auch zwei Holzstücke, die gegeneinandergeschlagen werden, zur Ergänzung etwa die schrillen Töne einer Blockflöte. Die rhythmische Begleitung wie auch die Bewegungen selbst gehen aus freier Improvisation hervor; der geschlagene Rhythmus will dabei nur Anreize setzen, um den Körper von Hemmungen zu befreien, Spannungen zu lösen, damit er zu seinem eigenen Rhythmus findet. Nicht die Musik, sondern der freie Tanz steht bei Laban im Zentrum des Interesses.

Das unterscheidet ihn von Dalcroze, und es ist genau dieser Unterschied, der einige seiner begabtesten Schülerinnen, darunter Mary Wigman und Suzanne Perrottet, auf den Monte Verità zu Rudolf von Laban führt. Als Lehrer am Genfer Konservatorium hatte Dalcroze sich über die »Arythmie« seiner Schülerinnen gewundert: ihre vollständige Unfähigkeit, sich zur Musik zu bewegen. Er führte das auf den in bürgerlichen Kreisen üblichen

Klavierunterricht zurück, der stundenlanges ermüdendes Stillsitzen mit sich brachte. Musik machen oder rezipieren hieß seinerzeit, sich möglichst wenig zu bewegen. Überhaupt hatte die vorrangig sitzende Lebensweise der Frauen in seinen Augen die Einbuße souveräner Körperbeherrschung zur Folge; was man nicht übt, verliert man. Die von Dalcroze konzipierte rhythmische Erziehung, die er ab 1910 in der Gartenstadt Hellerau lehrte und die von dort ihren Siegeszug durch die Schulen, Theater und Familien antrat, sollte diesem Manko Abhilfe schaffen und Innenleben und Körperausdruck wieder in ein spürbares Gleichgewicht bringen.

Viele junge Frauen folgen seinem Ruf, neben Marie Wiegmann aus Hannover, die die Ausbildung an der »Rhythmischen Bildungsanstalt« auch mit der beruflichen Perspektive einer Rhythmiklehrerin verband, etwa auch Ada Bruhn aus Holland, die spätere Frau des Architekten Ludwig Mies van der Rohe, oder Erna Hoffmann aus der Schweiz, die Verlobte des Nervenarztes Hans Prinzhorn, der die therapeutische Wirkung von künstlerischer Betätigung bei Geisteskranken erforschte. Suzanne Perrottet war bereits in Genf Assistentin von Dalcroze gewesen. In Hellerau wurde Mary Wigman ihre begabteste Schülerin.

Je umfassender die jungen Frauen sich das »System Dalcroze« jedoch zu eigen machen, desto mehr verspüren sie ein grundsätzliches Unbehagen. Denn es hat unleugbar etwas von Drill. Rhythmus bedeutet für Dalcroze ausschließlich Takt, der Takt der Musik; ihm hat man sich als sein Schüler zu unterwerfen. An Isadora Duncan etwa, deren Tanzkunst und Persönlichkeit er durchaus bewundert, kritisiert er, dass sie mit der Musik mache, was sie wolle; das könne er als Musiker nicht akzeptieren. Die Bewegungen, die Dalcroze seinen Schülerinnen vorschreibt, sollen der Musik folgen, nicht dem eigenen Körper. Die jungen Frauen empfinden das zunehmend als vertane Chance.

Unabhängig voneinander beginnen sie in ihren Zimmern allein für sich zu üben, ohne Musik. Und entdecken dabei, dass die Freiheit der Bewegung im eigenen Körperrhythmus nur dann gelingt, wenn sie sich erst einmal von der Fixierung auf die Musik lösen. Dalcroze ist in ihren Augen plötzlich ein Diktator, der den Körper, statt ihn zu befreien, in ein Korsett von mehr oder weniger konstruierten Bewegungen einsperrt, das den eigenen Bewegungssinn zerstört.

Rudolf von Laban hingegen kommt gar nicht von der Musik, sondern von der bildenden Kunst und Architektur. Bewegung sei sozusagen lebendige Architektur, lautet ein Credo von ihm. Ein anderes: »Jeder Mensch trägt den Tänzer in sich«, häufig verkürzt zu: »Jeder Mensch ist ein Tänzer.« Doch wir müssen, was wir in uns tragen, auch herauslassen, befreien, damit wir selbst frei werden. Dafür zu sorgen, hat Laban sich zur Aufgabe gemacht.

Mary Wigman hört von ihm zum ersten Mal durch den Maler Emil Nolde, einen Bekannten Erna Hoffmanns. Tanz und Tänzerinnen sind ein Lieblingssujet des Expressionisten. Nolde lässt sich in seiner Malerei von den Rhythmikerinnen anregen, und diese lernen durch ihn die expressionistische Kunstauffassung kennen, der es nicht auf Harmonie und Schönheit, sondern auf Gefühlsausdruck und Freiheit ankommt, die das Direkte, Wilde, Grelle zu ihrem Markenzeichen macht. Das ist etwas anderes als das Studium der alten Meister, wozu ihnen die Lehrer in Hellerau raten. Noldes berühmte Lithografie einer selbstvergessenen exotischen Tänzerin, die er Mary Wigman schenkt, begleitet sie das ganze Leben lang.

Für Suzanne Perrottet entwickeln sich die Differenzen mit Dalcroze zunehmend zur seelischen Zerreißprobe. In »Dr. Lahmanns physiatrischem Sanatorium« im Dresdner Vorort Weißer Hirsch, wo sie sich mit Naturheilmethoden behandeln lässt, lernt sie schließlich Rudolf von Laban kennen – wie Ida Hofmann vormals in Wallnerbrunn Henri Oedenkoven. Laban hat zusammen mit seiner zweiten Frau Maja Lederer in München eine Schule für Bewegungskunst gegründet. Um sich und die Familie zu ernähren, muss er aber weiterhin als Reklamezeichner und Illustrator arbeiten. Trotz seiner Erschöpfung, derentwegen er hier eine Kur macht, erweist sich der attraktive Rezső Laban de Váralja, wie er eigentlich heißt, als ein äußerst charmanter, selbstbewusster, eloquenter Mann. Suzanne Perrottet wird seine Geliebte und folgt ihm auf den Monte Verità.

Dort gehört zu seinen ersten Schülerinnen die Engländerin Isabelle Adderley, von der wenig bekannt ist, außer dass sie um 1890 in Indien geboren wurde und schon bald nach ihrer Ankunft Ida Hofmann bei Oedenkoven aussticht. Henri ist für sie sogar bereit, die in der Verbindung mit Ida kultivierte Abneigung gegen die Ehe abzulegen, und heiratet in aller Stille Isabelle, die nun Frau Oedenkoven ist und drei gemeinsame Kinder zur Welt bringt: Verus, Giusto Helios sowie Elisabeth. Die Vornamen der beiden Söhne präsentieren in einer Art leibhaftiger Zusammenschau noch einmal die zentralen Ideen des Monte Verità: die Suche nach Wahrheit, nach dem richtigen Leben und die Hinwendung zur Sonne.

Ekstase und Immunität

Früh morgens schlägt der Direktor der Sommerschule auf der Veranda seines Häuschens den Gong. Daraufhin treten, bevor noch die ersten Bewegungsübungen und Tanzschritte unternommen wurden, erst einmal alle zur Arbeit an: Eine Gruppe geht in die Gärten, um dort Unkraut zu jäten, umzugraben oder anzupflanzen; ein paar Frauen in die Nähstube, in der Tanzkleider und Sandalen angefertigt werden. Später kommen sogar Webstühle hinzu, um auch die Stoffe selbst zu produzieren. Eine dritte Gruppe begibt sich in die Backstube. Die Teilnehmer von Labans Sommerschule kochen Obst ein, bereiten in verschiedenen Schichten die Mahlzeiten selbst zu, pflegen die Rasenplätze, auf denen sie trainieren und ihre Aufführungen veranstalten. Spät, vielleicht zu spät, nimmt hier das Ideal der Gründer des Monte Verità, einer sich selbst versorgenden Gemeinschaft, die eine Alternative zum Kapitalismus darstellt, endlich Gestalt an – in einer »Tanzfarm«, wie die Beteiligten ihre Unternehmung nennen, und begrenzt auf die Sommermonate. Zwischen kreativen Tätigkeiten, die der Selbstverwirklichung dienen, und niederen Diensten, die für das Lebensnotwendige sorgen, wird kein Unterschied gemacht. Zur Bewegungskunst gehören »körperliche Arbeiten in Gärten und Werkstätten« genauso wie »Spiele und Tänze« sowie »die Komposition des Bewegungskunstwerkes«, während die »Formkunst« neben der »Arbeit in angewandter Kunst, Baukunst, Bildnerei« sowie der »Komposition des Formkunstwerkes« auch »technische Arbeiten in Gärten und Werkstätten« umfasst.

Unterrichtet werden die einzelnen Fächer in Arbeitskursen, Übungen sowie Abendvorträgen. Bei letzteren wird auch der Direktor der »Individualistischen Cooperative von Monte Verità« aktiv; Herr Oedenkoven persönlich trägt über »Baukunst mit allen einschlägigen Handwerken« vor. Frau Hofmann hingegen erteilt Sprachen- und Klavierunterricht. Labans Frau Maja Lederer hält Übungen in Gesang und Sprechtechnik ab, die »musikalischen Übungen«, die Körperübungen und der Tanz sind hingegen die Domäne des Schulleiters, Herrn Laban de Váralja, unterstützt von Frau Perrottet.

So ist es dem Prospekt der »Schule für Kunst« zu entnehmen, die den Monte Verità zwischen 1913 und 1919 noch einmal mit

Leben erfüllt. Die Beschreibung des Schulprogramms liest sich wie ein Kompromiss aus Rudolf von Labans Bewegungs- und Tanzphilosophie und der ursprünglichen Agenda der Sanatoriumsgründer. Der Schüler werde in »alle Äußerungsformen des menschlichen Genius« eingeführt und suche »die neuen Formen eines einfachen und harmonischen Lebens zu finden«. Dadurch werde er davor bewahrt, »die Zahl der wert- und nutzlosen Kunstprodukte zu vermehren, welche das traurige Ergebnis einseitig spezialisierender Kunsterziehung sind«.

Von Ganzheitlichkeit würde man heute sprechen. Und das ist in der Tat das Ziel Labans. Er will den Tanz zu seinen Ursprüngen in der rhythmischen Körperbewegung zurückführen und dabei zu einem existenziellen Erlebnis werden lassen. Das hat zur Folge, dass seine Choreografien zwar vom Hunger nach Ganzheit künden, aber noch mehr diesen Hunger in Szene setzen als die Ganzheit selbst. Im Tanz sieht Laban »die Beschützerin des menschlichen Lebens in der fortschreitenden Zivilisation«, wie er in seiner Schrift *Gymnastik und Tanz* formuliert. Die Situation seiner Zeit beschreibt er als »Zerfahrenheit«, als »Brutalität der Einseitigkeit« und meint damit das Auseinanderfallen von Körper, Seele und Denken in der modernen Gesellschaft. Ein Marxist, der er nicht war, hätte von Entfremdung gesprochen. Im Tanz hingegen, oder allgemeiner, im tänzerischen Erleben der Welt verspürte er die Möglichkeit, Bewegung, Empfindung und Denken, Muskeln, Nerven und Gehirn in Kontakt zu bringen. Nicht der Denker oder der Träumer, auch nicht der Arbeiter oder der Soldat – Laban fasst die beiden letzteren unter dem Begriff »Gewaltmensch« zusammen –, sondern der Tänzer ist für ihn die Verkörperung des neuen Menschen, von dem auch die Monteveritaner träumen.

»Wir sehen seit Jahrzehnten in unserem Kulturkreis eine Bewegung, die über Sport, Turnen und Tanz zur Körpergesundung drängt«, schreibt Laban in *Gymnastik und Tanz*. Dieses Drängen sei »eine jener Schutzvorrichtungen, die – wie das Fieber im kranken Körper – Umwälzungen veranlassen, damit ein neues und erfrischendes Leben aus dem siechen Leben erblühen kann«. Das ist weniger defensiv gemeint, als es scheinen mag. Für Laban ist Tanzen kein Rückzugsgefecht, sondern eine Ekstasetechnik. Die Fieberkurven des Tanzes ermöglichen dem Menschen, es mit der modernen Zeit aufzunehmen.

Als historische Vorbilder nennt Laban etwa Schwerttänze, die er als »Zauberzeremonien zur Erzielung der Unverwundbarkeit« beschreibt, oder tanzende Derwische, die mit endlosen Drehungen sich derart in Ekstase bringen, dass sie sich Nadeln und Nägel durch die Wange, durch Brust und Armmuskeln bohren können, ohne irgendwelche Anzeichen von Schmerz zu empfinden. Er führt auch Bergbauern an, die davon überzeugt sind, dass man durch Tanz seinen Körper »hieb- und stichfest« machen kann. »Es scheint, dass in allen diesen Tänzen früher das Geheimnis der Hieb- und Stichfestigkeit eine Rolle gespielt hat«, konstatiert er. Auch darin kehrt der moderne Tanz zu den primitiven Ursprüngen zurück. Tanzen ist für Laban letztlich eine Immunisierungsstrategie, um es mit der bedrohlichen Welt aufnehmen zu können. So ist es vielleicht kein Zufall, dass insbesondere junge Frauen, die sich über traditionelle Rollenmuster hinwegsetzen und sich in einer ihnen feindlich gesonnenen Umwelt behaupten müssen, seine herausragenden Schüler werden. »Hexentanz« heißt einer der ersten Solotänze Mary Wigmans, der ihr leidenschaftliche Bewunderung wie radikale Ablehnung gleichermaßen einträgt, »Der Derwisch« ein anderer.

Rudolf von Laban war 1913 nicht der Einzige in Europa, der den Tanz revolutionieren wollte. Wesentlich spektakulärer als auf dem Monte Verità ging es im neu erbauten Pariser Théâtre des Champs-Élysées zu. Dort fand am 29. Mai die Uraufführung von Igor Strawinskys Ballett *Le Sacre du Printemps*, das Frühlingsopfer, statt und geriet zum voraussehbaren Skandal. Getanzt wurde das Stück von den Ballets Russes unter dem Impresario Sergei Djagilew, die in diesen Jahren die Avantgarde der Avantgarde waren, wenn es so etwas geben sollte. Djagilew hatte die besten russischen Tänzer zu einem festen, aber ambulanten Starensemble geformt, das auch die Vertreter der anderen Kunstrichtungen in seinen Bann zog. Die Choreografie zu *Le Sacre* stammte von Vaslav Nijinsky, dem virtuosesten Tänzer der Zeit mit einer für damalige Verhältnisse atemberaubenden Sprungtechnik. Gefragt, ob es denn schwierig sei, so lange in der Luft zu bleiben, soll er einmal geantwortet haben: »Nein! Ganz und gar nicht. Man braucht nur hinaufzukommen und dann oben eine kleine Pause einzulegen.«

Debussy hat Strawinskys Komposition »eine außergewöhnliche, wilde Sache« genannt. »Man könnte sagen, es sei primitive Musik mit allem modernen Komfort.« Es gab keine Melodie, der man folgen konnte, und so mussten die Tänzer ausschließlich dem Rhythmus gehorchen. Aber auch dieser wechselte ständig, beinahe Takt für Takt – für einen klassischen Balletttänzer eine schwierige, eigentlich unlösbare Herausforderung. Nijinskys Lösung bestand darin, die Tänzer radikal zu entindividualisieren und das Corps de Ballet wie eine Maschine zu behandeln – eine äußerst moderne Maschine, die mehrere, auch gegenläufige Bewegungen gleichzeitig ausführen konnte. Keine einzige Pirouette, nicht eine einzige Arabeske war zu sehen; alle Spuren traditioneller Virtuosität waren getilgt. Wenn man so will, war das der diametrale Gegensatz zu dem, was Laban jedenfalls in der Theorie anstrebte: die Tänzer ihren eigenen, persönlichen Bewegungsrhythmus finden zu lassen; statt sie zu einer Maschine zu verschmelzen, aus ihnen ein Ensemble von lauter Individuen zu formen, von denen jedes seinem Eigensinn und dabei trotzdem einem übergeordneten Plan folgte.

Doch nicht nur Nijinskys Choreografie und die stampfende Musik Strawinskys sorgten an diesem Maiabend des Jahres 1913 für einen Skandal, auch die Thematik des Stücks trug dazu bei: ein Opfer. Der Komponist selbst beschrieb den Inhalt von *Le Sacre du Printemps* kurz und bündig so: »Alte weise Männer sitzen im Kreis und schauen dem Todestanz eines jungen Mädchens zu, das geopfert werden soll, um den Gott des Frühlings gnädig zu stimmen.« Es war die Verherrlichung des Lebens durch den Opfertod hindurch. Was fast ein wenig nach der Essenz der christlichen Botschaft klingt, war aber letztlich die radikale Abkehr von jedem Heils- oder Erlösungsplan. Mit genau der gleichen Berechtigung ließ sich das Stück auch als Werk der Zerstörung, als Apologie des Todes sehen. Es war nicht zuletzt die hör- und fühlbar gemachte Ambivalenz von Schöpfung und Zerstörung, Geburt und Tod, Eros und Thanatos, die die Zuschauer an diesem Abend so stark aufbrachte, dass sie mit einem gellenden Pfeifkonzert reagierten und den Komponisten der Dummheit bezichtigten.

Die Thematik des Opfers muss damals in den Monaten vor dem Ausbruch des Ersten Weltkriegs förmlich in der Luft gelegen haben. Jedenfalls probt Labans Sommertanztruppe ein Jahr später ebenfalls ein Stück, das von einem Opfer handelt und das den Titel *Sieg des Opfers* trägt. Dieses Mal geht es um Inzest, und die Handlung ist etwas komplizierter als bei Strawinsky: Ein Vater hat seine Tochter vergewaltigt. Die Mutter weiß davon und stirbt daran. Die Tochter trauert um die Mutter und wird Tänzerin. Das Volk weiht sie zur Priesterin. Der Vater verhöhnt die Tochter, und nun lässt sich das Volk von ihm vergewaltigen: Der Vergewaltiger schiebt dem Opfer die Schuld in die Schuhe, und das Volk reagiert darauf mit dessen Verstoßung. Die Tochter bricht zusammen, aber ein junger Mann, der in sie verliebt ist, will sie aufnehmen. Doch die Tochter wehrt heroisch ab und nimmt die Schuld des Vaters auf sich.

Das Stück stammt von dem Münchner Schriftsteller Hans Brandenburg, der im Jahr zuvor sein Buch *Der moderne Tanz* veröffentlicht hat, das eine Art Bibel des New German Dance sein will. Die Proben auf dem Monte Verità jedoch entgleisen. Der junge Tanzschüler, der den bärtigen Vater geben soll, spricht ein unverständliches Bayerisch und muss ersetzt werden. Mary Wigman ist die Einzige, die nach Auffassung des Autors über die notwendige dramatische Aussage verfügt und bekommt einen Bart angeklebt. Sie lernt den reichlich schwülstigen Text und tritt zur ersten Probe an. Als sie aber bei den Worten »Dein Leib ist wie ein Silberbarren« die Regieanweisung erhält, ihren Kopf in den Schoß ihrer Rivalin Gertrud Leistikow zu wühlen, die die Rolle der Tochter übernommen hat, ist es aus. Mary Wigman stürzt auf Laban zu: »Wenn du mich dazu zwingst, bringe ich dich um!« Laban hält die Hand vor den Mund, um sein Gelächter zu verbergen. Die Proben werden abgebrochen.

Doch der Abbruch hätte auch ohne Mary Wigmans Weigerung erfolgen müssen. Am Nachmittag des 1. August ist die deutsche Generalmobilmachung erfolgt, und Hans Brandenburg und die anderen Deutschen brechen in die Heimat auf, um eingezogen zu werden. Das angehäufte Potenzial der Zerstörung wird entfesselt, das große Abschlachten beginnt. Die Opfer zählen Millionen, aber ein Sieg ist nicht in Sicht. Der gebürtige Ungar von Laban, die Schweizerin Suzanne Perrottet und auch

Marie Wiegmann hingegen reihen sich unter die Züricher Exilanten ein. Es ergeben sich produktive Begegnungen mit den Dadaisten, die dort gerade den künstlerischen Umsturz der bürgerlichen Weltordnung vorbereiten.

O. T. O.

Dem Krieg zum Trotz geht der Tanzschulbetrieb auf dem Monte Verità weiter, strebt im Sommer 1917 gar seinem Höhepunkt entgegen. Der Dadaist Hugo Ball notiert am 15. August des Jahres in sein Tagebuch: »Die Schweiz ist die Zuflucht all derer, die einen neuen Grundriss im Kopfe tragen. Sie war und ist jetzt, während des Krieges, der große Naturschutzpark, in dem die Nationen ihre letzte Reserve verwahren ... Alle, die sich den Kopf zerbrechen und zerbrachen über der Frage, wie der Menschheit wieder aufzuhelfen, wie eine neue Menschheit zu garantieren sei, leben oder lebten einmal in diesem Lande.«

Hugo Ball ist zusammen mit Hans Arp und Sophie Taueber, die nicht zum ersten Mal an Labans Sommerschule teilnimmt, auf den Berg der Wahrheit gekommen. Die hübsche, ungestüme Sophie muss eine ausgezeichnete Tänzerin gewesen sein. Sie trat auch in Zürich auf, tanzte zwischen Bildern von Kandinsky, in dadaistischen Kostümen, als schwebender Vogel, als Blume, die sich vor der Sonne verneigt, sie tanzte den »Gesang der Flugfische und Seepferdchen«, eine onomatopoetische Lautfolge von Hugo Ball. Hans Arp, ihr späterer Mann, dichtete:

sophie tanzte und träumte
sie träumte und tanzte
verwunschene und verwünschende blumen.
sie tanzte ein freundliches gewitter,

das eine blume sein will
und artig zu blühen versucht
ohne zu blitzen
und ohne zu donnern.

Es ist kaum Zufall, dass das Datum von Hugo Balls Tagebucheintrag zugleich der erste Tag eines großen Meetings ist, das den Berg der Wahrheit im dritten Kriegsjahr zum Beben bringt. Vom 15. bis 25. August 1917 findet auf dem Monte Verità der »Anational Congress for organising the reconstruction of Society on practical cooperative lines« statt, wie sein Titel auf Englisch lautet, auf Französisch hingegen »Congrès Coopératif Anationale de la Confrérie des Illuminés Hermétiques«. Das ist nicht nur sprachlich, sondern auch inhaltlich etwas anderes – und diese Verschiebung war fast schon Programm. In einer Zeit des Blutvergießens und der Verwüstung im Interesse einer kleinen Klasse unverantwortlicher, dämonischer Kapitalisten, so heißt es in der öffentlichen Verlautbarung zu dem Kongress, sei es hohe Zeit, dass klarsichtige und entschlossene Menschen überall auf der Erde die zerschnittenen Freundschaftsbande wieder anknüpfen: »Am besten wird das erreicht durch die Gründung brüderschaftlicher Kolonien auf kooperativer Basis auf der ganzen Welt, jenseits aller kapitalistischen Gesellschaften und Unternehmen.« Grundlage dafür sei das Prinzip der Kooperation aller, der gemeinsame Besitz des Bodens und der Produktionsmittel sowie eine wahre Freiheit, die rigorose Selbstbeherrschung voraussetze. Was wie eine Mischung aus anarchistischen Ideen und den ursprünglichen Vorstellungen der Monteveritaner klingt, wird noch in der Aussage fortgeführt, dass es zur Realisierung dieser Ambitionen einer Elite bedürfe, die den Menschen ein Beispiel gibt, dem sie folgen können.

In diesem Fall nennt sich die Avantgarde allerdings – und hier kommt der französische Titel des anberaumten Kongresses ins Spiel – »die hermetische Bruderschaft des Lichts, bekannt als O. T. O.«. Der Ordo Templi Orientis oder Orientalische Templerorden war eine 1901 von einem Wiener Industriellen und dem deutschen Theosophen und Freimaurer Hans Hartmann gegründete okkulte Organisation, die seit 1905 von Theodor Reuß, einer schillernden Figur des in dieser Zeit überaus verbreiteten Sekten und Ordenswesens, geleitet wurde. Reuß hatte den Berg der Wahrheit mit seiner alternativen Szene als attraktiven Schauplatz für seine übersinnlichen Umtriebe entdeckt – gekapert, wie einige meinten, während die Wahrheit wohl eher war, dass er sich ihm kampflos, allzu willig ergeben hatte. Während aus der einstigen Gründungsabsicht eines theosophischen Klosters auf dem Hügel nichts geworden war, stattdessen die langhaarigen Alternativen viele Jahre die Szene bestimmt hatten, werden sie nun, als das Ende des Berges der Wahrheit beinahe schon absehbar ist, doch noch vom Sektenwesen vereinnahmt.

Jedenfalls mischten sowohl Ida Hofmann als auch Isabelle Oedenkoven federführend und nach außen hin einträchtig bei der Angelegenheit mit: Während Ida die deutsche und die italienische Kongresseinladung unterzeichnete, firmierte Isabelle Adderley auf der englischen und der französischen als Sekretärin. Als der Kongress begann, hatte sie es bereits bis zum siebten von insgesamt zehn Graden geschafft, die Reuß für den O. T. O. geschaffen hatte. Henri Oedenkoven hingegen scheint sich wie so häufig vornehm im Hintergrund gehalten zu haben, wenn er die Zusammenarbeit mit Reuß auch als Chance gesehen haben muss, nach den erfolgreichen Anfängen mit Labans Sommerschule und einem im Vorjahr veranstalteten »sozial-vegetarischen Kongress« den Monte Verità als Tagungs- und Festspielort zu etablieren.

Welch enge Bande den damals schon über sechzigjährigen Reuß, den Landmann einen »Frauenfresser« nennt, mit dem Monte Verità verbanden, zeigte sich bei der Eröffnung seines Testaments im Dezember 1923, als die ahnungslose Witwe erfahren musste, dass ihr verstorbener Mann eine andere als Universalerbin eingesetzt hatte, nämlich eine gewisse Clara Linke und ihr im Todesjahr ihres Gatten geborenes Kind. Clara Linke war bereits in den ersten Jahren als Gast auf den Monte Verità gekommen, hatte sich 1903 als Mitarbeiterin angeschlossen und erwies sich im Laufe der Zeit als unentbehrliche Stütze von Ida und Henri; zur Zeit, als Reuß dort Hof hielt, war sie die Wirtschafterin des Sanatoriums.

Auch Rudolf von Laban, bereits seit 1913 aktiver Freimaurer, hatte gegenüber dem Logenwesen wenig Berührungsängste, wird in einem O. T. O.-Aufruf sogar als Ordenssekretär geführt. Womöglich hatten es ihm die esoterischen Praktiken des Ordens angetan, die im Wesentlichen auf Sexualmagie beruhten, und zwar jener Spielart, bei der Sex als Quelle von Kraft, Befreiung und Glückseligkeit gilt. Die Lösung der Sexualität von allem, was mit Reproduktion zu tun hat, ihre Lösung auch von allen moralischen Vorbehalten, verhieß den Initianden die Erschließung ungeahnter Quellen der Selbsterneuerung, einerseits der Verjüngung, andererseits aber auch dessen, was die Psychologie heute Empowerment nennt: der Selbstermächtigung.

Das ist von den Vorstellungen, die Otto Gross entwickelte, gar nicht weit entfernt. »Alle Verdrängungen, alle unerfüllten Sehnsüchte hofften auf Erlösung«, charakterisiert Robert Landmann die Rolle von Reuß und seinem O. T. O. »Und die Fantasie steigerte die Möglichkeiten bis zu den höchsten Exzessen; die mystischen Stimmungen weckten Gelüste, die sonst tief in den Menschen schlummern.« Der Otto Gross der esoterischen Sexualmagie war der britische Okkultist und Bergsteiger Aleister

Crowley. Nachdem er von Reuß in die Geheimnisse des O. T. O. eingeweiht worden war, erweiterte er das System der Grade um einen elften, bei dem Analverkehr und sadomasochistische Praktiken eine Rolle spielten. Sexualmagie, darunter auch Masturbation, wurde aber erst ab dem achten Grad praktiziert, während Isabelle Adderley und auch Rudolf von Laban, nach allem, was man weiß, nur bis zum siebten avancierten.

Vielleicht zeigte sich Reuß mit der Verleihung des siebten Grades an den Tanzmeister von Laban aber auch dafür erkenntlich, dass ihm und seiner Truppe im Gesamtkonzept des Kongresses eine tragende Rolle zufiel. Während dessen erster Teil vor allem aus Vorträgen bestand, darunter Reuß selbst über Ursprung und Ziel der Bruderschaften des Orientalischen Templerordens und der mystischen Freimaurerei sowie Ida Hofmann über die Bedeutung der wahren Theosophie und die Stellung der Frau in der Zukunftsgesellschaft, und ein letzter Teil, in dem auch die Gnostische Messe von Aleister Crowley verlesen wurde, Ordensmitgliedern vorbehalten war, bestand der Mittelteil aus einem dreiteiligen Tanzspektakel, einem Sonnenfest in Gestalt einer Naturtheaterinszenierung. Sie bezog den *genius loci* des Hügels ausdrücklich mit ein und bildete den eigentlichen Höhepunkt, die wahre Initiationsveranstaltung des Bergfestes.

Das Sonnenfest

Das Sonnenfest, wie die Laban-Performance offiziell angekündigt wurde, begann am Abend des ersten Aufführungstages mit einem Weihespiel an die untergehende Sonne und endete am frühen Morgen des nächsten Tages mit einem Tanzhymnus, der der aufgehenden Sonne gewidmet war. Dazwischen, um Mitternacht, gab es *Die Dämonen der Nacht*, ein pantomimisches Tanzspiel mit Fackelreigen. Die Aufführung hatte durchaus das Zeug, auch Okkultisten und Esoteriker für sich einzunehmen, und war nach damaligen Vorstellungen doch zugleich pure Avantgarde. Nicht ohne Grund saßen die Dadaisten im Publikum und Hans Arp nickte Beifall. Überhaupt hatten esoterische Strömungen und avantgardistische Kunst in dieser Zeit viel mehr miteinander zu tun, als es späteren Betrachtern, die vor allem eine Orientierung der »Vorreiter« an der Idee des Fortschritts zu erkennen glaubten, lieb gewesen sein dürfte. Die Radikalität, mit der viele Künstler, darunter auch Laban, ihre Vorstellungen umsetzten, speiste sich aus einem ausgeprägten Widerwillen gegen die Rationalisierung all dessen, was vormals als Wunder galt, also gegen jene moderne Tendenz, für die Max Weber in ebendiesen Jahren das einprägsame Wort von der »Entzauberung der Welt« findet. Vor allem aber war das Sonnenfest ein heidnisches Spektakel, das auch den christlichen Gott verblassen lassen sollte angesichts einer so taghellen wie nachtdunklen Lebensmacht.

Die Textteile der Aufführung, der »Sang an die sinkende Sonne« des ersten und »Die siegende Sonne« des dritten Teils stammten von dem im Jahr zuvor in Lugano verstorbenen expressionistischen Dichter und Librettisten Otto Borngräber. Der betont antinationalistische und pazifistische Borngräber war in seinen letzten Lebensjahren häufig zu Gast auf dem Monte Verità gewesen, gehörte auch zu den Mitveranstaltern des sozial-vegetarischen Kongresses von 1916. Seine letzten Texte waren *Friedens-Appell an die Völker* und *Weltfriedensdrama*. Die Masken und Kostüme des Sonnenfestes hatte der junge Dadaist Marcel Janco entworfen, ein rumänischer Jude und Mitbegründer des Züricher Cabaret Voltaire, der während des Zweiten Weltkrieges nach Israel emigrieren sollte. Die Musik, die zu dem Tanzstück, insbesondere seinem Mittelteil, gespielt wurde, basierte, typisch Laban, auf Rhythmusinstrumenten: Tamburin,

Trommeln, Rasseln, dazu Pfeifen. Und Labans Choreografie selbst sowie seine Tänzerinnen waren mit das Avancierteste, was Europa seinerzeit an Performancekunst zu bieten hatte – vergleichbar mit dem, was dann Pina Bausch seit Mitte der 1970er Jahre in Wuppertal gelang: eine Verbindung aus Tanz, Gesang, Pantomime und Artistik, die sich von herkömmlichen Handlungsstrukturen verabschiedete und die einzelne Geste zum Ausgangspunkt nahm, dabei Szenen kunstvoll zu thematischen Zusammenhängen montierte. Auf dem Monte Verità 1917 war dieser Zusammenhang das Sinken und Aufgehen der Sonne, Tag für Tag und als umfassendes Gleichnis des menschlichen Lebens.

Rudolf von Laban selbst und der Hesse-Freund Jakob Flach haben uns Schilderungen dessen hinterlassen, was an jenen beiden legendären Tagen auf dem Monte Verità zu sehen war. Es begann am Abend des 18. August. Schauplatz war eine Wiese auf dem Hügel. Gegen drei Seiten war sie von Baumgruppen umsäumt, vor denen auch die Zuschauer saßen. Nur gegen Westen grenzte sie an einen steilen Abhang, hinter dem der Lago Maggiore im Abendlicht opalfarben glänzte und sich Richtung Italien in blauen Hügelketten verlor. Aus Feldsteinen war eine Feuerstelle errichtet. Nach einem getanzten Reigen um die Feuerstelle kam ein Sprecher, von einer Gruppe von Menschen begleitet, den Abhang herauf. »Der Augenblick, in dem sein Kopf über den Rand der Wiese aufstieg«, schreibt Laban, »war so gewählt, dass hinter ihm der untere Rand der untergehenden Sonnenscheibe gerade den Horizont berührte.« Dort sprach er die ersten Sätze von Borngräbers Hymnus an die Sonne: »Seht, sie sinken tief in dem Meere …« An der Feuerstelle angelangt, wurde er von einem Begrüßungsreigen umringt. Als er den zweiten Spruch an die Sonne rezitierte, war diese schon halb versunken. Frauen und Kinder aus den Reihen der Zuschauer traten an die Feuerstelle und fachten die Flamme an. Immer wieder aufs Neue heranstürmende Gruppen versetzten den aufsteigenden Rauch in leichte Schwingungen. Sophie Taeuber, so Jakob Flach, »riss den ganzen Schwarm hüpfender, springender, flatternder Komparsen mit sich nach der geregelten Vorschrift des Tanzmeisters Laban: Anschwung – Aufschwung – Drehsprung!« Den abschließenden Spruch an die Dämmerung dann begleitete ein feierlicher Schlussreigen, woraufhin sich die Tänzerinnen und Tänzer zu einem Zug formierten und die Zuschauer vom Platz wegführten.

»Später, gegen Mitternacht, die Grillen sägten unentwegt, die Nachtschwalbe surrte wie ein Spinnrad«, so Jakob Flach wieder, »da wachten die Faune auf, die bocksfüßigen, die ziegengehörnten, die zottigen, Kicherer, Meckerer. Die dionysischen Trabanten huschten durch das Dunkel des Parks, brachen aus dem Bambusdickicht, rissen Efeu von den Ruinen, um sich zu bekleiden und zu bekränzen, trommelten auf hohlen Stämmen, bliesen auf der Syrinx und durch die Finger, huschende Lichter, Irrlichter, hüpfen und bocken. Auf der Wiese hinten im Sonnenbad flackerte ein Feuer; die Sonne schlief, die Sonne war tot, die Unterirdischen triumphierten, die neckischen Dämonen tanzten und gellten mit Fackeln um den lodernden Brand, mit Bambusspeeren, mit leeren Bechern, auf Händen und Füßen zum klatschenden, donnernden, rasenden Trommelschlag – ein Wirbel, ein Sturm und Zyklon …«

Der kleine Flach selbst, der sich in Labans Truppe tanzend von seinen Neurosen befreit hatte, leitete »das polternde Orchester«: »Ich war der Dirigent dieser nachttrunkenen Spielleute mit Pfeifen, Tamburin, Trommeln und Rasseln. Das große Tamtam, fast eine Pauke, schlug ich; barfuß und ohne Hemd, fast ein Bantu, mit nichts im Kopf als Rhythmus und Ekstase, feuerte und trieb ich die unterirdischen Wesen zum Höchsten, zum Letzten, riss einen Feuerbrand aus der Glut und tanzte rasend von Sinnen um die Flammen – bis ein letzter mörderischer Schrei des Knaben Totimo den Wahnsinn brach zu totengleicher Stille …« Der knabenhafte Solotänzer Totimo, »kurz geschürzt und weinlaubbekränzt«, war nach der Darstellung Jakob Flachs der Publikumsliebling der Aufführung. Und so wie die Tänzerschar mit Trommeln und Flöten vor Mitternacht die Zuschauer gesammelt und über den mit Fackeln erhellten Weg zum Tanzplatz begleitet hatte, so führten die Tänzer als Vor- und Nachhut zum Schluss den langen Zug wieder zum Aufgangsort zurück.

Schon um sechs Uhr in der Früh, also nur wenige Stunden später, setzte sich das Sonnenfest an einem Wiesenhang im Osten des Festhügels, wie Laban nun den Monte Verità nennt, fort. Jetzt saßen die Zuschauer in Reihen übereinander, während unten am Abhang die Sonne emporstieg. »Eine Frauengruppe in weiten, bunten Seidenmänteln«, so Laban zum Abschluss, »stürmte den Abhang hinan. Am Horizont erschien die aufgehende Sonnenscheibe und durchglühte die Gewänder der Tänzer/innen. Im Reigen des erwachenden Tages löste sich der dunkle Spuk zu freudig schwingenden, stets erneut anstürmenden Menschenwellen als Sinnbild der ewigen Wiederkehr des Tagesgestirns.« »Ein Morgenbalsam, ein Vogelsingen, ein reines Herz, offen der ganzen Welt«, nennt Flach diesen Sonnengruß, mit dem das Sonnenfest zu Ende war, während der Kongress noch einige Tage weiterging, ohne noch einmal die Intensität dieser Stunden zu erreichen.

Es war, als sei der Monte Verità im Sommer 1917 nach einer Reise durch gruppendynamische wie weltanschauliche Irrungen und Wirrungen zu seinen Ursprüngen zurückgekehrt: der einfachen Wahrheit des allbelebenden Sonnenlichts, wie sie noch vor dem Aufbruch der Gründer der Sonnendoktor Arnold Rikli mit seiner Geste des zum Licht weisenden Zeigefingers festgehalten hatte. Hier ist die Sonne, hier tanze.

Die Götter steigen vom Berg herab:
Human Be-In, Golden Gate Park, 1967.

9. Kapitel

Folge deinen Träumen!

Im Herbst 1900, als die fünfköpfige Aussteigergruppe aus München in Ascona ankam, war der Monte Verità ein unbedeutender, eigentlich aufgegebener Hügel oberhalb des am See gelegenen Dorfes. Zwanzig Jahre später hat sich das Verhältnis beinahe umgekehrt: Von Ascona spricht man nun als Ort am Fuße des Monte Verità. Der Umstand, dass es zunehmend mehr Künstler und Literaten dort hinzieht, hat vorrangig mit der Strahlkraft der Aussteigersiedlung oben auf dem kleinen, schon längst nicht mehr kahlen Berg zu tun. Von ihr geht die Botschaft aus, dass ein alternatives Leben möglich ist.

Das gilt auch dann, wenn man die Monteveritaner nicht mag und sich von ihnen fernhält, wie das bei Franziska zu Reventlow der Fall ist. Die berühmte Bohemienne – lange Jahre über erst der heimliche, dann zunehmend der umschwärmte Mittelpunkt Schwabings – kommt 1910 mit ihrem Sohn Rolf nach Ascona. Die gebürtige Aristokratin mit dem großen Unabhängigkeitsdrang leidet seit ihrer frühen Flucht aus einem festgefahrenen Eheleben, die sie nach München führte, unter finanziellen Kalamitäten. Ein weiblicher Mühsam, pumpt sie stets jeden und jede in ihrer Umgebung an, ohne sich groß darum zu scheren, ob sie das Geborgte auch irgendwann zurückzahlen kann. Nach anderthalb Jahrzehnten Schwabinger Bohemeleben wandert sie schließlich in das sprichwörtliche Land des Geldes aus – nicht nur auf der Flucht vor ihren Gläubigern, sondern um den ganz großen Coup zu landen. Eine Scheinehe mit einem versoffenen kurländischen Baron soll endlich den lange ersehnten Geldsegen in Gestalt einer Erbschaft bringen. Vermittelt hat ihr das ausgerechnet Erich Mühsam, der besagten Baron, Alexander von Rechenberg-Linten, bereits in seiner Ascona-Schrift Jahre vorher ausführlich erwähnt hat. Der Baron passe in die vegetarische Umgebung »wie ein Kunstwerk in den Berliner Tiergarten«, meinte er in seiner witzelnden Art. Die Eheschließung des ungleichen Paars, erst standesamtlich in Ronco und anschließend kirchlich in Locarno, muss eine handfeste Posse gewesen sein. Trauzeugen waren Frieda Gross und ihr damaliger Partner, der Anarchist Ernst Frick.

Auch dieses Projekt der Sanierung scheitert, dieses Mal aus Gründen, die schon vom heraufziehenden Finanzkapitalismus künden: Die Bank, auf der das durch den Tod des Schwiegervaters erworbene Vermögen angelegt ist, geht nämlich in Konkurs. So kommt es, dass die Reventlow an ihrem Lebensende nun selbst zu den Gläubigern gehört. »Und das gibt dem Geld gegenüber einen ganz anderen Gesichtspunkt«, stellt sie beinahe erfreut fest.

Kaum in Ascona angekommen, ist sie wie alle als Erstes zum Monte Verità gepilgert, »wo die Vegetarianer hausen«, wie sie an Franz Hessel schreibt. Doch das ist nicht ihre Welt, selbst wenn sie mit denen da oben die Freude an Nacktheit und Sinnlichkeit und die Offenheit für neue spirituelle Wege teilt. »… möchte wieder Menschen sehen. Hier gibt's keine, nur Narren und Propheten«, meint sie. Anfangs bewohnt sie eine möblierte Wohnung im Dorf, bald aber schon zieht sie in einen alten Vogelfängerturm. Er diente einst zum Schutz der Weinberge; bis zur Traubenlese lebte dort ein Arbeiter, der im Bedarfsfall mit Holzrätschen Lärm schlug, um die Trauben gegen Vögel und Diebe zu verteidigen. Reventlows neue Bleibe liegt auf der Ostseite des Monte Verità, von Dorf und Sanatorium gleichermaßen weit entfernt, irgendwo auf der Grenze zwischen den Alternativen auf dem Berg und den Einheimischen und Fremden unten im Dorf – eine für seine jetzige Bewohnerin durchaus symbolische und sympathische Lage. »Ich habe eine sehr schöne Kombination gefunden, einen alten Turm, d. h. ein Gebäude mit 3 kleinen Räumen übereinander, die durch Leiter und Luke verbunden sind, drum herum große Lorbeerbüsche und Weinberge, ganz allein, und ein möbliertes Zimmer ca. 4 Minuten davon. Dort wird man schlafen und tagsüber im Turm hausen. Im Sommer wird es ganz wundervoll sein. Im unteren Raume wird gekocht, im mittleren arbeite ich und im oberen treibt Bubi sein Wesen.« Bubi, das ist natürlich Sohn Rolf, mittlerweile vierzehn Jahre alt, den die Mutter schon in Schwabing alleine großgezogen hat.

Was Franziska zu Reventlow aber wohl nicht weiß – eine ihrer Vormieterinnen in dem Turm war Käthe Kruse, deren Puppen erstmals 1910 in einem Berliner Warenhaus ausgestellt werden. Sie wohnte dort seit dem Frühling 1905 mit ihren kleinen Kindern. Auch seinerzeit waren die beiden oberen Stockwerke nur per Leiter erreichbar, Wasser musste man am Brunnen holen. Katharina Simon, wie Käthe Kruse damals noch hieß, kam zum ersten Mal Anfang November 1904 auf den Monte Verità und bezog mit ihren beiden kleinen Töchtern eine Lichtlufthütte. Die jüngere, gerade erst wenige Wochen alte Tochter war auf dem Weg von Berlin hierher geboren worden. Der ehemalige Pfarrer und Gründer des Kurhauses Waidberg Theodor Stern hatte der jungen Mutter Unterschlupf gewährt und ihr den Monte Verità empfohlen. Vater der Kinder war der Berliner Bildhauer Max Kruse, über neunundzwanzig Jahre älter als Katharina. Aus einer ersten Ehe hatte Kruse bereits vier Kinder.

Viele, darunter auch Robert Landmann, haben ihn mit seinem biblischen Bart für den Vater der jungen Frau gehalten. Kruse war geschieden und verspürte vorerst keinerlei Neigung, sich noch einmal zu binden. Doch bei aller Begeisterung für die freie Liebe und einen unkonventionellen Lebensstil wäre die junge Geliebte mit gleich zwei unehelichen Kindern in Berlin für den arrivierten Bildhauer schlicht untragbar gewesen. Ihr Engagement am Berliner Lessingtheater hatte Katharina bereits 1902 aufgeben müssen, als ihre erste Schwangerschaft nicht mehr zu verbergen gewesen war. Nun lebte sie weit über tausend Kilometer von dem angebeteten Geliebten entfernt mit den beiden kleinen Kindern und einer lungenkranken Mutter, die die Familie als Näherin über Wasser hielt, »auf dem sonnenübergossenen, nach Wein und Feigen duftenden Monte Verità im Angesicht des himmelblauen Sees und der von Schnee gleißenden Berge«, wie sie im Rückblick verklärend schreibt.

Der Umzug in den Vogelfängerturm geschah vor allem aus Kostengründen; das Sanatorium, in das sie stets wieder zurückkehrte, wenn Max Kruse zu Besuch kam, war für die alleinerziehende Mutter schlicht zu kostspielig. Auf sich selbst zurückgeworfen, begann Katharina im Turm zu malen, zu fotografieren und zu schreiben. Mit fragenden Augen blickt sie den Betrachter aus ihren Selbstporträts an. Vor allem aber entstehen in dieser Zeit erste kindgerechte Puppen aus einfachsten Materialien wie Stoff, Sand und Ruß. So etwas gab es bislang nicht. Puppen hatten bestimmte weibliche Rollenmodelle zu verkörpern; sie waren steif, hart und zerbrechlich, taugten nicht zum Schmusen. Nicht so die Puppen, die Katharina am Fuß des Monte Verità zu entwerfen beginnt.

Auch Franziska zu Reventlow wagt im Vogelfängerturm einen Neuanfang: »Ich glaube, meine Branche sind Wirgeschichten mit Gehirnerweichung«, offenbart sie sich einmal mehr Franz

Hessel; sie sei jetzt entschlossen, »Geld und Karriere zu machen«. Ihr Schlüssel(loch)roman *Herrn Dames Aufzeichnungen oder Begebenheiten aus einem merkwürdigen Stadtteil* gerät ihr zu einem amüsanten Denkmal für eine Lebensform, die schon, während sie den Roman in den Jahren vor dem Ersten Weltkrieg schreibt, dem Untergang geweiht ist: die Schwabinger Boheme. Sie sei keine Fiction-Schreiberin, lässt sie einen Freund wissen, sondern lasse lieber die Fakten für sich sprechen: »weil ich es technisch für besser halte, dass der Blödsinn des Betriebes mehr aus Konstatierungen und Tatsachen hervorgeht als aus Meinungen.« Das gilt auch für *Der Geldkomplex*, ihren letzten von insgesamt drei kurzen Romanen, aus denen ihr schmales Werk besteht. Einmal mehr verarbeitet sie darin die eigene Geschichte, in dem Fall den Verlust des erschlichenen Erbes. Die Handlung spielt in einem Schweizer Sanatorium, jedoch nicht auf dem Monte Verità, sondern in einer Heilanstalt für seelische Störungen. Die Hauptfigur leidet unter einem erstmalig diagnostizierten Geldkomplex, einer pathologischen Fixierung aufs Geld. Schnell aber wird klar, dass alle Insassen des Sanatoriums mit dieser pathologischen Sache behaftet sind. Die verfehlte Beziehung zum Geld ist keine individuelle Störung, es ist ein grundsätzliches Problem unserer Gesellschaft, in der alle Beziehungen, auch die intimsten, mit Geld zu tun haben.

Am 25. Juli 1918 stürzt Franziska zu Reventlow vom Fahrrad und erleidet eine Darmverschlingung. Sie stirbt bereits am Tag darauf im Alter von gerade einmal siebenundvierzig Jahren. Käthe Kruse und sie fügen dem weiblichen Ascona eine wichtige Facette hinzu, machen es zu einem Ort der starken unabhängigen Frauen, die hier ihr Leben selbst in die Hand nehmen. Die wenige Monate vor dem Tod der Reventlow in Ascona eintreffende Marianne von Werefkin reiht sich wie von selbst in diese Formation ein. Sie ist die mit Abstand bedeutendste Künstlerin, die einen ganzen Lebensabschnitt in dem Dorf unterhalb des Monte Verità verbringt.

Marianne von Werefkin stammt wie Bakunin und Kropotkin aus dem russischen Adel. Als sie 1896 – da ist sie Mitte dreißig – mit dem fünf Jahren jüngeren mittellosen Maler Alexej Jawlensky im Schlepptau Russland verlässt und nach München geht, ist sie dazu in der Lage, weil sie nach dem Tod des Vaters in den Genuss einer großzügig bemessenen zaristischen Rente kommt. In Schwabing stellt Marianne von Werefkin annähernd zehn Jahre lang das Malen ein und wirft sich stattdessen in ihrem »rosafarbenen Salon« auf die Protektion des Geliebten Jawlensky. Obwohl ihre Beziehung alles andere als harmonisch ist und viele Tiefen durchmacht, ist Jawlensky weiterhin an ihrer Seite, als die Werefkin 1914, mit dem Beginn des Weltkrieges, Deutschland verlassen muss und vier Jahre später nach Ascona gelangt. Das baufällige Schlösschen, das die beiden dort bewohnen, soll nach dem Zeugnis von Claire Goll vom Morgen bis in den Abend von zankenden Stimmen geschallt haben. Erst 1921 erfolgt die endgültige Trennung.

Zu diesem Zeitpunkt malt Marianne von Werefkin längst wieder; den Schritt in die zweite Reihe hat sie bitter bereut. Doch er hat sie auch mit einer unbändigen Energie ausgestattet, als müsste sie sich und der Welt seitdem beweisen, dass ihr Talent nicht zum Teufel gegangen ist und sie genügend Selbstvertrauen besitzt.

Marianne von Werefkin gehört zu den vielen Malerinnen, deren Bedeutung von der Kunstgeschichte heruntergespielt worden ist. Zeitgleich mit den »Fauves«, den Wilden, einer französischen Künstlerbewegung, der unter anderen Henri Matisse angehört, entdeckt sie 1905 den autonomen und strukturierenden Wert der Farbe und eröffnet der Malerei den Weg in die Abstraktion. Vier Jahre später gründet sie zusammen mit

Wassily Kandinsky, Gabriele Münter und Alexej Jawlensky die Neue Künstlervereinigung München, aus der 1911 der Blaue Reiter hervorgeht. Die Dichterin Else Lasker-Schüler, die zwischen 1917 und 1919 zeitweise auch in Ascona lebt, hat sie liebevoll die »blaue Reiter-Reiterin« genannt. Ihre expressiven Landschaften sind stets beides zugleich: Natur- und Seelenlandschaften, als würden malend Innen und Außen miteinander verschmelzen.

Als Marianne von Werefkin in Ascona ankommt, geht sie bereits auf die sechzig zu und ist ständig in Geldnot. Seit der Oktoberrevolution versiegt die Rente aus Russland. Auch deshalb malt sie in Ascona Bilder wie am Fließband, darunter auch Postkarten und Plakate. Allein die Zahl der dort entstehenden Gemälde soll sechshundertfünfzig betragen, die der oft mit Texten versehenen Aquarellskizzen geht in die Tausende. Sie schafft hier ein Alterswerk, das in seiner Vitalität, der Konzentration auf wenige Motive und der Verwendung kodifizierter Zeichen dem von berühmteren malenden Männern in nichts nachsteht. Nur dass ihre Bilder nicht das Schicksal der Virilität widerspiegeln, sondern Zeugnisse einer ganz innerweltlichen und zugleich doch visionären weiblichen Spiritualität sind.

Mit Ernst Frick, der sich inzwischen vom Anarchisten zum Künstler und Keltenforscher gewandelt hat, und fünf weiteren Malern aus Deutschland, den Vereinigten Staaten, den Niederlanden und der Schweiz gründet Marianne von Werefkin 1924 die Künstlergruppe »Der Große Bär«, benannt nach dem Sternbild des Nordhimmels. Ausstellungen der Gruppe werden in Ascona im Café Verbano und im Museo Comunale, aber auch im Kunstmuseum Bern und im Kunsthaus Zürich gezeigt. Mehr als alle anderen Fremden vor ihr, die Vegetarier sowieso, wird Marianne von Werefkin Bestandteil der Dorf-Community. Die Einheimischen nennen sie erst »Baronessa«, später »Nonna«. »Ein rotes Taschentuch um den Kopf geschlungen, in einem einfachen Leinenkleid, ohne Strümpfe, die Füße in Holzpantinen«, die man hier Zoccoli nennt, schreitet sie durch das Dorf, wie Friedrich Glauser berichtet. Kein Fest lässt sie aus, abends sitzt sie im Café, häufig umringt von einer großen Zuhörerschar. Ihre letzten beiden Lebensjahrzehnte verbringt sie so in Ascona.

Ein eigenes Zimmer

Unter dem Titel *Beiträge zur Frauenfrage* erscheint 1920 im Verlag der Zentralstelle zur Verbreitung guter deutscher Literatur mit Sitz im württembergischen Winnenden ein schmales Bändchen mit vier Aufsätzen, die gespickt sind mit Zitaten von Goethe und Schiller über Novalis und Nietzsche bis Hermann Hesse und Rainer Maria Rilke. Es ist Ida Hofmanns letzte uns bekannte Veröffentlichung und, man muss es so sagen, ein Werk des Abschieds. Als das mit vielen Satzfehlern behaftete und wohl in aller Eile hergestellte Buch gedruckt ist, ist sie bereits auf dem Sprung nach Brasilien.

Der biografisch ergiebigste der vier kurzen Texte ist der zweite, der den Titel trägt: *Was ich von der Madonna erfuhr*. Madonna? Ist Ida, deren esoterische Neigungen zuletzt immer stärker wurden, am Ende zu einer frommen Frau geworden? Das nicht ganz. Aber »die Umstände und ein unbestimmter Drang« führen sie dazu, am 15. August – im katholischen Festkalender der Feiertag von Mariä Himmelfahrt – in der unterhalb des Sanatoriums im Wald gelegenen Wallfahrtskirche Madonna delle Fontane der Messe beizuwohnen – mit Blick auf das alte, schöne Altarbild, auf dem die Gottesmutter auf einer blauen Kugel gen Himmel schwebt, und inmitten von Hunderten von Frauen aus Ascona und Umgebung, als Einzige von ihnen ohne Kopfdeckung: »Eng, fast ängstlich aneinander gepresst, mehr kriechend als kniend, hockten wir auf den Bänken. Keine erhob sich, indes die Männerwelt unbedeckten Hauptes den Altar umstand, nahe dem Allerheiligsten.« Angesichts der männlichen Dominanz vor dem Altar verspürt sie ein Gefühl der Zugehörigkeit und Solidarität mit den einheimischen Frauen: »Ich fühlte mit, ihre Demütigung, ihr willig oder unwillig auf die Schulter geladenes Kreuz.«

Die Reflexionen, die Ida an dieses Erlebnis knüpft, sind voll von schiefen Bildern und dementsprechend diffus. Doch so viel wird klar: Sie träumt nicht nur vom Ablegen des Schleiers, sondern macht auch eine Gemeinschaftserfahrung. Zumindest für die Zeit des Gottesdienstes wird aus der Außenseiterin, die stets ihre Überlegenheit unter Beweis stellen muss, eine Frau, die sich in ihren Problemen und Nöten in den anderen, zufällig an diesem Ort versammelten Geschlechtsgenossinnen wiedererkennt.

Fast schon *sophisticated* ist dann die Deutung, die sie im letzten Text des Büchleins, der schlicht *Feminismus* heißt, dem katholischen Dogma von der jungfräulichen Mutterschaft Marias gibt: als Symbol dafür, dass es im Leben einer Frau nicht nur auf leibliche Mutterschaft und die Rolle als Geschlechtswesen ankomme, sondern auch auf etwas, das Ida »geistige Mutterschaft« nennt. Deren »schöpferische Kraft« gelange eben nicht in einem Kind, sondern in Gestalt »eines vortrefflichen Buches, eines Kunstwerks, einer Unternehmung, einer Einrichtung« zum Ausdruck.

In der Frauenbewegung ihrer Zeit musste Ida hingegen den gegenteiligen Trend feststellen: Stets gelte die Fürsorge der »Kinder gebärenden, aufziehenden Frau – deren Wert und Heiligkeit«. Nun wolle sie keineswegs die Tragweite des mütterlichen Prinzips bestreiten, zumal angesichts der Millionen Toten des Weltkriegs. Doch »Mutterschutz« sei nicht alles. Vielmehr entspringe aus dieser einseitigen Wertung eine Fülle von Ungerechtigkeiten und Geringschätzungen gegenüber der nicht gebärenden, sich selbst erhaltenden, nur den eigenen Namen und nicht den eines Mannes tragenden Frau. Allzu oft würde sie herabsetzend mit dem Attribut der »alten Jungfer« bezeichnet oder selbst als Verheiratete nicht für voll genommen. Als ob zum vollständigen Frausein gehöre, leibliche Kinder zu haben.

Natürlich spricht Ida hier in eigener Sache: die von Henri Verlassene, die langsam auf die sechzig zugeht. Er hat sich einer Jüngeren zugewandt, die bald schon dreifache Mutter ist und mit der er sogar in konventioneller Ehe zusammenlebt, während Ida diese Einrichtung immer noch als Monopolisierung »an sich freier Regungen« und als größtes Hindernis auf dem Weg der Frau zur Unabhängigkeit empfindet. Von der Frau ihrer Zeit verlangt sie mehr Mut und Initiative, gerade auch in vermeintlichen Kleinigkeiten wie der, einen Mann von sich aus anzusprechen. Vor allem aber soll sie den eigenen Interessen und Vorlieben nachgehen können, selbst dann, wenn sie mit einem Partner zusammenlebt. Das »stetige und unmittelbare Teilen des Zimmers« beeinträchtige auf jeden Fall die Unabhängigkeit der Frau, stellt sie fest. Stets gerate sie unter Rechtfertigungsdruck. Das gehe nicht nur auf Kosten von Eigeninitiative und Unverkrampftheit, sondern führe auch zu Streitigkeiten, Indiskretionen und Hemmungen. Und so fordert Ida Hofmann bereits 1920, fast ein Jahrzehnt vor der englischen Schriftstellerin Virginia Woolf, ein eigenes Zimmer, »Autonomie der Wohnung« für die Frau, um ungestört und unbeobachtet kreativ sein zu können.

Lauter Abschiede

»Wir auf M.V. haben meist nur ärgerliches mitzuteilen. Der Krieg drückt uns mehr als die Allgemeinheit. Und wir sind fest entschlossen M.V. zu verlassen + nach Amerika zu gehen um dort die Coop. endgültig zu gründen. Nur müssen wir erst verkaufen, und dann muss der Krieg zu Ende sein, sonst kann Frau Hofmann nicht mit (als Österreicherin)«, war von Henri Oedenkoven bereits 1915 zu erfahren. Anfang 1920 ist es dann so weit. Der Monte Verità ist zwar noch nicht verkauft, aber verpachtet, und Henri verlässt mit seiner Frau und den Kindern den Berg, um vorerst nach Spanien zu gehen, wo er ein Grundstück erworben hat.

Bereits einige Jahre zuvor sind Karl und Jenny Gräser mehr oder minder unfreiwillig vom Berg abtransportiert worden. Seit den 1910er Jahren litten beide zunehmend unter schweren neurologischen und psychischen Störungen. Bereits um 1905 hatten Besucher Karl, der da erst Mitte zwanzig war, auf vierzig, die einige Jahre ältere Jenny hingegen auf fünfzig Jahre geschätzt. Ida war der Meinung, dass ihre Schwester an der Seite Karls ein Leben führen müsse, das einer kultivierten Frau eigentlich ungemäß sei, und dass die ständige Schufterei im Haus und auf dem Acker ihrer Gesundheit schade. Der Verstand ihrer armen Schwester sei zeitweise bis zum vollkommenen Wahnsinn getrübt, konstatiert sie und führt dies auf das fanatische und ausbeuterische Regime Karl Gräsers zurück. Er habe das »ehemals blühende Geschöpf« zum willenlosen Werkzeug seiner verrückten Ansichten und seiner rückschrittlichen Lebensweise gemacht.

Die Wahrheit war vermutlich viel prosaischer und auch grausamer: Jenny hatte sich bei ihrem Mann mit Syphilis angesteckt, und ihre Störungen waren Anzeichen der progressiven Paralyse, dem letzten Stadium der Erkrankung. Eine nicht ausgeheilte Syphilis führt zehn bis zwanzig Jahre nach Ausbruch zu schweren neurologischen Störungen. Damit verbunden kann sich eine ungeahnte kurzzeitige Steigerung der kognitiven Fähigkeiten einstellen, wie das etwa bei Nietzsche der Fall gewesen sein muss. Doch diese Geniephase der chronischen Hirnentzündung ist nur der Aufgalopp zu fortschreitender Demenz, dem rapiden Abbau der intellektuellen Fähigkeiten, Sprachstörungen und der Unfähigkeit koordinierter Bewegungen. Am Ende sind die Patienten gelähmt.

Die Infektion mit Syphilis erklärt auch die zahlreichen Fehlgeburten, die Jenny erleidet und auf die ihr Ehemann mit der gesamten ihm zur Verfügung stehenden dogmatischen Sturheit reagiert. Er weigert sich, einen Arzt zu holen. Dieser trifft trotzdem noch rechtzeitig ein, weil Jennys jüngere Schwester Lilly und die Mutter, die mittlerweile ebenfalls in Ascona wohnen, sich darum kümmern. Karl aber beschimpft den herbeieilenden Doktor wie ein starrsinniger Alter aus einem russischen Roman: »Was du da tust, ist Unrecht. Es ist ganz natürlich und gesetzmäßig, wenn meine Frau jetzt untergehen muss. Wir haben gar nicht das Recht, hier einzugreifen. Wenn sie sterben soll, dann hilft das nichts, dann stirbt sie auch mit deiner Hilfe. Soll sie leben bleiben, so tut sie es auch ohne dich. Ich glaube nicht, dass ich dir ein anderes Mal diese unnatürlichen Eingriffe gestatten würde!« Karl und Jenny bleibt ein gemeinsames Kind versagt.

Als Jennys Zustand sich verschlimmert, wird sie eine Zeit lang von Henri im Sanatorium betreut. Die Besserung der gesundheitlichen Situation war angesichts ihres Leidens natürlich völlig illusorisch, wäre es aber genauso gewesen, wenn Jennys Störungen einen anderen Ursprung gehabt hätten; denn gegen wirklich schwere Krankheiten, auch solche psychischer Natur, vermochten die Naturheilmethoden wenig auszurichten. Den ärztlichen Leitern der Einrichtungen war das wohl bewusst, denn gewöhnlich lehnten sie die Aufnahme Schwer- beziehungsweise chronisch Kranker ab, soweit eine entsprechende Diagnose vorlag. Schon um des Geschäftes willen neigten sie andererseits dazu, Unpässlichkeiten zu Krankheiten aufzubauschen, unterschätzten beziehungsweise verkannten hingegen schwere Erkrankungen.

Immerhin, so Ida, hätten Jenny und Karl mit der Zeit Einsicht gezeigt. Das stimmt mit dem überein, was wir aus einem Brief Karls an seinen Bruder Gusto erfahren. Dem Schreiben vorausgegangen ist ein handfester Streit im Hause Gräser, in dem neben Karl und Jenny sowie den Brüdern Gusto und Ernst inzwischen die Gräser-Mutter wohnt. Grossika, wie sie genannt wird, sorgt für einen geordneten Haushalt und eine gewisse Gemütlichkeit. Wahrscheinlich hat sie sich auf dem Monte Verità ein wenig gefühlt wie vormals in Siebenbürgen – am Rand der Welt, aber inmitten der Familie.

Bei dem Streit ging es einmal mehr um Gustos Angewohnheit, von der Arbeit anderer zu leben, ohne ihnen mehr dafür zu geben als erbauliche Worte. »Mache dich ansässig«, rät Karl dem Bruder. »Du hast dadurch Gelegenheit, Beziehungen zu knüpfen, die von Dauer sind. Du hast Ursache, für etwas zu wirken, zu gestalten und vor allem ›deine wirkliche Kraft‹ kennenzulernen. Ich glaube, dies ist ein Weg, wo du wirklich bescheiden, wirklich einfach werden und wirklich zu Deinen Bedürfnissen kommen kannst.« Das liest sich, als habe Karl in den Ermahnungen an den Bruder zum Resümee des eigenen bisherigen Lebens- und Denkweges gefunden. Er selbst sei, wie er zugibt, von Ideen angesteckt gewesen, »die in den Himmel wachsen und ihre irdische Berechtigung nicht mehr haben«. Doch inzwischen habe er ein solches Streben als eitel erkannt – »nicht weil es in falscher Richtung geht, weil es maßlos ist«. Und »maßlos« heißt für ihn, dass das Ersehnte frühestens von der Generation der Urenkel verwirklicht, jedenfalls »mit dem eigenen Leben nicht mehr erlebt werden kann«.

Das ist eine Absage an den Utopismus, von dem viele Lebensreformer in ihren Anfängen, die Gräser-Brüder insbesondere, geprägt waren. Es ist das Ergebnis des Experiments mit der Wahrheit, wie es Karl seit seiner Trennung von Ida und Henri durchgeführt hat. »Noch nie hat ein Mensch, auch der größte nicht, etwas vollbracht ohne die Mithilfe seiner Umgebung«, schreibt er nun.

Die Beziehung zwischen Karl und Gusto war seit dieser Auseinandersetzung nachhaltig gestört – der Kontakt brach ab, jeder ging seiner Wege. Gusto führen sie in die Arme von Elisabeth Doerr, einer mütterlichen Frau, etwas älter als er, die bereits aus anderen Beziehungen fünf Kinder, zwei Söhne und drei Töchter, hat. Während der Lebensgemeinschaft mit Gusto kommen drei weitere Töchter hinzu. Mit einem selbst gebauten, zeisiggrün gestrichenen Planwagen nomadisiert die Familie durch die Lande. Auch in den Städten werden sie gesehen, wo Gusto manchmal Vorträge hält. Dann läuft die Familie in gebührendem Abstand hinter ihm her. »Wie in der Urzeit der Mann durchs Dickicht brach, die Brut ihm nachtrottete, so schritt er über den Kurfürstendamm, hinter ihm Weib und Sprösslinge«, erinnerte sich der Schriftsteller Heinrich Zillich, wie die Gräser-Brüder ein gebürtiger Siebenbürger.

Gusto kommt oft mit dem Gesetz in Konflikt und beweist großen Mut in seiner konsequenten Verweigerung des Militärdienstes. Immer wieder findet er prominente Fürsprecher, darunter Richard Dehmel, Gerhart Hauptmann, Max Klinger, Thomas Mann und Hans Thoma. Von 1915 an durchlebt er eine kurze Periode der Sesshaftigkeit, als er mit Gefährtin und Kinderschar das inzwischen von Karl und Jenny Gräser verlassene Gut auf dem Monte Verità bewohnt und sich als Selbstversorger zu ernähren versucht. 1918 dann stirbt Karl. Aus Briefen von Lilly Hofmann geht hervor, dass sie ihn in den letzten Tagen des Weltkriegs gepflegt hat. Auf seinem Sterbebett soll er noch Jenny geheiratet haben, die ihn nur wenige Jahre überlebt.

Nun ist Gusto der Erbe des knapp zwei Hektar großen Grundstücks samt der beiden Gebäude. Um das Vermächtnis anzutreten, ist allerdings eine Hypothek in der Höhe von achtzehntausend Franken abzulösen – für Gusto, der wie sein Bruder das Geld verachtet und ohne jegliche Mittel ist, ein Ding der Unmöglichkeit. Da macht ihm der ehemalige Sekthändler Louis Haeusser, der sich von seiner Familie getrennt und bei Gusto einquartiert hat, einen Vorschlag: Er solle ihm das Gut, das einen geschätzten Wert von hunderttausend Franken hat, formal für fünfundzwanzigtausend verkaufen. Fünftausend davon sollen bereits als gezahlt gelten für Gefälligkeiten, die Haeusser Gräser erwiesen hat, mit dem Rest werde er die Hypothek ablösen und die Notarrechnung begleichen. Haeusser unterlässt beides, behauptet jedoch, er sei durch den »Deal« rechtmäßiger Eigentümer von Grundstück und Häusern geworden, bietet beide sogar zum Verkauf an: »2 Häuser und 14000 qm prima Boden mit ca. 2.000 Bäumen.« Gusto jedoch wehrt sich nicht gegen Haeussers Aneignung des Besitzes, nicht einmal, als in seiner Abwesenheit Elisabeth und die Kinder wegen einer Räumungsklage weichen müssen, was wiederum zum Zerwürfnis mit seiner Lebensgefährtin führt. »Wenn er ein Haber ist, lass es ihn haben«, ist seine Reaktion. Und dabei bleibt es. Elisabeth hingegen quartiert sich mietfrei in Mia Hesses Haus ein, mit der sie sich angefreundet hat und die gerade in der Klinik ist.

Nach der Trennung von Elisabeth und den Kindern nimmt Gusto sein Leben als Wanderprediger wieder auf. Oskar Maria Graf schildert in seinen Erinnerungen einen Auftritt Gräsers in München inmitten der Revolutionswirren des Jahres 1919: Kurt Eisner, der erste Ministerpräsident des monarchiefreien Volksstaats Bayern, ist gerade einem Attentat zum Opfer gefallen, und der Zentralrat hat den Belagerungszustand über die Hauptstadt verhängt. In die aufgeheizte Stimmung hinein ergeht Gräsers

Aufruf zur unbedingten Gewaltlosigkeit vor sehr gemischtem Publikum, das von schwärmerischen Mädchen und alten Jungfern über biedere Biertischler und idealistische Sonderlinge bis hin zu Spartakisten reicht. »Gräser machte eine halb segnende Armbewegung und fing seine monotone Predigt an. Ein unverständliches Sammelsurium von Zitaten und verschrobenen Meinungen ergoss sich über die Anwesenden, begleitet von Beifall, Gelächter, Hohnrufen und Klatschen.« Es kommt zu tumultartigen Szenen, an denen sich auch Graf selbst beteiligt; Gräser wird niedergeschrien. Aus der Wohnung des Graf-Freundes Georg Schrimpf, in der er sich gegen dessen Willen eingenistet hat, wird er unter verletzendem Spott vertrieben.

Wenn Gusto etwas professionell beherrscht, dann die Kunst, sich mittellos durchzuschlagen. Er überlebt selbst die Nazizeit und den Krieg, obwohl er immer wieder verhaftet wird. Zuletzt haust er in einer Dachkammer im Münchner Stadtteil Freimann, nördlich von Schwabing gelegen. Dort standen nach der Schilderung eines Besuchers »die Bleistifte in den Löchern eines zerbrochenen Hohlziegels und die Stopfnadeln waren in dem Gefilz eines Vogelnestes untergebracht«. 1958 stirbt Gusto Gräser, der letzte Monteveritaner, beinahe achtzigjährig. Zumindest in der Zahl der Lebensjahre hat er seine ehemaligen Mitstreiter und Gegner allesamt ausgestochen. Nur Karl Vester, der Mitarbeiter der ersten Stunde, der sich nach seiner Rückkehr aus Samoa unterhalb des Monte Verità angesiedelt hatte, überlebte ihn um weitere fünf Jahre und wurde in Ascona mit seinen langen Haaren und seinem merkwürdigen Aufzug schon zu Lebzeiten eine legendäre, aus der Zeit gefallene Erscheinung.

Ida und Henri sind schon vor dem Zweiten Weltkrieg gestorben. Als sich Henri mit seiner Familie 1920 nach Spanien aufmachte, hielt sich Ida zuerst noch eine Zeit lang in Ascona bei ihrer Schwester Lilly auf, bevor sie ihm folgte. Bei ihrer Ankunft hat Henri das dort erworbene Grundstück schon wieder mit beträchtlichem Gewinn verkauft, weil die Regierung es für den Bau einer Straße benötigt, und schifft sich gen Brasilien ein.

»Frau Ida ist glücklich in Brasilien mit Geistverwandten unter Führung eines eingeweihten Meisters«, notiert Karl Vester im September 1924 in sein Tagebuch, nachdem er wohl Nachricht von ihr erhalten hat. Das klingt, als habe sie am neuen Ort die lange gesuchte spirituelle Erfüllung gefunden. Aber nachkommen, wie Ida vorschlägt, möchte niemand; auch in Ascona haben gerade die erlebnisintensiven 1920er Jahre Einzug gehalten. Jedenfalls eignet sich auch beim zweiten Siedlungsversuch der Boden des angekauften Terrains nicht für die geplante weitgehende Selbstversorgung mit Nahrungsmitteln. Nur dass er in Brasilien nicht zu steinig und zu trocken ist wie auf dem Monte Verità, wo nur wenige Zentimeter unter der Oberfläche der Felsen beginnt, sondern zu sumpfig und zu feucht – ein Malariagebiet. Gut möglich, dass es diese Krankheit ist, an der Ida im Juli 1930 stirbt, nachdem sie sich zuvor mit dem Erteilen von Sprachunterricht durchgeschlagen hat. Henri überlebt seine ehemalige Lebensgefährtin nur um wenige Jahre. Beider Spuren verlieren sich in der brasilianischen Sierra. Was wir von ihnen wissen und was uns an ihnen interessiert, spielt alles in dem zwanzig Jahre währenden Sommer des Lebens auf dem Monte Verità.

Monte Varieté

Der von Henri Oedenkoven vor seinem Weggang eingesetzte Pächter machte aus dem Monte Verità kurzerhand ein Vergnügungslokal mit angeschlossenem Luftbad und lockte dadurch viele Einheimische auf den Hügel. Clara Linke, die Reuss-Geliebte, installierte derweil dort oben ein Kindererholungsheim – beide miteinander unverträgliche Initiativen schlugen fehl. Oedenkoven versuchte es daraufhin mit einem neuen Pächter, und als auch dieser nach kurzer Zeit aufgeben musste, setzte er Karl Vester als Verwalter ein.

Der Monte Verità verfiel, viel schneller, als er zwanzig Jahre zuvor aufgebaut worden war. Was nicht niet- und nagelfest war, etwa die Bretter der Luftbadumzäunung, wanderte winters in die Kamine der Tessiner. Gruppen von durchziehenden Wandervögeln nutzten die Häuser als billige Übernachtungsmöglichkeit. Ein Maler schlug sein Atelier in der Casa Centrale auf und tapezierte die Wände mit seinen fantastisch bunten Gemälden. Eine geschäftstüchtige Frau mietete sich in einer der Lichtlufthütten ein und veranstaltete dort für Touristen Grillabende. Auch Obdachlose und Landstreicher waren auf dem Monte Verità zu sehen.

Kaum haben die Gründer »ihrem« Berg den Rücken gekehrt, holt die Natur, dergemäß sie doch leben wollten, sich zurück, was sie ihr in mühevoller Arbeit abgerungen hatten. Der Schriftsteller Werner von der Schulenburg, der 1923 den Monte Verità besucht, beschreibt das sehr eindrucksvoll: »Eine Reihe von ausgeschwärmten Eisenpfählen, an denen Reste von Balken hingen, mochten die früheren Grenzen des Luftbades anzeigen. Ich schlendere über die grasbestandene Hochebene, an verlassenen Holzhütten vorüber, in deren Fensterhöhlen sich Eidechsen sonnten. Ein langer Traubengang war zusammengebrochen. Ich kroch durch Höhlen von Weinblättern, und die blauen Trauben hingen auf mich herab wie Tropfsteine. Mit Mühe wand ich mich durch diese Welt von Zerfall und Leben. Grashüpfer, wie von unsichtbarer Hand geknipst, schossen durch die gefleckte Welt von Licht und Grün …

Durch wucherndes Grün kam ich auf einen waldigen Platz. Wieder Hütten in Verfall, feucht, verwesend, mit fauligen

Dächern, die in sich zusammensanken wie sterbende Tiere. Das engbrüstige Hotel war verlassen und geschlossen. An dem ›tea-room‹ klebte, verwaschen und zerbröckelt, das Zauberwort ›International‹. Und überall wuchernde Pflanzen; Bambus, Palmen, Feigen, Yucca – zwischen struppigen Linden, Platanen und Steineichen …

Langsam schritt ich weiter. Die Bäume traten plötzlich zurück, und nun stand ich vor dem weiten, berauschenden Landschaftsbild, das unvergesslich ist – jenem Blick auf die Inseln, die wie zwei Nymphen im blauen See schwimmen, und auf die fernen Berge Italiens … Diese Seite des Hügels schaut auf verfließende Linien, auf verfließende Farben, auf Glanz und Süßigkeit – auf Italien. Das ist alles, was von den nackten Menschen geblieben ist; sie haben diesen Blick gefunden und erschlossen.«

Womöglich war es in der Tat die unvergleichliche Aussicht, die schließlich das Fortbestehen des Monte Verità bewirkte. Hinzu kam, dass die Inflation des Jahres 1923, »das tolle Börsenspiel«, wie Robert Landmann es nennt – eine Spätfolge des Ersten Weltkriegs –, zunehmend mehr Menschen die Karten der Länder außerhalb Deutschlands studieren ließ. Jedenfalls erwerben drei Berliner – ein Verlagsbuchhändler, ein Maler und ein Ingenieur – mitsamt ihren Familien und zwei weiteren Teilhabern 1923 den Monte Verità und starten den Versuch, jenseits von Vegetarismus, Anarchismus, Psychismus und den anderen Spezialitäten der Gründer den Berg als Hotel, Kurhaus und Restaurant wieder flottzumachen. Das blaurote Signet mit der Palme und dem Berg – bis heute das Wahrzeichen des Monte Verità – geht auf den Maler in der Gruppe der neuen Eigentümer zurück. Der Verlagsbuchhändler unter ihnen wird hingegen unter dem Pseudonym Robert Landmann 1930 die erste Geschichte des Monte Verità veröffentlichen.

Da liegt das Abenteuer, auf das sich die drei eingelassen

haben, bereits wieder einige Jahre zurück. Wie schon Oedenkoven gelingt es ihnen nicht, den fröhlichen Betrieb, den sie dort aufziehen und der mehr Verwandtschaft mit einer Partymeile als einem ernsthaften, auf Gewinn abzielenden Unternehmen hat, auch nur entfernt rentabel zu gestalten. Höhepunkt ihres Engagements sind die Künstlerfeste. Sie dauern mehrere Tage und ziehen Besucher aus der gesamten Schweiz an. »Unter der blauen Sonne« lautet das Motto des ersten, an Karneval 1924 veranstalteten Festes; »Kiliwumba«, ein »Negerfest«, für das vor dem Restaurant ein sechs Meter hoher Götze errichtet wird, findet gleich im Sommer desselben Jahres statt, und Karneval 1925 gibt es dann »Das rasende Karussell«. Nur ein Jahr später aber ist mit der Dauerparty Schluss, die ausgebluteten Finanziers verkaufen den Monte Verità an einen Geld- und Kunstmenschen: den Freiherrn Dr. Eduard von der Heydt, weltgewandter Bankier in Amsterdam und Berlin, Anlageberater und Gastgeber der deutschen und internationalen Zwischenkriegs-High-Society, Sammler moderner und außereuropäischer Kunst.

Monte von der Heydt

Auf Anregung von Marianne von Werefkin hat von der Heydt dem Monte Verità bereits im Frühjahr 1923 einen Besuch abgestattet, als der Hügel noch vor der Ankunft des Boheme-Trios im Zustand allmählicher Verwilderung begriffen war. Ende 1925 wird ihm der Berg abermals zum Kauf angeboten. Mangels anderer Interessenten erhält er trotz einer niedrigen Gegenofferte den Zuschlag und lässt eine niederländische Immobiliengesellschaft als offizielle Eigentümerin eintragen.

Von der Heydt war eine »Extrapersönlichkeit, die sich als Außenseiter in einer Traditionswelt zu platzieren suchte«, charakterisiert der Historiker Eberhard Illner den Baron. Er gehört damit in eine Reihe jener elitären Gestalten, die wie der Diplomat und Publizist Harry Graf Kessler, der Galerist Alfred Flechtheim oder der Orientalist Max von Oppenheim in den unsicheren Jahren der Weimarer Republik für eine kulturelle Neuorientierung und eine Reform der Gesellschaft von oben standen. Unter seiner Ägide wird aus dem lebensreformerischen Konzept der Gründer der Lifestyle besserer Leute, die es sich leisten können und wollen, gesünder, naturnäher, unkonventioneller zu leben als der Mainstream.

Eduard von der Heydt hat bereits vor dem Monte Verità einen Versuch unternommen, seinem Kerngeschäftsfeld, der privaten Anlageberatung, mitsamt den dafür erforderlichen gesellschaftlichen Beziehungen einen innovativen Rahmen zu verschaffen – eine Erlebniswelt, die hohen Freizeitwert mit der Aura des Spektakulären und Elitären, eine gewisse Abgeschiedenheit mit einer ausgeprägten Zwanglosigkeit verband. 1920 kaufte er einige Grundstücke im holländischen Zandvoort, das – wie Ascona unter dem Einfluss des Monte Verità – sich gerade von einem Fischerort zu einer Touristendestination wandelte. In den Jahren darauf entstand dort unter Einbeziehung bestehender Fischerhäuser ein sich in die Dünenlandschaft schmiegender Gebäudekomplex, dessen Kunstcafé den Namen MULURU erhielt, eine Abkürzung für MUseum LUnch Room.

Bereits in seinem ersten Haus in Amsterdam hatte von der Heydt aus Privatwohnung, Salon und Kunstsammlung eine neue Synthese erschaffen. In Zandvoort setzte er das fort, nur dass nun in bestimmten Bereichen, etwa dem Café, auch das allgemeine Publikum Zutritt hatte und das gesamte Anwesen als eigenes Profitcenter konzipiert war. Der Bankier und Sammler lud nicht mehr zu sich nach Hause ein, sondern in eine von ihm konzipierte Wohlfühlwelt, in der er, selbst während seiner

Abwesenheit, noch omnipräsenter Gastgeber war. Zugleich schuf er Räume für seine wachsende Kunstsammlung, die die Primitiven von gestern mit den Primitiven von heute in eigenwilligen Kontakt brachte. Zu sehen waren Masken aus dem Kongo, orientalische Holzskulpturen und mittelalterliche Plastiken genauso wie Bilder von Manet, Renoir, Degas, Cézanne oder van Gogh, die vielen Zeitgenossen als die neuen Primitiven galten. Insbesondere die Kubisten haben aus ihrer Inspiration durch die sogenannte Negerkunst nie ein Geheimnis gemacht. »Das Negerparadies« hieß das MULURU denn auch, und der aufgeklärte Besucher schwärmte von der Mischung aus »Negerkunst und Sonnenbrand«, die ihn dort erwartete.

Auf dem Monte Verità perfektionierte von der Heydt dieses Konzept noch. Man kann, was er dort unternahm, auch strategische Immobilienentwicklung nennen. Zum einen erschloss er den mittlerweile legendären Hügel mit einer neuen Hotelanlage. Das alte Zentralhaus wurde bis auf die Terrasse und die zu ihr hinaufführenden geschwungenen Treppen abgerissen und durch einen funktionalen Neubau im Stil der Zeit ersetzt. Mit seinem Flachdach, den klaren Linien, durchgehenden Fensterbändern und seiner weißen Fassade, die auf jeden Dekor verzichtete, nahm er nicht nur die Modernität der Casa Anatta auf und führte sie zeitgemäß fort, sondern bildete auch einen interessanten Kontrast zu dem üppig wuchernden Park, den von der Heydt unter Bewahrung einiger Lichtlufthütten neu anlegen ließ. Es gab nun auch ein Freibad, damit die Gäste zum Baden nicht die hundertfünfzig Höhenmeter zum See überwinden mussten.

Zum anderen begann er Freiflächen auf dem Monte Verità systematisch als Villengrundstücke zu erschließen, wofür er später zusammen mit einem in Ascona ansässigen Architekten sogar eine Verwertungsgesellschaft gründete. Der Plan war offensichtlich, dass sich die Attraktivität des Hotels auf das Terrain insgesamt übertragen würde, die Immobilienpreise dementsprechend stiegen und die getätigten Investitionen so eingespielt würden. Auch dieser Plan des Freiherrn ist aufgegangen. Zeitgleich mit ihm siedelte sich der Großindustrielle Edmund Stinnes, Teilhaber am Bankhaus von der Heydt, in Ascona an. Nur wenig später folgte der Hamburger Großkaufmann Max Emden, der soeben einen Großteil seiner Kaufhäuser, darunter das KaDeWe in Berlin und das Oberpollinger in München, an Karstadt verkauft hatte. Er kam nach Ascona als Gast des Monte Verità und erwarb 1927 die vor Ronco liegenden Isole di Brissago von der schwer verschuldeten Besitzerin Antoinette de Saint Léger, die unter anderem James Joyce, Rainer Maria Rilke und Harry Graf Kessler als Gäste auf ihren Besitz gelockt hatte. Der neue Eigentümer ließ sich dort eine schlossartige Villa im klassizistischen Stil bauen und legte einen botanischen Garten an, den er mit nackten Mädchen bevölkerte, die gegen Honorar morgens auf die Insel gerudert und abends wieder abgeholt wurden. Emden, Stinnes und von der Heydt zogen zahlreiche Nachahmer nach Ascona, die sich von ihrem Lebensstil beeindruckt zeigten.

Die gesamte Anlage des Monte Verità, inklusive des Parks, bestückte von der Heydt mit seiner wachsenden Kunstsammlung. »An den Holzwänden im Restaurant hingen antike asiatische Malereien und pompöse Gobelins; in den Nebenräumen standen alte Stilmöbel«, berichtet Robert Landmann in seiner Geschichte des Monte Verità, die im Auftrag Eduard von der Heydts und auch von ihm finanziert entstand. »Die Hotelzimmer schmückten französische Kupferstiche, Radierungen und chinesische Seidenmalereien aus der Mingzeit, in den Korridoren waren Gemälde, Zeichnungen und indische Statuetten untergebracht. Auf der ›Japanischen Traumwiese‹ standen, inmitten exotischer Pflanzen verwitterte Buddhafiguren und seltsame Steinlaternen.«

Das ehemalige Privathaus Oedenkovens, die Casa Anatta, baute der neue Eigentümer des Monte Verità zu seinem Privatrefugium aus. Wo früher die durch die großen Fenster sichtbare Landschaft der einzige Raumschmuck gewesen war, durften die Gäste des Freiherrn nun die von ihm erworbenen Gemälde und Zeichnungen von Gauguin, van Gogh und Munch bewundern. Und auch das Deck des Schiffs auf dem Berg mit Kurs auf Süden war nicht länger von Menschenkörpern bevölkert. Dort, wo sich zuvor Nackte der Sonne hingegeben hatten, stellte von der Heydt seine Skulpturen auf: Die unvergleichliche Landschaft mit See, Bergen und Himmel diente jetzt steinernen Götterfiguren aus Italien und Kambodscha als Hintergrund. Nackt waren auch sie, aber sie waren Kunst, nicht Leben. Anschaulicher, so könnte man meinen, lässt sich der Unterschied zwischen den Gründern des Monte Verità und seinem späteren Eigentümer kaum fassen.

Doch das ist nur die halbe Wahrheit. Denn von der Heydt machte sich auf seine Weise einige zentrale Ideen des alten Monte Verità zu eigen. So etwa die vegetarische Ernährung, die er selbst praktizierte, jedoch viel liberaler handhabte, indem er sie nicht verordnete, sondern seinen Gästen als Option anbot. Und auch die Körperkultur des Monte Verità lebte – ins Elegant-Lässige gewendet – unter seiner Ägide fort. Das betraf auch den Tanz – Hertha Feist, Mary Wigman und auch Rudolf von Laban waren gern gesehene Gäste –, aber es ging weit darüber hinaus. »König ist hier Baron v. d. Heydt«, berichtet Hermann von Wedderkop, Herausgeber des vom Galeristen Alfred Flechtheim begründeten *Querschnitt*, eines *Magazins für aktuelle Ewigkeitswerte*, das Mitte der 1920er Jahre eine viel gelesene Lifestyle-Zeitschrift war. »Zum Zeichen seiner Würde trägt er einen kleinen roten, in Ascona gekauften Sonnenschirm, nicht anders, und zwar mit derselben Sachverständigkeit wie ein Häuptling in Zentralafrika.

Er sieht es gerne, dass alle, die ihm nachfolgen, weil sie eines Geistes sind, gleich nach der Ankunft das Lufthemd anlegen. Tatsächlich fällt mit seiner Anlegung alles Ererbte wie Schlacken von einem ab, man wird einfacher, heiterer, gleichgültiger gegen die großen Fragen der Politik, der Literatur und selbst der Weltanschauung.«

Besagtes Lufthemd, hergestellt aus durchlässigem Leinenstoff, nur etwas modischer geschnitten und edler verarbeitet als zu Zeiten Henri Oedenkovens und Ida Hofmanns, wurde jedem Gast bei der Ankunft ausgehändigt. Der Dress des Berges war auch das von Eduard von der Heydt selbst bevorzugte Kleidungsstück, wenn er auf dem Monte Verità weilte. In seinen Erinnerungen erzählt er die Anekdote eines amerikanischen Bankiers, den ursprünglich das Gerücht hierhergelockt hatte, dass alle Menschen nackt herumliefen. »Als er dann sein Auto auf den Berg der Wahrheit lenkte, sei ihm zuerst eine Dame aufgefallen, die einen sehr eleganten Pelzmantel getragen hätte, und zwar mitten im Sommer, also genau das Gegenteil von Nacktkultur. Er habe diese Dame so reizend gefunden, dass er trotz der übermäßigen Bekleidung dageblieben sei.« Sie hätte übrigens den Pelz ziemlich rasch abgelegt und danach wären noch andere Kleidungsstücke gefolgt. »Auf jeden Fall«, so von der Heydt, »hat ihm dieser Übergang vom Pelz zur leichten Bekleidung so großen Eindruck gemacht, dass er ein regelmäßiger Gast des Monte Verità wurde.«

Und potenziell auch ein Klient des Eigentümers. Die sichtbare Aufhebung des gesellschaftlichen Status trug in nicht geringem Maße zur Lockerheit und Ungezwungenheit der Umgangsformen auf dem Hügel bei. Wer hier abstieg und das Lufthemd anlegte, war eine Zeit lang der gewöhnlichen Welt von Verpflichtungen und Verbindlichkeiten entrückt. Der im Alltag gestresste, von allerlei Sorgen geplagte Gast entdeckte inmitten der im Park aufgestellten Kunstwerke, dass er – in einem höheren, ideellen Sinne – noch ein ganz anderer, nämlich so kreativer wie aufgeschlossener Mensch war. Das war gut fürs Anbahnen von geschäftlichen Beziehungen, aber das Genie Eduard von der Heydts lag darin, dass es genau darauf nicht anzukommen schien, sondern die »aktuellen Ewigkeitswerte«, und nur sie, zumindest für die Dauer des Aufenthalts, zählten.

Viel mehr als ehemals war der Monte Verità unter von der Heydt ein Kontakthof der internationalen Elite aus Kultur, Wirtschaft und Politik. Das zeigt ein fast beliebiger Blick ins Gästebuch, etwa im August 1931, in dem sich unter anderen folgende Personen dort aufhielten: Wilhelm Heinrich Solf, deutscher Politiker, Diplomat und Staatsmann, um seine Frau bildet sich später ein Kreis von Widerständlern gegen den Nationalsozialismus; William Cohn mit seiner Frau Isa, deutscher Kunsthistoriker für fernöstliche Kunst, seit 1923 Mitarbeiter der Berliner Museen, 1933 wird er aus rassischen Gründen entlassen, 1938 Emigration nach Großbritannien; Margarete Oppenheim mit ihrer Tochter Beate, Ehefrau des Chemikers Franz Oppenheim, Direktor der I.G. Farben; Margarete Rothbarth, Historikerin, Mitarbeiterin des Politikers Friedrich Naumann, seit 1927 am Völkerbundinstitut für geistige Zusammenarbeit in Paris; Max Pulver, Psychologe, Grafologe und Schriftsteller; Wilhelm Abegg, Staatssekretär im preußischen Innenministerium, nach seiner Entlassung 1932 Emigration im März 1933 in die Schweiz; Hermine Schuylenburg, niederländische Schauspielerin, emigriert 1940 in die USA; Marchesa Carla Vitelleschi mit Ehemann Giuseppe, Schriftstellerin und Übersetzerin, Bekannte von Rilke, Remarque und Max Emden; Joy McArden-Demarquette, niederländische Sopranistin; Jacques Colin Demarquette, französischer Autor, Naturalist und Vegetarier.

Ein weiterer Trick des Gastgebers von der Heydt bestand darin, dass er unter die betuchten Gäste aus Wirtschaft und

Politik auch solche mischte, die sich den Monte Verità nicht leisten konnten – Künstler, Literaten, Forscher. Auf diese Weise stellte er nicht nur eine Verbindung zur wachsenden Boheme von Ascona her, sondern machte durch die Begegnungen mit »echten« Kreativen den Aufenthalt auch für die zahlenden Gäste noch interessanter. Trotz seiner anfänglichen Begeisterung für Hitler, die bald schon der Desillusionierung wich, hielt von der Heydt an der Offenheit und Liberalität des Monte Verità auch nach 1933 fest. In dieser Zeit wandelte sich dieser mehr und mehr vom Feriendomizil zum Zufluchtsort für Regimekritiker, Emigranten und Angehörige des Widerstands.

Nichts erklärt den Menschen Eduard von der Heydt besser als die Besessenheit, mit der er Masken sammelte: indianische Schamanenmasken, Masken aus Afrika wie die große Kifwebe-Maske aus dem Kongo mit ihrem kubistisch-expressionistischen Wechselspiel von konkaven und konvexen Flächen, »Tschäggätä«, archaisch anmutende Schweizer Fastnachtsmasken aus dem Lötschental – Masken aller Art und von überallher verleihen seiner Sammlung ein einzigartiges Gepräge. Im Wohnraum der Casa Anatta wachten die großen mandelförmigen Augen und der gewaltige Mund einer Kameruner Königsmaske über die Gäste. Auf der Suche nach dem echten Gesicht des neuen Herrn auf dem Monte Verità, der dessen Wahrnehmung kaum weniger geprägt hat als die Generation der Gründer, stößt man auf ein Spiel von Masken, darunter die des Barons selbst: Als einen »Buddha mit den Augen eines Fuchses« hat ihn ein Verwandter beschrieben.

Seine Lebensphilosophie bezog der oft als Opportunist gescholtene Freiherr vor allem aus dem Taoismus, der einen weisen Menschen jenen nennt, der sich nicht vordrängt, der keinen Streit sucht, der seine Emotionen kontrolliert und gerade dadurch wirkt, dass er alle Geschäftigkeit abstreift und scheinbar nichts tut. Neben vielem anderen ist das *Daodejing*, wie wir heute das Weisheitsbuch des Laozi nennen, auch eine Lehre paradoxen Verhaltens: »Was du drücken willst, / dem gib Raum, / was du schwach willst, / mach stark / was du nicht willst, dass es sei, / lass es sein, wie es will, / wo du nehmen willst, / gib«, heißt es an einer Stelle. Das sei »die List der Erleuchtung«. Mit der Neigung zum Taoismus trifft sich von der Heydt erstaunlicherweise mit Gusto Gräser, der sogar eine eigene Nachdichtung des *Daodejing* auf Grundlage einer deutschen Übersetzung anfertigte. Sie war extrem eigenwillig und eigentlich unverständlich; vermutlich ist das der Grund, warum Hermann Hesse, dem Gräser ein Exemplar schickte, darauf nie reagierte. Es zeigt nicht nur, wie breit das Spektrum der Aneignung chinesischer Weisheitslehren sein kann, es lässt auch auf eine innere Verwandtschaft dieser beiden so unterschiedlichen Persönlichkeiten und damit auf eine Beziehung des Geld- und Kunstbarons zu der Ideenwelt des Monte Verità schließen, die über Vegetarismus und Vorliebe für luftige Kleidungsstücke hinausgeht.

Nature Boys

Im Herbst 1963, nur wenige Monate nach seiner Entlassung als Harvard-Dozent wegen Drogengebrauchs, veröffentlichte Timothy Leary, Doktor der Psychologie mit dem Schwerpunkt Philosophie, in der von ihm mitbegründeten *Psychedelic Review* einen Artikel, der den Titel »Poet of the Interior Journey« trug. Wollte man das übersetzen, so hat man die Wahl zwischen »Dichter der inneren Reise« oder »Dichter der Reise ins Innere«. Letzteres trifft es besser.

Der Dichter, um den es in dem Artikel ging, war der in den USA zu dieser Zeit trotz seines Nobelpreises weitgehend unbekannte ehemalige Monte-Verità-Gast Hermann Hesse. Die Amerikaner schienen einfach nicht warm zu werden mit seiner fein gesponnenen Literatur, die um Themen wie die Absonderung von der Masse, Selbstfindung und fernöstliche Spiritualität kreiste. Zu europäisch, hieß es. Das änderte sich schlagartig mit diesem Artikel. In seiner Folge wurde Hermann Hesse zum meistgelesenen europäischen Autor in den USA. Der amerikanische Student von 1967, quer durch alle Schichten, liest Hermann Hesse, stellte sein deutscher Verleger Siegfried Unseld glücklich fest. Die Gesamtauflage seiner Bücher stieg in den USA bis Ende der 1970er Jahre auf elf Millionen und übertraf damit die deutsche Gesamtauflage beträchtlich. Viele junge Amerikaner teilten zu diesem Zeitpunkt die Meinung des *San Francisco Chronicle*, Hesse sei der größte Schriftsteller des 20. Jahrhunderts. Ein Hippie-Mädchen schwärmte: »Hesse spricht in jedem Individuum etwas an, er rührt ans Zentrum. Man spürt das und fühlt sich geborgen … Er ergreift dich, als wäre er ein Teil deiner Selbst, als wäre er in deiner Seele … Hermann Hesse ist schön. Er ist Gott.«

Als Ken Kesey, der Autor von *Einer flog über das Kuckucksnest*, im Jahr nach der Veröffentlichung von »Dichter der Reise ins Innere« in einem bunt angemalten, multimedial aufgerüsteten Schulbus zusammen mit den »Merry Pranksters«, den beschwipsten Faxenmachern, einer Ansammlung von Aussteigern jeder Couleur, die erste seiner legendären Reisen durch die USA unternahm, hatte man neben LSD auch Hermann Hesse im Gepäck. Der Journalist Tom Wolfe hat über diese erste aller Magical Mystery Tours ein Buch geschrieben, das ebenso berühmt geworden ist wie Keseys Trip selbst, den *Electric Kool-Aid Acid Test*, eine Keimzelle des Neuen Journalismus. Dort ist die außerordentliche Wirkung überliefert, die ein Buch wie *Die Morgenlandfahrt* von Hermann Hesse auf die Reisetruppe hatte: »Hesse schrieb sie 1932 und doch … *diese Übereinstimmung* …

es ist ein Buch über … genau … die Pranksters! Und die große Busfahrt 1964! Es war, als wäre der Mann selbst auf LSD gewesen und wäre *im Bus.*«

Hesse ist nicht der einzige und auch nicht der erste »deutsche« Import gewesen, der die amerikanische Hippie-Kultur nachhaltig beeinflusst hat. Die Geschichte dieser Wirkungen beginnt schon viel früher und bezieht sich keineswegs nur auf die Innenwelt, die dem gängigen Klischee nach die eigentliche Domäne der romantikgeschwängerten Deutschen ist, sondern auch auf den Lebensstil und das Aussehen. Noch vor 1900 kommt der zwanzigjährige Benedict Lust aus dem badischen Michelbach in die USA, erkrankt dort an Tuberkulose, geht nach Deutschland zurück, wo er sich von Sebastian Kneipp erfolgreich behandeln lässt, und versucht sein Glück danach zum zweiten Mal in den Staaten, nun in offizieller Mission als Schüler und Vertreter Sebastian Kneipps. Er eröffnet an mehreren Orten Naturheilstätten, die er »Yungborn« nennt, und gilt in den USA bis heute als »Father of Naturopathy«. Doch das ist das Vorspiel nur.

Im September 1898 wird der Anarchist Giuseppe Ciancabilla aus der Schweiz ausgewiesen, nachdem ihm zuvor dasselbe in Frankreich passiert ist, wohin es ihn wiederum auf der Flucht aus Italien verschlagen hat. Er emigriert in die USA, geht dort zuerst nach Paterson, New Jersey, eine Hochburg italienischer Anarchisten, und zieht dann westwärts nach San Francisco. Dort gibt er die anarchistische Zeitschrift *La Protesta humana* heraus, in der 1903 der Artikel von Carlo Arnaldi über den Monte Verità die italienischen und amerikanischen Leser mit dem Phänomen der »Naturmenschen« bekannt macht. Auch über Joseph Salomonson und seine Vorstellungen von richtiger Ernährung und dadurch zu erreichender Verjüngung und Lebensverlängerung ist in der amerikanischen Presse bald darauf zu lesen.

Nur drei Jahre später dann gelangt mit dem neunzehnjährigen

Wilhelm Pester, einem gebürtigen Sachsen, ein leibhaftiger Naturmensch in die Vereinigten Staaten. Wie viele, die es ihm bald schon nachtun, wandert er aus, um sich in der Heimat dem Militärdienst zu entziehen. Pester sind Beziehungen zu Diefenbach nachgesagt worden, in dessen Kommune Gusto Gräser eine Zeit lang gelebt hat; inwiefern er mit den Monteveritanern in direkte Berührung gekommen ist, sich sogar in Ascona aufgehalten hat, ist nicht bekannt. Vielleicht hat er auch als Jugendlicher nur viel Karl May gelesen. Jedenfalls zieht es ihn nach Hilfsarbeiterjobs im Osten und Süden der USA ebenfalls westwärts. Im Tahquitz Canyon in den San Jacinto Mountains in der Nähe von Palm Springs baut er sich in einem Palmenhain eine Holzhütte, die als »Naturheim« bekannt wird. Er verbringt seine Zeit damit, die Umgebung zu durchstreifen, liest und schreibt viel. Wie Karl Gräser fertigt er seine Sandalen selbst an, knüpft Kontakte zu den Indianern, auf deren Gebiet er lebt, sammelt ihre Töpferwaren, spielt Gitarre und Harfe, lebt von rohen Früchten und Gemüse und verbringt die meiste Zeit nackt unter der kalifornischen Sonne. Seinen Lebensunterhalt bestreitet er mit dem Anfertigen von Wanderstöcken, dem Verkauf von Postkarten mit lebensreformerischen Sprüchen und damit, dass er von den vielen Neugierigen, die ihn besuchen, zehn Cent verlangt, um durch sein Teleskop den Sternenhimmel betrachten zu dürfen. Mit seiner Philosophie des naturnahen Lebens, seiner Fruchtdiät, seinen langen Haaren und dem Bart verkörpert er einen neuen Menschentypus in Kalifornien, der die Aufmerksamkeit von Schriftstellern und Prominenten auf sich zieht.

Aufmerksam auf Pester wird auch ein 1908 in Brooklyn geborener Mann. Zu Fuß durchstreift er die USA, lebt selbst in Städten ohne festes Obdach, ernährt sich vegetarisch und behauptet, mit drei Dollar in der Woche auskommen zu können. An Straßenecken hält er bisweilen Vorträge über Mystik und besteht darauf, dass sein Name, eden ahbez, kleingeschrieben wird; Großbuchstaben seien dem »Göttlichen« vorbehalten. Ob ahbez Pester persönlich kennengelernt oder nur von ihm gehört hat, lässt sich nicht sagen; jedenfalls übernimmt er von ihm das Aussehen und den Lebensstil des Naturmenschen: lange Haare, Bart, spärliche, rein zweckmäßige Kleidung, die Jesus-Aura. In den 1940er Jahren schreibt er einen Song, der von einem Jungen erzählt, der weit herumreist, um schließlich festzustellen, dass lieben und geliebt werden das größte Geschenk ist: »There was a boy / A very strange, enchanted boy / They say he wandered very far / Very far over land and sea / A little shy and sad of eye / But very wise was he.« In dem Jungen mag man Pester erkennen oder auch einen seiner Nachahmer, es mag auch ein Selbstporträt von eden ahbez oder das eines Freundes sein – *Nature Boy*, so der Titel des Songs, wird in der einfühlsamen Interpretation von Nat King Cole jedenfalls zu einem millionenfach verkauften Hit, der 1948 achtzehn Wochen lang die amerikanischen Charts anführt. In der Folge kommt es auch zu gemeinsamen Fernsehauftritten von Interpret und Songwriter, in denen ahbez in der »Tracht« des Naturmenschen seine Lebensphilosophie erläutert. 1960 schließlich nimmt er ein eigenes Album auf und soll noch die Beach Boys beeinflusst haben.

Natürlich sind Wilhelm Pester und eden ahbez, Joseph Salomonson und Arnold Ehret nicht die einzigen Quellen der in den 1960er Jahren aufkommenden Gegenkultur der Hippies, die gegen die Leistungsgesellschaft opponieren und humanere Formen des Zusammenlebens erproben. Aber es führt ein erkennbarer Pfad von der Alternativkultur des Monte Verità mit ihrem Hintergrund von Lebensreform und Boheme zur Hippie-Kultur der 1960er Jahre, die unseren Lebensstil bis heute nachhaltig beeinflusst hat. Die Aussteiger beider Phasen des 20. Jahrhunderts, die zwar zwei Weltkriege, aber auch nur zwei

Generationen voneinander trennen, haben viele Gemeinsamkeiten. Das beginnt bei den langen Haaren, die sehr viel mehr sind als eine Äußerlichkeit, setzt sich fort über den Kleidungsstil, eine häufig in Eigenproduktion gefertigte Anti-Mode, das Tragen von Latschen, wenn man nicht gleich barfuß geht, die Bevorzugung vegetarischer Kost aus im Idealfall selbst gezogenen und geernteten Produkten (zumindest jedoch ist ihre Herkunft bekannt), eine eigene psychedelische Musik (im Fall der Monteveritaner war das vor allem Wagner), eine ausgeprägte Körperkultur, zu der auch der Selbstausdruck im freien Tanz gehört, und erstreckt sich bis hin zum Zusammenleben in möglichst hierarchiefreien Kommunen in direktem Kontakt mit der Natur (statt in Familien im urbanen Kontext), einem hohen Stellenwert von Selbstverwirklichung und Selbstbestimmung und nicht zuletzt zu der Aufgeschlossenheit für eine undogmatische, eklektische Spiritualität, die sich jeder nach seinen Bedürfnissen und Erfahrungen zurechtmodeln kann.

Establishment und Mainstream reagierten beide Male mit Unverständnis und Diffamierung, um später viele Attribute und Werte der jeweiligen Alternativ- oder Gegenkulturen zu assimilieren. Die Periode des Monte Verità unter dem Geld- und Kunstbaron von der Heydt hat schon einen Vorgeschmack darauf gegeben, was bestenfalls passieren kann, wenn die rebellische Potenz der Aussteiger versiegt: Ihre anfangs abgelehnten Alternativen zum Bestehenden entwickeln mit der Zeit eine gewisse Sogkraft, die die Gesellschaft oder zumindest Teile davon reformiert. Und das muss kein Schaden für beide Parteien sein: weder für die Initiatoren der Veränderung, die die bestehenden Verhältnisse vielleicht nicht so radikal, wie sie wollten, aber doch in ihrem Sinne verändert haben; noch für Establishment und Mainstream, die zu Trägheit und Selbstgefälligkeit neigen und der Fundamentalkritik von außen bedürfen, um sich zu erneuern.

Fragt man also, was vom Traum geblieben ist, so darf die Antwort lauten, mehr als Musealisierung, die gewöhnlich einsetzt, wenn eine Periode zum Abschluss gekommen ist. Zumindest handelt es sich um eine veränderte, um nicht zu sagen alternative, Form von Musealisierung, nämlich in Gestalt einer lebendigen Auseinandersetzung. Das für den Monte Verità geleistet zu haben ist das große Verdienst des Kurators Harald Szeemann, der in der Kulturwelt eine »Extrapersönlichkeit« war so wie von der Heydt in der Finanzbranche.

Bereits während des Zweiten Weltkrieges war Eduard von der Heydt vom Monte Verità in eine Villa am Seeufer übergesiedelt. In den 1950er Jahren wurde seine Kunstsammlung vor allem auf zwei Museen aufgeteilt: Die außereuropäische Kunst ging ins Museum Rietberg in Zürich, der ehemaligen Villa Wesendonck, die Werke der Moderne ins Städtische Museum seiner Geburtsstadt Wuppertal-Elberfeld, das darauf in Von der Heydt-Museum umbenannt wurde. Als Eduard von der Heydt 1964 nach langer Krankheit in Ascona starb, wurde der Monte Verità testamentarisch Eigentum des Kantons Tessin, also öffentlicher Besitz. Eine weitere Periode des Verfalls, viel länger als die erste, setzte ein. Sie dauerte bis Mitte der 1970er Jahre. Als Harald Szeemann den Monte Verità wiederentdeckte, von dem der verwilderte Park mitsamt Hotel, Casa Anatta, Villa Semiramis und einigen Lichtlufthütten übrig geblieben war, befand sich alles in erbarmungswürdigem Zustand, in schneidendem Kontrast zu den Villen und Eigentumswohnungen mit Blick auf den Lago Maggiore, mit denen der Hügel unterhalb der Kuppe schon damals so gut wie zugebaut war.

Man hat Szeemanns Tat mit der des Troja-Ausgräbers Heinrich Schliemann verglichen, was genauso übertrieben ist wie der zuvor aufgekommene Vergleich des Monte Verità mit einer Akropolis des Geistes. Aber Archäologie einer Ideenwelt mitsamt der Dokumente und Kunstwerke, in denen sie ihren Niederschlag gefunden hatte, war es schon, was Szeemann in jahrelanger, kleinteiliger, teils archivalischer, teils ambulanter Kleinarbeit leistete, bevor es dann zu der Ausstellung »Monte Verità. Die Brüste der Wahrheit« kam. Diese wurde 1978 in Ascona, auf den Brissago-Inseln und in der Casa Anatta gezeigt und ging anschließend auf Tournee nach Zürich, Berlin, Wien und München. Seit Mai 2017 sind jene Teile, die sich auf die Geschichte des Monte Verità beziehen, in einer restaurierten, ergänzten Fassung in der ebenfalls restaurierten Casa Anatta zu besichtigen.

Der Untertitel, den Szeemann seiner Ausstellung gegeben hat, will deutlich machen, dass die auf dem Berg gefundene Wahrheit aus mehr als einer Quelle, vielmehr aus vielen Brüsten fließt. »Die Mammellen tragen Namen«, schreibt Szeemann im Textbuch zur Ausstellung, »sie sind identisch mit den Antworten der in Ascona erprobten Utopien als Antwort auf die Zeitprobleme.« »Anarchie« lautet einer dieser Namen, »Seelenreform« ein zweiter, »Körperreform« ein dritter. Doch je genauer man hinsieht, desto stärker vermehren sich die Brüste, desto vielfältiger wird die auf dem Berg in Szene gesetzte Wahrheit. Szeemann findet dafür die Formel »600 Viten, 600 Paradiesvorstellungen«. Anders als die Gründer meinten, liegt die Wahrheit des Monte Verità im zuweilen extremen Individualismus seiner Bewohner, der allen Träumen von neuer Gemeinschaft eine unübersteigbare Grenze setzt. Gerade das aber macht seine Modernität und seinen »aktuellen Ewigkeitswert« aus.

»Monte Verità« ist so weniger der Name eines Programms als eines Schauplatzes, auf dem sehr unterschiedliche Individuen einander begegneten, aufeinander zu- und voneinander wegstrebten, wo sie sich verstanden und missverstanden, liebten und bekämpften, bedeutende Lebensphasen durchmachten oder sogar lebensentscheidende Wendungen vollzogen, sich jedenfalls in irgendeiner Weise verorteten und erklärten. Trotzdem gibt es ein Band, das die vielen Individuen eint: Sie alle standen in Opposition zum Mainstream der Zeit, wie er sich etwa im Wilhelminismus verkörperte, und waren auf der Suche nach Freiheit, nach alternativen Lebensformen, nach einem neuen Selbstverständnis, nach Sonne.

Kaum ein Zufall dürfte es sein, dass die Gesellschaftsflüchtlinge von 1900 diesen neuen Ort von Anfang an, beinahe instinktiv, im Tessin suchten. Wie vielleicht keine andere europäische Landschaft bildet der Süden der Schweiz eine Grenzfläche, in der der Norden und der Süden des Kontinents – bis in heutige EU-Zeiten seine entscheidenden Pole – einander berühren. Marco Solari, der Kulturmanager der Region, nennt den Monte Verità einen Balkon auf dieser Grenze: Auf der einen Seite blickt man zurück in den Norden, woher die Aussteiger kamen, auf der anderen Seite voraus in den Süden, der unmittelbar am Seeufer beginnt. Die Lage an der Grenze hatte auch pragmatische Vorteile, wie etwa die schmuggelnden Anarchisten wussten. Aber sie hatte zudem einen nicht zu unterschätzenden, beinahe schon symbolischen Wert: Ascona und der Monte Verità bildeten für die Gäste aus München oder Berlin so etwas wie den äußersten Punkt der Entfernung von ihren gewöhnlichen Wirkungsstätten, ohne dass ein längerer Aufenthalt bedeutet hätte, diese gänzlich aufzugeben. Gerade deshalb konnte dieser zum Süden hin vorgeschobene Posten für sie zur zweiten Heimat werden. Wer sich hier hinflüchtete, war zwar mal weg, aber doch nicht aus der Welt – eine Rückkehr war jederzeit möglich, zumal der Strom der Nachrichten aus Berlin oder München niemals versiegte und dort genau registriert wurde, was an der südlichen Grenze des Einzugsgebietes geschah.

Die Ausstellung von Szeemann versetzte die Besucher seinerzeit in Erstaunen: Wer war nicht alles nach Ascona und auf den Monte Verità gekommen! Von hier aus ließ sich erkennen, wie alles zusammenhing – Vegetarismus mit Feminismus, Sonnenbrand mit Theosophie, Anarchismus mit Psychoanalyse, Körperkultur mit Industrialisierung, Ausdruckstanz mit Naturheilkunde und Okkultismus. Szeemann präsentierte Tausende von Fundstücken, die die Existenz einer alternativen Geistesgeschichte belegten, und er tat dies keineswegs allein in historischer Absicht, sondern um den Fragen der Gegenwart auf den Grund zu gehen. Auf dem Hügel über Ascona, so seine Überzeugung, seien alle »uns heute bewegenden Reformgedanken schon vor achtzig Jahren vorgelebt« worden. Die Resignation nach 1968, nach der nicht gelungenen Revolution, so bekannte er in einem Radiobeitrag, führe zur Wiederentdeckung eines dritten Weges zwischen Kapitalismus und Kommunismus, der seinen Niederschlag auf exemplarische Weise in der Reformsiedlung des Monte Verità gefunden habe.

Wir, die wir den Monte Verità heute mit einem Abstand von wiederum einigen Jahrzehnten mehr betrachten und für die auch 1968 ein historisches Datum geworden ist, haben auf die Ereignisse von vor mittlerweile über einem Jahrhundert einen anderen Blick. Die Geschichtsschreibung hat uns die Augen dafür geöffnet, in welchem Ausmaß die Achtundsechziger eine globale Bewegung waren. Das führt dazu, die damalige »Revolution« anders zu bewerten, als dies noch Szeemann getan hat. Weit davon entfernt, misslungen zu sein, hat sie vielmehr einen Sieg auf beinahe ganzer Linie mit sich gebracht. Dass es sich um eine politische Revolution gehandelt haben soll, ist nach dieser Sicht vor allem ein Selbstmissverständnis von Teilen der damaligen Akteure. Vielmehr ging es im Kern vor fünfzig genauso wie vor hundert Jahren um eine Revolte gegen überkommene Lebensformen und ein Ausprobieren neuer Lebensstile. So gesehen bilden beide Revolten ein Kontinuum. Die zweite, für die das Jahr 1968 als Chiffre steht, hat die uneingelösten Versprechen der ersten aufgegriffen und ein ganzes Stück der Verwirklichung näher gebracht. Man kann das sehr gut am Feminismus sehen, der, ein Kind der Zeit um 1900, 1968 wieder auf die Agenda gelangte und seitdem von dort nicht mehr verschwunden ist.

Ein »aktueller Ewigkeitswert« bleibt der Monte Verità darüber hinaus aber auch, weil er damals wie heute unser Bewusstsein dafür schärft, dass es möglich ist, »in dieser Welt so zu handeln, als sei man bereits frei, und dies zu beweisen, indem man neue Institutionen und neue Formen des Zusammenlebens schafft«. So drückt es der Ethnologe und Anarchist David Graeber aus. Er nennt ein Verhalten, bei dem die gewählten Mittel, um ein bestimmtes Ziel zu erreichen, bereits ein Modell der Welt sind, die man schaffen möchte, »präfigurativ«. In diesem Sinne könnte man von einer »präfigurativen Kultur« sprechen. In ihr lernen die Etablierten von den Alternativen, weil sie wissen, dass ihre Werte und Ansichten keineswegs alternativlos sind.

Schon Henry David Thoreau, der 1845 in den Wald ging und sich dort eine Hütte baute, einer der großen Vordenker von Alternativkulturen, war zu der Einsicht gelangt, dass die Wahrheit, nach der er trachtete, nichts ist, was man irgendwann entdeckt oder erwirbt und dann besitzt, sondern dass sie immer wieder neu errungen werden muss. »Es ist alles wahr, wodurch du besser wirst«, lautete einer der ersten Einträge in sein Tagebuch. Das eine wenigstens habe er bei seinem Experiment gelernt, resümierte er folgerichtig seinen Aufenthalt im Wald: »Wenn jemand vertrauensvoll in der Richtung seiner Träume vorwärtsschreitet und danach strebt, das Leben, das er sich einbildete, zu leben, so wird er Erfolge haben, von denen er sich in gewöhnlichen Stunden nichts träumen ließ.«

Anhang

Dank

Mein erster Besuch des Monte Verità liegt über drei Jahrzehnte zurück. In den 1980er Jahren war ich mehrmals Feriengast in Ronco sopra Ascona, von wo aus die alte Römerstraße einhundertfünfzig Meter oberhalb des Lago Maggiore zum Monte Verità führt. Was ich damals dort gesehen, besichtigt und erkundet habe, ist meiner Erinnerung, trotz mehrfacher Auffrischungsversuche, nicht mehr zugänglich. Viel kann es nicht gewesen sein. Doch schien mir, als ich dann vor einiger Zeit wiederkam, das Terrain seltsam vertraut. Barbara Wenner, meine Agentin, hatte mir vorgeschlagen, ein Buch über die Lebensreform zu schreiben, und beinahe traumwandlerisch bin ich auf den Monte Verità zugesteuert. Barbara verdanke ich nicht nur die stete Ermahnung, bei historischen Themen nie die aktuellen Fragen außer acht zu lassen, sondern auch eine spannende Zeit der Beschäftigung mit einem Phänomen, von dem ich in der Tat glaube, dass es ein Augenöffner für die Gegenwart ist.

Ohne die Vorarbeit und die Mithilfe vieler Individualisten, die der Monte Verità in seinen Bann gezogen hat, hätte dieses Buch nicht geschrieben werden können. Eine wahre Fundgrube für meine Recherchen waren die Dokumente zum Monte Verità, die Harald Szeemann in jahrelangem archivalischem Gewühle und mit nie nachlassender Passion aufgetrieben und in seine Ausstellung aus dem Jahr 1978 integriert hat. Sie ist nun in restaurierter Form und behutsam erweitert wieder in der Casa Anatta auf dem Monte Verità zu sehen. Andreas Schwab, der mit seiner Dissertation aus dem Jahr 2002 die beste und ergiebigste zeitgenössische Studie über den Monte Verità – mit Fokus auf das Sanatorium – vorgelegt hat, hat mir bereitwillig sein immenses Wissen und seine Exzerpte zur Verfügung gestellt und sich zuletzt noch der Mühe einer kritischen Lektüre des Manuskripts unterzogen. Danke, lieber Andreas. Der Gräser-Forscher Hermann Müller, dessen Annahmen ich in mancher Hinsicht nicht teile, hat in einer einzigartigen Lebensleistung eine ungeheure Menge von Material in seinem digitalen Gusto-Gräser-Archiv zugänglich gemacht. Ausgedruckt und aufeinandergestapelt würde es vermutlich den Monte Verità um einiges überragen. Hier bin ich auf so interessante Dokumente wie den 1903 in San Francisco erschienenen Artikel von Carlo Arnaldi über den Monte Verità oder den Brief von Henri Oedenkoven an Fidus aus dem Jahr 1913 gestoßen. Danke, lieber Herr Müller. Die Lyrikerin Julia Schiff hat mit mir ihr Wissen über Ida Hofmann geteilt. Der Religionswissenschaftler Yme Kuiper hat mir die vielfältigen Beziehungen des Monte Verità zu den Niederlanden vor Augen geführt. Der Ernährungswissenschaftler Claus Leitzmann und der Psychiater Achim Haug haben mir bereitwillig klare Antworten auf meine undeutlichen Fragen gegeben. Von Laura Pöhler habe ich viele Tipps und überraschende Hinweise zum Gegenwartsbezug der Alternativkultur auf dem Monte Verità erhalten. Ihnen allen möchte ich sehr herzlich danken.

Wie schon meine letzten beiden Bücher verdankt auch dieses dem unbestechlichen Blick und dem aufmerksamen Lektorat von Marion Kohler Entscheidendes. Ihr und Thomas Rathnow gilt mein Dank für eine stets anregende, interessierte und großzügige Zusammenarbeit.

Einmal mehr hat die Bayerische Staatsbibliothek unter Beweis gestellt, dass es sich lohnt, in fußläufiger Entfernung von dieser

Ausnahme-Einrichtung zu leben und zu arbeiten. Darüber hin-
aus durfte ich produktive Arbeitstage in der Schweizer National-
bibliothek mit ihren äußerst hilfsbereiten Mitarbeitern verbrin-
gen, von denen ich besonders Birgit Libiszewski danken möchte.

Meine Frau Christiane, mit der ich auch den Beruf teile, hat das Buch in den Fahnen gelesen und mir dabei mit Rat, Tat und guten Ideen zur Seite gestanden. Danke Dir, liebe Christiane, auch für Deine Geduld und Hilfsbereitschaft, wenn ich mal wie-
der am Wochenende schreiben musste, statt für die Familie da zu sein oder mit Felix zu spielen.

Wer Kritik, Anregungen oder Fragen hat, kann mir unter stefan.schwabing@gmail.com schreiben.

Zeittafel

1873–74 • Der Anarchist und Revolutionär Michail Bakunin (1814–1876) lebt in der Villa Baronata in Locarno-Minusio.

1889 • Der Locarneser Freidenker und Politiker Alfredo Pioda (1848–1909) plant die Errichtung eines theosophischen Klosters auf der Monescia, dem späteren Monte Verità.

1899 • Die in Sachsen geborene und in Montenegro lebende Pianistin und Feministin Ida Hofmann (1864–1930), der Antwerpener Industriellensohn Henri Oedenkoven (1875–1935) und der Soldat Karl Gräser (1875–1918) aus Siebenbürgen treffen sich in der Naturheilanstalt Mallnerbrunn von Arnold Rikli (1823–1906) in Veldes (heute Bled).

1900 • Zusammen mit Karls Bruder Gustav Arthur Gräser (1879–1958), genannt Gusto, und der Stettiner Bürgermeistertochter Pauline Charlotte Hattemer (1876–1906), genannt Lotte, brechen Ida, Henri und Karl von München aus zu Fuß auf, um am Comer oder Luganer See eine vegetarische Siedlung zu gründen. Auf Umwegen gelangen sie zum Schweizer Ufer des Lago Maggiore (Langensee) und kaufen mit Henris Geld Alfredo Pioda das seinerzeit für die Errichtung des Klosters vorgesehene Terrain auf der Monescia ab. Idas Schwester Jenny Hofmann schließt sich der Siedlergemeinschaft an.

• Gusto wird auf Betreiben Idas und Henri ausgeschlossen.
• Ida und Henri schließen eine »Reformehe«, auch vegetarische Ehe genannt.

1901 • Die ersten selbstgebauten Lichtlufthütten auf dem Hügel entstehen.
• Jenny und Karl gehen ebenfalls eine Reformehe ein.
• Fritz Röhl stößt zu den Gründern, stirbt bereits im Jahr darauf in Neapel.
• Dezember: Die Paare trennen sich, Ida und Henri bauen die Naturheilanstalt auf, Karl und Jenny erwerben ein eigenes Grundstück weiter unterhalb und leben als »prähistorische Menschen« in der Ruine einer Weinberghütte.

1902 • Weitere Hütten, darunter die Casa Andrea, werden von einem Bauunternehmer aus Ascona errichtet.
• Ida und Henri prägen den Namen »Monte Verità« für ihre Heilanstalt. Er strahlt mit der Zeit auf den gesamten Hügel aus.
• Karl Vester (1879–1963) wird Mitarbeiter des Monte Verità, wandert 1904 nach Samoa aus und lässt sich nach seiner Rückkehr auf einem eigenen Grundstück auf dem Hügel nieder.
• Adolf Grohmann (1856–1908) besucht in diesem und dem folgenden Sommer den Monte Verità.
• Gusto Gräser bezieht eine Felsenhöhle, eine Stunde zu Fuß vom Monte Verità entfernt.
• Idas erstes Buch erscheint im Selbstverlag: *Wie gelangen wir Frauen zu gesunden und harmonischen Daseinsbedingungen?*

1903 • Der Niederländer Joseph Salomonson (1853–?) führt den strengen Vegetabilismus ein. Aus dem Monte Verità wird das erste vegane Sanatorium der Welt.

- Der Apotheker und Anarchist Carlo Arnaldi (1860–1924) besucht den Monte Verità und schreibt darüber einen längeren Bericht für die in San Francisco erscheinende anarchistische Zeitschrift *La Protesta humana.*

1904
- Das auf der Hügelkuppe gelegene Gästehaus Casa Centrale und die Casa Anatta, das Privathaus von Ida und Henri, werden fertiggestellt. Ein großformatiger Prospekt *Sanatorium Monte Verità. Jungborn des Südens* wird gedruckt.
- Der Arzt und Anarchosozialist Raphael Friedeberg (1863–1940) kommt auf den Monte Verità und lässt sich dort später auf einem eigenen Grundstück nieder.
- Zusammen mit seinem Geliebten Johannes Nohl (1882–1963) trifft der Anarchist Erich Mühsam (1878–1934) in Ascona ein und kurt auf dem Monte Verità.
- Katharina Simon, die spätere Puppenmacherin Käthe Kruse (1883–1968), wird mit ihren kleinen Kindern Dauergast des Monte Verità.
- Die Mulino del Brumo wird zum Anarchistentreffpunkt und zum Basislager für den Saccharinschmuggel.
- Hans Grohmanns Schrift *Die Vegetarier-Ansiedlung in Ascona und die sogenannten Naturmenschen im Tessin* erscheint.

1905
- Die Publikation *Provisorische Statuten der vegetabilischen Gesellschaft des Monte Verità* erscheint.
- Der rauschgiftsüchtige Psychiater Otto Gross (1877–1920) kommt zum ersten Mal nach Ascona.
- Erich Mühsams Schrift *Ascona. Eine Broschüre* erscheint.

1906 • Frühjahr: Bis 1909 wird das Sanatorium von der offiziellen Fremdenliste von Locarno geführt.
• Der ehemalige Erzherzog Leopold Wölfling besucht Karl Gräser auf dem Monte Verità. Seiner Frau gefällt es hier so gut, dass es zu einer Ehekrise und schließlich zur Scheidung kommt.
• Lotte Hattemer stirbt an Gift, das Otto Gross ihr gegeben hat.

1907 • Der Schriftsteller Hermann Hesse (1877–1962), der Fastenkünstler Arnold Ehret (1866–1922) und der Arbeiterarzt Fritz Brupbacher (1874–1945) kommen als Gast auf den Monte Verità.

1909 • Der Konkurrenzbetrieb Hotel Semiramis eröffnet. Nach seiner Schließung richtet hier Arnold Ehret seine »Schule für leibliche und geistige Diätetik und Volksaufklärung« ein, die ebenfalls nicht reüssiert. Henri Oedenkoven gliedert das Hotel in die Naturanstalt ein.
• Der Musikpädagoge und Erfinder der rhythmischen Gymnastik Émile Jaques-Dalcroze (1865–1950) ist Gast des Monte Verità.
• Der Anarchist Pjotr Kropotkin (1842–1921) verlebt diesen und die folgenden Sommer in Locarno und Ascona.

1910 • Die Schwabinger Bohemienne Franziska Gräfin zu Reventlow (1871–1918) kommt aus finanziellen Gründen nach Ascona, um hier eine Scheinehe einzugehen und Bücher zu schreiben. Sie bezieht mit ihrem Sohn den Vogelfängerturm auf dem Monte Verità, den zuvor Käthe Kruse mit ihren Kindern bewohnt hat.
• Die Engländerin Isabelle Adderley (1890–?) kommt auf den Monte Verità. Henri trennt sich von Ida, um Isabelle zu heiraten, mit der er drei Kinder hat.

1911 • Der Schriftsteller Oskar Maria Graf (1894–1967) besucht zusammen mit dem Maler Georg Schrimpf (1889–1938) den Monte Verità; sie wohnen in einer Kommune in Locarno.

• Sophie Benz begeht in Ascona Suizid mit Gift, das von Otto Gross stammt.

1913 • Die Schrift *Statuten der individualistischen Cooperative von Monte Verità* erscheint.

• Max Weber (1864–1920) kommt in diesem und dem folgenden Frühjahr nach Ascona, um Diät zu halten.

• Rudolf von Laban (eigentlich Rezső Laban de Váralja, 1879–1958) eröffnet die »Schule für Kunst« auf dem Monte Verità und unterrichtet gemeinsam mit seiner Schülerin und Geliebten Suzanne Perrottet (1889–1983) hier in den Sommern Ausdruckstanz. Zu den Teilnehmerinnen gehören Mary Wigman (eigentlich Karoline Sofie Marie Wiegmann, 1886 –1973), Gertrud Leistikow (1885–1948), Katja (Käthe) Wulff (1890–1992) sowie Sophie Taeuber (1889–1943), die spätere Frau des Dadaisten Hans Arp.

1915 • Jakob Flach (1894–1982) kommt zum ersten Mal nach Ascona, er tanzt mit beim Sonnenfest von 1917, hat regen Kontakt zu Hermann Hesse und lässt sich später in einer ehemaligen Mühle bei Arcégno nieder. In den 1930er Jahren ist er Mitbegründer des Marionettentheaters Asconeser Künstler, das er bis 1960 leitet.

1916 • Hermann Hesse kehrt zeitweilig an den Lago Maggiore zurück und wohnt in der Villa Neugeboren in Locarno-Monti.

• Auf dem Monte Verità findet ein sozial-vegetarischer Kongress statt.

1917 • 15.–25. August: Der Orientalische Templerorden (Ordo Templis Orientalis, kurz O. T. O.), eine okkulte Organisation unter der Führung von Theodor Reuß (1855–1923), veranstaltet auf dem Monte Verità einen »anationalen Kongress«.
• Als Höhepunkt des Kongresses führt Rudolf von Laban mit seinen Tänzerinnen und Tänzern das Sonnenfest, ein dreiteiliges Tanzdrama, auf.

1918 • Ehedrama von Maria »Mia« Bernoulli (1868–1963) und Hermann Hesse in Ascona mit psychotischem Finale, ausgelöst durch die Analyse bei Johannes Nohl. Hesse zieht nach Montagnola an den Luganer See, Mia lässt sich mit den Kindern in Ascona nieder.
• Karl Gräser stirbt an den Spätfolgen der Syphilis.
• Die russische Malerin Marianne von Werefkin (1860–1938) kommt nach Ascona und lebt dort bis zu ihrem Tod.
• Fanny zu Reventlow stirbt an den Folgen eines Fahrradunfalls.

1920 • Henri Oedenkoven und Ida Hofmann verlassen den Monte Verità. Henri übersiedelt mit Frau und Kindern erst nach Spanien, dann nach Brasilien, um eine neue Kolonie zu gründen. Ida folgt ihm.

1923 • Ein Boheme-Trio mit dem Geldgeber William Werner im Hintergrund übernimmt den Monte Verità.

1924 • Sieben Maler aus den USA, Deutschland, Russland, den Niederlanden und der Schweiz, darunter Marianne von Werefkin und Ernst Frick (1881–1956), gründen in Ascona die Künstlervereinigung »Der Große Bär«.

1926 • Der Bankier, Anlageberater und Sammler außereuropäischer und moderner Kunst Eduard Freiherr von der Heydt (1882–1964) übernimmt den Monte Verità und macht daraus ein alternatives Wellness-Resort.

1927 • Abriss der Casa Centrale und Bau des Hotels Monte Verità durch den Architekten Emil Fahrenkamp (1885–1966).

1930 • Tod Ida Hofmanns.
• Robert Landmann (Pseudonym von Werner Ackermann, 1892–1982) veröffentlicht, subventioniert von Eduard von der Heydt, das Buch *Monte Verità. Die Geschichte eines Berges.*

1935 • Tod Henri Oedenkovens.

1958 • Tod Gusto Gräsers in München.

1963 • Tod Karl Vesters in Ascona.

1964 • Tod Eduard von der Heydts in Ascona; der Monte Verità geht in den Besitz des Kantons Tessin über.

1978 • Die von Harald Szeemann (1933–2005) als »Gesamtkunstwerk« kuratierte Ausstellung »Monte Verità. Die Brüste der Wahrheit« wird in der Casa Anatta, in Ascona und auf den Brissago-Inseln gezeigt. Weitere Stationen sind Zürich, Berlin, Wien und München.

1990–96 • Renovierung des gesamten Terrains des Monte Verità.

2017 • Wiedereröffnung der restaurierten Casa Anatta mit der originalen Ausstellung von Harald Szeemann.

Literaturhinweise

Zum Monte Verità:

Hans-Caspar Bodmer u. a. (Hg.), Monte Verità. Landschaft, Kunst, Geschichte, Frauenfeld 2000.

DU. Europäische Kunstzeitschrift, Heft Oktober 1978: Monte Verità, Ascona.

DU, Heft März 2014: Monte Verità. Utopien und Dämonen.

Jakob Flach, Ascona. Gestern und heute, Zürich 1971.

Martin Green, Mountain of Truth. The Counterculture Begins. Ascona, 1900–1920, Hanover and London 1986.

Gudrun Hofmann, Monte Verità als Experiment genossenschaftlicher Selbstorganisation und alternativen Verhältnisses zur Natur (unveröff. Magisterarbeit), Marburg 1979.

Robert Landmann, Monte Verità. Die Geschichte eines Berges, Ascona 1934.

Giò Rezzonico (Hg.), Antologia di Cronaca del Monte Verità, Locarno 1992; darin auch der Artikel im Corriere della sera aus dem Oktober 1903.

Curt Riess, Ascona. Geschichte des seltsamsten Dorfes der Welt, Zürich 1964.

Thomas Rietzschel, Das Versprechen des Südens, in: Frankfurter Allgemeine Zeitung, Tiefdruckbeilage 30. April 1999.

Andreas Schwab und Claudia Lanfranchi (Hg.), Sinnsuche und Sonnenbad. Experimente in Kunst und Leben auf dem Monte Verità, Zürich 2001.

Andreas Schwab, Monte Verità. Sanatorium der Sehnsucht, Zürich 2003.

Harald Szeemann (Hg.), Monte Verità, Berg der Wahrheit. Lokale Anthropologie als Beitrag zur Wiederentdeckung einer neuzeitlichen sakralen Topographie, Milano 1978.
Ulrike Voswinckel, Freie Liebe und Anarchie. Schwabing – Monte Verità. Entwürfe gegen das etablierte Leben, München 2009.

Zeitgenössische Veröffentlichungen zum Monte Verità:

Carlo Arnaldi, Gli uomini della natura, in: La Protesta humana, San Francisco, 20. August 1903.
Jules Chancel, Les naturistes du Monte Verità, in: L'Illustration, Nr. 3361, 27. Juli 1907.
Eberhard Dennert, Die Anachoreten von Ascona, in: Neue Christoterpe, Halle a.S. 1909, 109–139.
Friedrich Dernburg, Abseits des Weges, Berliner Tageblatt, 2. April 1905.
Hans Freimark, Vom Suchern und Strebern, in: Arena, Heft 2, Berlin 1909/10, 185–192.
Adolf Grohmann, Die Vegetarier-Ansiedlung in Ascona und die sogenannten Naturmenschen im Tessin, Halle a.S. 1904.
Erich Mühsam, Ascona. Eine Broschüre, Locarno 1905.
Theodor Stern, Ein Besuch auf Monte Verità, in: Die Gesundheit. Ein Wegweiser für das Volk in gesunden und kranken Tagen, 5. Jg., Nr. 23, 24 und 25, 5. November bis 3. Dezember 1904; Eine Schweizerreise im Naturkostüm, in: Die Gesundheit, 10. Jg., 7. August 1909.
Emil Szittya, Das Kuriositäten-Kabinett. Begegnungen mit seltsamen Begebenheiten, Landstreichern, Verbrechern, Artisten, religiös Wahnsinnigen, sexuellen Merkwürdigkeiten, Sozialdemokraten, Syndikalisten, Kommunisten, Anarchisten, Politikern und Künstlern, Konstanz 1923.

Veröffentlichungen von Ida Hofmann:

Wie gelangen wir Frauen zu gesunden und harmonischen Daseinsbedingungen? Offener Brief an die Verfasserin von »Eine Mutter für viele«, Ascona 1902.

Vegetabilismus! Vegetarismus! Blätter zur Verbreitung vegetarischer Lebensweise, Bellinzona 1905.
Monte Verità. Wahrheit ohne Dichtung. Aus dem Leben erzählt, Ascona 1906.
Beiträge zur Frauenfrage, Winnenden 1920.

Literatur zu den Gründern:

Ida Hofmann: Julia Schiff, Vorkämpferin für ein alternatives Lebensmodell. Ida Hofmann und die Kolonie auf dem Monte Verità, in: Banater Kalender 2011, Erding 2010, 95–101.
Henri Oedenkoven: Christian Vanderkerkhove, De berg der waarheid, in: Belgische Thesofische Vereniging vzw Loge Witte Lotus, Jg. 5, Nr. 3, März 2010.
Karl Gräser: Hermann Müller, Karl Heinrich Gräser, in: gusto-graeser.info.
Gusto Gräser: Hermann Müller (Hg.), »Nun nahet Erdsternmai!«. Gusto Gräser. Grüner Prophet aus Siebenbürgen, Recklinghausen 2014; Martin Müllerott, Gusto Gräser – Prophet auf Spruchkarten, Südostdeutsche Vierteljahresblätter, 13. Jg., Folge 4, München 1964, 193–198; Heinrich Zillich, Meine Erinnerung an Gusto Gräser, ebd., 199–201.

Darüber hinausgehende Literatur zu den einzelnen Kapiteln:

1. Kapitel:

Arnold Rikli, Die Grundlehren der Naturheilkunde einschließlich die atmosphärische Cur »Es werde Licht«, Leipzig 1895; Zdenko Levental, Arnold Rikli aus Wangen und seine »atmosphärische Kur«, in: Jahrbuch des Oberaargaus, Bd. 20 (1977), 133–144. – *Lichtlufthütten:* Nils Aschenbeck, Reformarchitektur. Die Konstitutierung der Ästhetik der Moderne, Basel 2016, 47 ff. – Gustav Wolbold zit. nach: Uwe Heyll, Wasser, Fasten, Luft und Licht. Die Geschichte der Naturheilkunde in Deutschland, Frankfurt / New York 2006, 95. – Georges Eekhoud, Das neue Karthago, Leipzig

o. J. – Louis Kuhne, Die neue Heilwissenschaft oder die Lehre von der Einheit der Krankheiten und deren darauf begründete einheitliche, arzneilose und operationslose Heilung. Ein Lehrbuch und Ratgeber für Gesunde und Kranke, Leipzig 1896; siehe Heyll, 161 ff. – Leopold Wölfling, Habsburger unter sich. Freimütige Aufzeichnungen eines ehemaligen Erzherzogs, Berlin 1921. – Zu dem hier vorgestellten Fourier vgl.: Roland Barthes, Sade, Fourier, Loyola, Frankfurt am Main 1974.

2. Kapitel:
Schwabing: Helmut Bauer, Elisabeth Tworek (Hg.), Schwabing. Kunst und Leben um 1900, Katalog Münchner Stadtmuseum 1998. – *»Das Ende der menschlichen Seele«:* Ich lege hier Henri Oedenkoven Sätze aus dem Tagebuch des französischen Schriftstellers Léon Bloy nach einer Fahrt mit der Metro in den Mund (15. März 1905). – Die hier vorgetragenen Auffassungen der Gründer nach Grohmann und Hofmann, Wahrheit ohne Dichtung. – Afrikan Spir, Vorschlag an die Freunde einer vernünftigen Lebensführung, Leipzig 1869. – *Oberammergau:* Etienne François, Oberammergau, in: E.F. und Hagen Schulze (Hg.), Deutsche Erinnerungsorte, Bd. 3, München 2001, 274 ff. – *Madame Blavatsky:* Ursula Keller / Natalja Sharandak, Madame Blavatsky. Eine Biographie, Berlin 2013, insbes. 284 ff. – *Theosophie:* Peter Washington, Madama Blavatsky's Baboon, New York 1993. – Franz Hartmann, Ein Abenteuer unter den Rosenkreuzern, Leipzig 1887.

3. Kapitel:
Aufgabe der Siedlungen, Ackerbürger: Hansjörg Küster, Geschichte der Landschaft in Mitteleuropa. Von der Eiszeit bis zur Gegenwart, München 1995. – *Elementare Grundbedürfnisse:* Remo Largo, Das passende Leben. Was unsere Individualität ausmacht und wie wir sie leben können, Frankfurt am Main 2017, 27 ff., 210 ff., 422 ff. – Seine Teilhabe an dem Brook-Farm-Experiment hat Nathaniel Hawthorne in dem Roman *Die Blithedale-Maskerade* satirisch dargestellt. – *Proudhon:* James Joll, Die Anarchisten, Frankfurt a.M. / Berlin 1966, 61 ff. – *van Eeden:* Yme Kuiper, On Monte Verità.

Myth and Modernity in the Lebensreform Movement, in: J. Dijkstra u. a. (Hg.), Myths, Martyrs, and Modernity, Leiden / Boston 2010, 629–650. – John Zerzan, Future Primitive and Other Essays, Brooklyn 1994; vgl. David Graeber, Direkte Aktion. Ein Handbuch, Hamburg 2013, 33 ff. – *Gandhi:* M.K. Gandhi, Eine Autobiographie oder Die Geschichte meiner Experimente mit der Wahrheit, Gladenbach 1977.

4. Kapitel:

Casa Anatta: Siegfried Giedion, Befreites Wohnen, Zürich 1929, Abbildungen 67 und 68. –*Prospekt:* Sanatorium Monte Verità, Jungborn des Südens. Anstalt für physikalisch-diätetische Heilweise, September 1904, 4 Seiten. – *Nacktheit:* Andreas Schwab, Ohne Hintergedanken? Ambivalente Stilisierungen der Nacktheit auf dem Monte Verità, in: Kerstin Gernig (Hg.), Nacktheit. Ästhetische Inszenierungen im Kulturvergleich, Köln Weimar Wien 2002, 111–129. – *Giorgio Vacchini:* Szeemann, 80–84. – Darwin Dante, 5 Stunden sind genug, www.5-stunden-woche.de / band1.pdf

5. Kapitel:

»Das Fleisch wurde der König«: Max Bircher-Benner, Fragen des Lebens und der Gesundheit, Zürich 1937. – *Pole unseres Verhaltens:* Sage mir, was du isst …, Interview mit Thomas Ellrott, www.spiegel.de / spiegelwissen / ernaehrungspsychologie-interview-mit-thomas-ellrott-a-1 081 565.html – *Veganismus:* The Vegan News, Nr. 1, November 1944, http://tier-im-fokus.ch/wp-content/uploads/2009/09/watson44.pdf; Interview with Donald Watson on Sunday December 2002; Florentine Fritzen, Gemüseheilige. Eine Geschichte des veganen Lebens, Stuttgart 2016. – Jan Bredack (mit Helmut Kuhn): Vegan für alle. Warum wir richtig leben sollten. München 2014. – *Eiweißfäulnis:* Albert Wirz, Die Moral auf dem Teller, Zürich 1993, 77 ff. – Justus Oscar Peterson, Die Küche der Zukunft, Lichtenthal 1894. – *Tischzucht:* Gunther Hirschfelder, Europäische Esskultur. Eine Geschichte der Ernährung von der Steinzeit bis heute. Frankfurt / New York 2001, 250 ff. – *Sonnenlichtnahrung:* Max Bircher-Benner, Kurze Grundzüge der Ernährungs-Therapie auf

Grund der Energie-Spannung der Nahrung, Berlin 1903. – Theodor Hahn, Die Naturgemäße Diät – die Diät der Zukunft. Nach Erfahrung und Wissenschaft aller Zeiten und Völker zusammengestellt. Köthen 1859. – Lucy Horton, Country Commune Cooking, New York 1972. – Arnold Ehret, Kranke Menschen. Der gemeinsame Grundfaktor im Wesen aller Krankheiten, des Alterns und des Todes, München 1911; Ein 49tägiger Fastenversuch, in: Vegetarische Warte, 1909: Nr. 19, 20 u. 22; 1910: Nr. 1 u. 2. – Walter Isaacson, Steve Jobs. Die autorisierte Biographie des Apple-Gründers, München 2011; das Bono-Zotat auf S. 81. – Claude Fischler, Food, self and identity, in: Social Science Information, 27, 2 (1988), 275–292.

6. Kapitel:
Oskar Maria Graf: Wir sind Gefangene. Ein Bekenntnis, Berlin 2010; Gelächter von außen. Aus meinem Leben 1918–1933. München 2009, 240 ff.; Mitmenschen. Berlin 1949, 183 ff.; Rolf Recknagel: Ein Bayer in Amerika. Oskar Maria Graf. Leben und Werk. Berlin 1974, 41 ff. – Curious George Brigade, Crimethinc, Co-Conspirators, DIY. Von Anarchie und Dinosaurieren, Münster 2006. – *Direkte Aktion:* Graeber, Direkte Aktion, 17 ff. – Raphael Friedeberg, Parlamentarismus und Generalstreik, Berlin o.J. (1904); vgl. Hans Manfred Bock / Florian Tennstedt, Raphael Friedeberg: Arzt und Anarchist in Ascona, in: Szeemann, 38 ff. – Gustav Landauer, Durch Absonderung zur Gemeinschaft. Vortrag, gehalten am 18. Juni 1900 in Friedrichshagen-Berlin, wiederabgedruckt in: G. Landauer, Die Botschaft der Titanic. Ausgewählte Essays, 1994. – Leonhard Frank, Links wo das Herz ist, München 1952, 18; Otto Gross heißt hier Doktor Kreuz, Nohl Wohl; vgl. Peter Dudek, Ein Leben im Schatten: Johannes und Herman Nohl – Zwei deutsche Karrieren im Kontrast, Bad Heilbrunn 2004. – Erich Mühsam, Homosexualität. Ein Beitrag zur Sittengeschichte unserer Zeit, Berlin 1903. – Max Nomad (Nacht), Dreamers, Dynamiters and Demagogues. Reminiscences, New York 1964, 14 ff. – *Boheme:* Julius Bab, Die Berliner Bohème, Berlin / Leipzig 1904; einschlägig: Helmut Kreuzer, Die Boheme. Beiträge zu ihrer Beschreibung, Stuttgart 1968. – Peter Kropotkin, Gegenseitige Hilfe in der Tier- und Menschenwelt. Mit einem Nachwort neu herausgegeben von Henning Ritter, Frankfurt

1993; vgl. Martin A. Nowak, Kooperative Intelligenz. Das Erfolgsgeheimnis der Evolution, München 2013. – Fritz Brupbacher, 60 Jahre Ketzer. Selbstbiographie, Zürich 1935, insbes. 55 ff., 147 ff. – Bericht des Kommissars Rusca vom 18. Juni 1906: Szeemann, 28 f. – *Saccharin-Schmuggel:* Werner Portmann, Vom Saccharin und anderen weißen Pulvern, in: Gottfried Heuer (Hg.), Utopie & Eros. Der Traum von der Moderne. Marburg 2005, 405–428. – *Bakunin:* Joll, Die Anarchisten, 88 ff., Bakunin-Zitat 111. – *Cafiero:* Romano Broggini, Anarchie und Befreiungsbewegungen um 1870 in der Gegend von Locarno, in: Szeemann, 15 ff. – Ulrich Linse, »Propaganda der Tat« und »Direkte Aktion«. Zwei Formen anarchistischer Gewaltanwendung, in: Wolfgang J Mommsen / Gerhard Hirschfeld (Hg.), Sozialprotest, Gewalt, Terror, Stuttgart 1982, 237–269. – Emma Goldmann, Anarchismus und andere Essays, Münster 2013. – Uwe Nettelbeck, Die Kinder von Sergeant Pepper und Mary Jane, in: Die Zeit Nr. 38, 22. September 1967, 52.

7. Kapitel:
»Psychismus«: Raphael Friedeberg, Vorwort, in: Gustav Hervé, Das Vaterland der Reichen, Zürich 1930. – Emanuel Hurwitz, Otto Gross. »Paradies«-Sucher zwischen Freud und Jung, Zürich und Frankfurt a.M. 1979. – *Vom Konflikt des Eigenen und Fremden:* Otto Gross. Von geschlechtlicher Not zur sozialen Katastrophe, Frankfurt a.M. 1980, 27 ff. – Josef Dvorak, Kokain und Mutterrecht. Die Wiederentdeckung von Otto Groß, in: Neues Forum, 1978, 295 / 296, 52–68; Esther Bertschinger-Joos, Frieda Gross und ihre Briefe an Else Jaffé, Marburg 2014. – Schriften der Erich-Mühsam-Gesellschaft. Heft 19: Anarchismus und Psychoanalyse zu Beginn des 20. Jahrhunderts. Der Kreis um Erich Mühsam und Otto Gross, Lübeck 2000 – Raimund Dehmlow, »Dass hier aber etwas Wesentliches war«. Otto Gross: Leben und Zeit, http://www.dehmlow.de/index.php/de/otto-gross/114-otto-gross-leben-und-zeit – Karl Otten, Wurzeln, Neuwied 1963. – *Freud und Kokain:* Peter-André Alt, Sigmund Freud. Der Arzt der Moderne, München 2016, 112 ff. – *Frieda Lawrence:* Martin Green, Else und Frieda, die Richthofen-Schwestern, München 1976. – *Ascona, die Hauptstadt der psychopathischen Internationale:* Brupbacher, 60 Jahre Ketzer, 147. – *Tullner*

Krankenakten: Josef Berze / Dominik Klemens Stelzer, Befund und Gutachten, in: Gegner. Monatsschrift, Heft 3, Dezember 1999–Februar 2000, 24–36. – Emil Ludwig: Geschenke des Lebens. Ein Rückblick, Berlin 1931, 268 ff. – Bärbel Reetz, Hesses Frauen, Berlin 2012, Kapitel »Mia«, 11–145. – Jürgen Below (Hg.), Hermann Hesse. »Der Vogel kämpft sich aus dem Ei«. Eine dokumentarische Recherche der Krisenjahre 1916 –1920, Hamburg 2017. – Hermann Hesse, »Die dunkle und wilde Seite der Seele«. Briefwechsel mit seinem Psychoanalytiker Josef Bernhard Lang 1916–1944, Frankfurt a.M. 2006; Hermann Müller, Das Trauma der alten Dame. Ein Gespräch mit Hilde Jung-Neugeboren, www.gusto-graeser.info / Monteverita / Personen / NeugeborenHilde.html – Marianne Weber, Max Weber. Ein Lebensbild, Tübingen 1984, 370–505.

8. Kapitel:
Siegfried Giedion, Mechanization Takes Command (dt. Die Herrschaft der Mechanisierung. Ein Beitrag zur anonymen Geschichte), Oxford 1948 (Frankfurt 1982). – Kracauer, Die Angestellten. Aus dem neuesten Deutschland, Frankfurt a.M. 1971. – Walter Sorell, The Dance through the Ages, New York 1967. – Isadora Duncan, Der Tanz der Zukunft. Eine Vorlesung, Leipzig 1903; Max Niehaus, Isadora Duncan. Leben, Werk, Wirkung, Wilhelmshaven 1981. – Georg Hirschfeld, Der Kampf um Wagner, zit. nach: Nike Wagner (Hg.), Über Wagner, Stuttgart 2013, 34 ff. – *Enrico Hugel:* Giorgio Vacchini, in: Szeemann, 84. – Leopold Wölfling, My Life Story from Archduke to Grocer, New York 1931. – Cornelis Gouma: Kuiper, a.a.O. – *Gespräch mit Mary Wigman* im November 1972 und März 1973, geführt von Gerhard Schumann, in: Arbeitshefte. Positionen zur Vergangenheit und Gegenwart des modernen Tanzes. Schriftenreihe des Präsidiums der Akademie der Künste der DDR, Nr. 36, Berlin 1982; vgl. Hedwig Müller, Mary Wigman. Leben und Werk der großen Tänzerin, Weinheim und Berlin 1986. – Rudolf von Laban: Gymnastik und Tanz, Oldenburg 1926; *hieb- und stichfest:* Ein Leben für den Tanz. Erinnerungen, Dresden 1935. – Suzanne Perrottet, Die Befreiung des Körpers. Erinnerungen, Wädenswil 2014. – *Le Sacre du Printemps:* Modris Eksteins, Tanz über Gräben. Die Geburt der Moderne und der Erste Weltkrieg, Reinbek

1990, 26 ff. – Hans Brandenburg, Der Moderne Tanz, München 1913. – Hugo Ball, Die Flucht aus der Zeit, Zürich 1992. – *Theodor Reuß:* Helmut Möller / Ellic Howe, Merlin Peregrinus. Vom Untergrund des Abendlandes, Würzburg 1986. – *Sieg des Opfers, Sonnenfest:* Rudolf Laban, Das choreographische Theater, Historisch-kritisch kommentiert von Evelyn Dörr, 2004.

9. Kapitel:

Gunna Wandt, Franziska zu Reventlow. Die anmutige Rebellin, Berlin 2008; Der Geldkomplex, Herrn Dames Aufzeichnungen, Von Paul zu Pedro. Drei Romane, München 1958. – Käthe Kruse, Das große Puppenspiel, Heidelberg 1951; Gabriele Katz, Käthe Kruse, Berlin 2010. – Brigitte Roßbeck, Marianne von Werefkin. Die Russin aus dem Kreis des Blauen Reiters, München 2010. – *Hauesser-Affäre:* Ulrich Linse, Barfüßige Propheten. Erlöser der zwanziger Jahre, Berlin 1983, 71 f. – *Monte von der Heydt:* Eberhard Illner, Eduard von der Heydt – ein Leben in vier Epochen deutscher Zeitgeschichte; Heike Ising-Alms, Die Stilisierung des Lebens – Eduard von der Heydt und seine Sammlung europäischer Kunst; Esther Tisa Francini, »Ein Füllhorn künstlerischer Schätze« – Die Sammlung außereuropäischer Kunst von Eduard von der Heydt; alle in: Eduard von der Heydt. Kunstsammler, Bankier, Mäzen, München 2013; *Anekdote eines amerikanischen Bankiers:* Eduard von der Heydt u. a., Ascona und sein Berg Monte Verità, Zürich 1979. – *Tao:* Laozi, Daodejing. Eine Übertragung von Jan Philipp Reemtsma, München 2017. – Timothy Leary / Ralph Metzner, Hermann Hesse: Poet of the Interior Journey, in: The Psychedelic Review, Vol. 1, Nr. 2, Herbst 1963; Regina Bucher (Hg.), Heiliger der Hippies. Hermann Hesse in den USA, Montagnola 2016; Tom Wolfe, The Electric Kool-Aid Acid Test. Die legendäre Reise von Ken Kesey und den Merry Pranksters, München 2009. – *Nature Boys:* Gordon Kennedy, Children of the Sun. A Pictoral Anthology. From Germany to California 1883–1949, Ojai, California 1998. – *Szeemann, Monte Verità:* Andreas Schwab, »Sie können sich nicht beschweren, Ihre Zeit langweilig verbracht zu haben.« Harald Szeemann und die Ausstellung Monte Verità, veröffentlicht in italienischer Sprache in: Claudia Lanfranchi Cattaneo, Dalla visione al chiodo. Dal chiodo alla visione. Il Fondo Harald Szeemann dell' Archivio Fondazione Monte Verità, Bellinzona 2013. – *Präfigurativ:* David Graeber, Frei von Herrschaft. Fragmente einer anarchistischen Anthropologie, Wuppertal 2008, 18. – Henry David Thoreau, Walden oder Leben in den Wäldern, Zürich 2004, 457.

Bildnachweis

Bil Paul: 256
Deutsches Literaturarchiv in Marbach: 186
Fondo Harald Szeemann. Archivio Fondazione Monte Verità in Archivio di Stato del Cantone Ticino: 6, 10, 28, 48, 80, 89, 92, 148
Kunsthaus Zürich, Nachlass Suzanne Perrottet 2018: 222
Ullstein Bild: 114

Von Cöln am Rhein zum Monte Verità – ein langer Weg zum kurzen Glück

Mit einem Strohhut auf dem Kopf und seinem Hammer im Rucksack verlässt der junge Kunstschmied Heinrich 1908 das heimatliche Bergische Land. In Cöln am Rhein, so hat er gehört, werden tüchtige Männer gesucht. Doch die Stadt, in der es kreischt und kracht, hupt und dröhnt, schüchtert ihn ein. Alles ändert sich, als er die wunderschöne, flatterhafte und doch selbstbewusste Näherin Hedwig kennenlernt. Heinrich träumt von einer gemeinsamen Zukunft. Doch Hedwig hat andere Pläne. Sie hat von einem Berg gehört, auf dem es sich so frei leben ließe wie sonst nirgendwo. Am Ende nimmt sie den stillen Heinrich mit nach Ascona und hoch auf den Monte Verità. Was dort passiert, verändert alles.

PENGUIN VERLAG